国家民委项目"新疆边境贸易与边境旅游耦合发展研究"成果
（项目编号：2021-GMG-044）

中国与"一带一路"沿线国家贸易的双边就业效应研究

柯尊韬 著

武汉大学出版社

图书在版编目(CIP)数据

中国与"一带一路"沿线国家贸易的双边就业效应研究/柯尊韬
著.—武汉:武汉大学出版社,2023.6(2023.11重印)
ISBN 978-7-307-23600-4

Ⅰ.中… Ⅱ.柯… Ⅲ.中外关系—双边贸易—影响—就业—研究
Ⅳ.F752.7

中国国家版本馆 CIP 数据核字(2023)第 056668 号

责任编辑:黄河清　　　责任校对:鄢春梅　　　版式设计:马　佳

出版发行:**武汉大学出版社**　　(430072　武昌　珞珈山)
　　　　(电子邮箱:cbs22@whu.edu.cn 网址:www.wdp.com.cn)
印刷:武汉邮科印务有限公司
开本:720×1000　1/16　印张:16　字数:236 千字　插页:1
版次:2023 年 6 月第 1 版　　2023 年 11 月第 2 次印刷
ISBN 978-7-307-23600-4　　定价:64.00 元

前　言

　　2013年中国提出"一带一路"倡议以来，中国与沿线国家双边贸易规模持续扩大，年均增长率高于同期中国对外贸易增速。贸易是影响就业的重要因素，就业是各国党和政府都十分关注和想要解决好的民生问题。中国对"一带一路"沿线国家的进出口贸易总额从2001年的849.036亿美元增加至2018年的12780.660亿美元，年均增长率高达18.638%。中国的总就业人数从2000年的720.85百万人增长到2018年的775.86百万人，年均增长量约为3百万人。"一带一路"沿线国家区域平均失业率总体下降。七大区域中，东亚和南亚2018年的失业率较2000年分别上升了0.25和0.23个百分点，其余五个区域的失业率均下降，且下降幅度远超以上两区域的失业率上升幅度。随着"一带一路"倡议的提出，持续稳定增长的贸易对中国和沿线国家双边就业是否有影响？如果有，会带来怎样的影响？不同方向的贸易是如何影响双边就业数量、就业质量和就业结构的？还有哪些重要因素会对中国与沿线国家双边贸易的就业效应有影响？这种影响是正向的、还是负向的？影响程度有多大？在研究并回答上述问题的基础上，进一步提出"一带一路"倡议背景下，有利于双边增加就业数量、提高就业质量、优化就业结构的对策建议。以上是本书要重点深入探究的问题。

　　本书就贸易对就业影响的前期相关文献进行了梳理，在回顾贸易对就业数量、就业质量、就业结构影响及其作用机理等相关研究基础上，提出了本书的研究思路、研究方法和研究框架。结合相关就业理论，从需求、国民收入、产业结构、贸易关系和技术进步等方面提出了贸易影响就业的内在机理。在理论分析的基础上，结合中国与"一带一路"沿线国家贸易与就业的实际,选取出口贸易额、进口贸易额和进出口贸易额作为核心解释变量,选取生产水平(GDP)、居民消费价格指数(CPI)、外商直接投资(FDI)和政策("一带一路"倡议的提出)作为其他重要变量,构建了贸易对就业影响的动态面板数据系统 GMM 模型。模型中将就业作为被解释变量,并从就业数量、就业质量、就业结构三个方面衡量贸易对就业的影响,其中就业结构又分性别结构、行业结构和地区结构。从研究的需要和数据的可获得性出发,中国方面,就业数量用年末城镇就业率表示,就业质量从就业环境、就业能力、就业报酬和就业公平四个维度来量化测算衡量,性别结构用就业人员中男性就业人员与女性就业人员之比表示,行业结构用农业、工业、服务业就业人员分别占总就业的比例表示,地区结构用对东部地区和对中西部地区就业率的影响表示。"一带一路"沿线国家方面,就业数量用沿线各国家就业率表示,就业质量从就业环境、就业能力、就业报酬和就业公平四个维度来量化测算衡量,性别结构用沿线各国家女性失业率与男性失业率之比表示,行业结构用农业、工业、服务业就业人员分别占总就业比例表示,地区结构用对亚洲地区和对非亚洲地区就业率的影响表示。

本书分析了"一带一路"倡议提出前后双边的贸易状况和贸易给就业带来的动态变化,为实证研究提供重要基础。在实证研究前,为保持数据的完整性,对个别缺失值采用线性插值法进行补全;为使数据更具有平稳性,对部分变量作取对数处理;采用同根检验中的 LLC 检验和异根检验中的 IPS 检验,对数据序列进行平稳性检验;为解决模型可能存在的内生性问题,采用贸易变量的滞后一期和滞后两期作为工具变量,进行内生性检验。再根据动态面板数据系统 GMM 模型,实证研究中国与"一带一路"沿线国家的出口贸易额、进口贸易额、进出口贸易额对双边就业数量、就业质量、就业结构的影响,其他重要变量包括生产水平、居民消费价格指数、外商直接投资和"一带一路"倡议等。

在对中国就业影响的实证分析方面,包含了"一带一路"沿线 65 个国家。研究发现,中国与"一带一路"沿线国家贸易对中国就业能带来积极影响。一是中国与"一带一路"沿线国家贸易对中国就业数量的提升有显著成效。从贸易方向来看，贸易对中国的就业效应主要来源于中国对沿线国家的出口，进口贸易亦能提高中国各省市区就业率，进出口贸易总额对就业数量也呈现显著正向作用。二是中国与"一带一路"沿线国家贸易能有效提升中国的就业质量。三种不同方向的贸易模型下核心解释变量的影响系数接近，约为 0.06，这充分肯定了贸易对提升就业质量的积极作用。三是中国与"一带一路"沿线国家贸易对就业结构影响呈差异化结果。中国与"一带一路"沿线国家贸易对就业性别结构优化作用较为微弱，对就业行业结构优化效果显著，对东部省市区的影响力度更大，但对中西部省市区的影响受贸易方向限制更小。四是本书选取的其他变量是影响就业的重要因素。"一带一路"倡议提出对就业数量、就业质量、就业结构均有积极影响；地区生产总值的作用突出体现在就业性别结构的优化上；居民消费价格指数是影响工资的重要原因，对就业性别结构优化也有一定作用；就业行业结构优化从外商直接投资增加中受益最大；滞后一期就业变量均对当期就业具有积极促进作用。

在对沿线国家就业影响的实证分析方面，基于数据的可获得性，选取了"一带一路"沿线 59 个国家。研究表明，中国与"一带一路"沿线国家贸易对沿线国家就业同样也能起到正向促进作用。一是中国与"一带一路"沿线国家的贸易对沿线国家就业数量有显著正向影响。出口贸易在其中发挥了更大作用，进口贸易的作用相对较小。二是中国与"一带一路"沿线国家的贸易能提升沿线国家就业质量。但其受贸易方向的限制较贸易对就业数量的影响更大，仅在出口和进出口模型中显著影响就业质量，且作用力度小，影响系数值仅为 0.012。三是中国与"一带一路"沿线国家的贸易对各自就业结构影响程度不一。中国与"一带一路"沿线国家的贸易能显著降低农业就业人员占比，并提升服务业就业人员占比以优化就业产业结构；地区结构对降低非亚洲国家失业率更为有效；从性别结构看，进出口总额的增加能在一定程度上改善沿线国家的就业性别结构。四是国内生产总值、物价、政策以及投资对就业有重要影响。就业数量会受到国内生产总值和物价的正向影响；大部分其他重要变量显著提升就业质量，并能降低农业就业人员占比，提升工业和服务业就业人员占比；贸易对就业地区结构影响存在差异，非亚洲国家在所有贸易模型下均能实现就业率的提升，中国从沿线国家的进口能提升亚洲国家的就业数量。

最后，根据实证研究结果，从扩大生产规模和发展高质量贸易、合理控制物价水平和科学布局投资领域、积极宣传和充分用好"一带一路"倡议等方面，提出增加就业数量、提升就业质量、优化就业结构的对策建议。

目　　录

绪　　论

第一节　研究背景与研究意义

一、研究背景

中国自 1978 年实施改革开放以来，积极融入全球经济的发展体系，开展与世界各国的经贸合作，积极发挥作为区域经济大国带动周边国家和地区经济发展的重要作用，通过技术对话、自贸协定等举措，促进区域和世界繁荣发展。2008 年金融危机以来，全球经济增长放缓，贸易和投资持续低迷，发展不平衡不充分等情况加剧，促进区域经济复苏与和平发展已成为当务之急。党的十八大以后，中国经济发展进入新常态，局部地区出现工业产能过剩和能源安全形势严峻等问题，供给侧结构性改革已迫在眉睫。在此背景下，习近平总书记 2013 年首次提出"一带一路"倡议，该倡议顺应了时代要求和各国加快发展的愿景，构建了包容性的区域合作发展平台，受到许多国家的热烈响应和积极参与。2015 年中国发布的《推动共建丝绸之路经济带和 21 世纪海上丝绸之路的愿景与行动》，将政策沟通、设施联通、贸易畅通、资金融通、民心相通列为"一带一路"合作的主要内容。其中，贸易畅通即通过加强国际经贸协作，实现投资和贸易的便利化，推动中国与"一带一路"沿线国家国际贸易。经过 7 年多的建设与发展，该倡议已成为中国参与全球合作、改善区域经济治理体系、推动社会高质量就业、促进地区和平发展的中国方案。

我国党和政府高度重视"一带一路"倡议。党的十九大报告提出，"要以'一带一路'建设为重点，坚持引进来和走出去并重，遵循共商共建共享原则，加强创新能力开放合作，形成陆海内外联动、东西双向互济的开放格局。拓展对外贸易，培育贸易新业态新模式，推进贸易强国建设"。党的十九届四中全会强调，要"推动共建'一带一路'高质量发展，维护完善多边贸易体制，推动贸易和投资自由化便利化，推动构建面向全球的高标准自由贸易区网络"。党的十九届五中全会指出，要"推动共建'一带一路'高质量发展。坚持共商共建共享原则，秉持绿色、开放、廉洁理念，深化务实合作，加强安全保障，促进共同发展"。"一带一路"倡议提出以来，我国党和政府坚持顶层设计、高位推动、狠抓落实、务求实效，成立了专门的领导和工作机构，建设"中国一带一路网"，召开了一系列重要会议，制定了一系列重要政策，出台了一系列重要文件，签署了一系列重要协议，开展了一系列重要工作，取得了一系列重要成果。中国与"一带一路"沿线国家贸易规模持续扩大。根据国际贸易中心数据库(International Trade Centre)的数据，2002 年以来，中国积极融入世界经贸合作，对外进出口贸易总额从 2002 年的 6207.66 亿美元增长到了 2017 年的 41071.38 亿美元，年均增长率约为 14.54%。其中，中国与"一带一路"沿线国家之间的进出口贸易总额从 2002 年的 1685.57 亿美元增长到 2017 年的 15264.04 亿美元，年均增长率约为 17.30%。除了 2008 年受全球金融危机影响，以及 2015—2016 年国际外部需求低迷、大宗商品价格下跌所导致的全球性贸易严峻形势外，中国与"一带一路"国家之间的进口贸易增长率基本上保持两位数以上的增长率。2017 年，中国与"一带一路"国家之间的进出口贸易总额占中国对外进出口贸易总额的 37%，"一带一路"国家已成为中国最重要的经贸合作对象和出口市场之一，进出口贸易主要集中在制造业。中国推进"一带一路"建设工作领导小组办公室 2019 年 4 月发布的《共建"一带一路"倡议：进展、贡献与展望》报告显示：2013—2018 年，中国与沿线国家货物贸易进出口总额超过 6 万亿美元，年均增长率高于同期中国对外贸易增速，占中国货物贸易总额的比重达到 27.4%。其中，2018 年，中国与沿线国家货物贸易进出口总额达到 1.3 万亿美元，同比增长 16.4%。中国与沿线国家服务贸易由小到大、稳步发展。2017 年，中国与沿线国家服务贸易进出口额达 977.6 亿美元，同比增长 18.4%，占中国服务贸易总额的14.1%，比 2016 年提高 1.6 个百分点。世界银行研究分析共建"一带一路"倡议对 71 个潜在参与国的贸易影响，发现共建"一带一路"倡议将使参与国之间的贸易往来增加 4.1%。

中国和"一带一路"沿线国家大部分是发展中国家，"一带一路"沿线总人口约 44 亿，约占全球总人口的 63%，就业问题是双边面临的一个重大问题。2000 年我国城镇就业人员为 231.51 百万人，约占全国就业人口的32%，乡村就业人员数量为 489.34 百万人，约占总就业人口的 68%；农村就业人员数量不断减少，而城镇就业人员数不断增加，2014 年城镇就业人员数量实现反超，比乡村就业人员数量多 13.67 百万人，占比超过 50%。截至 2018 年，乡村就业人口数量为 341.67 百万人，比城镇就业人员占比少 12%。从沿线国家就业状况来看，2000 年七大区域失业率从低到高排列分别为南亚(2.97%)、东盟(3.26%)、东亚(6.07%)、西亚(7.34%)、独联体(10.94%)、中亚(11.76%)以及中东欧(15.93%)，2018 年各区域的失业率虽然总体下降，但在失业率的排序上基本不变，失业率由低到高分别为东盟（2.89%）、南亚（3.17%）、独联体（8.61%）以及中东欧（9.66%）。我国党和政府一贯高度重视就业工作，习近平总书记在党的十九大报告中 14 次提到就业，强调"就业是最大的民生。要坚持就业优先战略和积极就业政策，实现更高质量和更充分就业。注重解决结构性就业矛盾，鼓励创业带动就业，提高就业质量。提供全方位公共就业服务，促进高校毕业生等青年群体、农民工多渠道就业创业"。党的十九届四中、五中全会指出，要"健全有利于更充分更高质量就业的促进机制，强化就业优先政策，千方百计稳定和扩大就业"。贸易与就业是许多国家高度重视的经济与民生问题，"一带一路"倡议在促进中国与沿线国家贸易畅通的同时，能否为双边就业带来积极的促进作用？这是本书将要深入探讨的重点问题。因此，研究中国与"一带一路"沿线国家对外贸易的双边就业效应，即对中国和"一带一路"沿线国家双边就业的影响，探究贸易对双边就业的微观机理，为实现中国与"一带一路"沿线国家双边的充分就业和高质量就业提出合理化的对策建议，有助于落实党的十九大报告、历次全会提出的目标任务和构建人类命运共同体，具有一定的理论意义和现实意义。

二、研究意义

（一）理论意义

本书以劳动力商品理论、资本主义相对过剩人口理论和社会主义普遍就业理论等马克思主义就业理论为指导，运用马克思主义立场、观点和方法，结合实践，广泛借鉴传统的就业理论、凯恩斯的充分就业理论、新古典综合派的结构性失业理论、新自由主义的就业理论、新凯恩斯主义的就业理论和发展就业学派的就业理论等西方就业理论的科学成果，用最新的国内外实践就对外贸易对就业的影响进行研究，推进国际贸易就业影响理论的发展、丰富，形成比较系统的研究体系，拓展研究路径和研究方法，对贸易对就业影响的相关理论进行有益补充。

丰富和发展马克思主义贸易理论，探索在新时代中国发展转型和"一带一路"倡议背景下，研究和分析对外贸易对我国和沿线国家双边就业的影响意义重大。中国与"一带一路"沿线国家大部分为发展中国家，根据中国在"一带一路"沿线国家进出口贸易的现状，深入研究中国对外贸易对双边就业的影响，对于丰富"一带一路"倡议下的贸易和就业理论，进一步扩展区域贸易理论和相关就业理论，有着一定的学术和理论价值。

（二）现实意义

随着我国进入新发展阶段，对外贸易对我国经贸发展和就业的影响进一步显现，特别是在经济结构转型的新阶段，贸易对就业的影响和经济结构转型对就业的影响叠加在一起，影响不仅会放大，而且会更加深入和持久。因此，研究贸易对就业的影响，不仅对推动我国对外开放和经济转型，而且对缓解当前就业压力，积极应对就业和失业问题都具有重要的现实意义。

"一带一路"倡议是一个包容的经济合作倡议，这一倡议完全符合"一带一路"沿线国家的需求，对于促进中国和沿线国家的双边就业有着重大意义。由于"一带一路"沿线国家数量较多，政治关系、民族矛盾和经济发展水平等方面差异较大，因此中国对"一带一路"沿线国家对外贸易发挥其就业促进作用时会受到诸多因素的影响。针对此问题，本书实证检验中国与"一带一路"沿线国家对外贸易的双边就业效应，并在此基础上有针对性地提出解决问题的方案，对最大限度地发挥中国与"一带一路"沿线国家对外贸易的双边就业效应有着重要的实践价值。

第二节 贸易对就业影响的文献综述

最早在重商主义的相关理论中，就已经涉及了国际贸易相关问题。随着世界各国的联系日益密切，国际贸易理论作为热点问题在第二次世界大战以后仍然备受政府和学术界的关注。然而其对国际贸易理论的关注并非为了针对性地解决国内就业问题，而是旨在通过理论研究分析各种贸易政策和经济政策对本国的经济社会的影响，进而为政府及相关部门提供科学决策的理论基础。尽管如此，国际贸易也必然会通过国内经济社会发展状况间接地对国内就业产生深刻影响。

国际贸易与就业的相关问题在亚当·斯密的绝对成本理论和李嘉图的比较成本理论中有所体现，但随着贸易理论的不断发展，在现阶段，学者对贸易与就业问题的相关研究已经越发丰富和深入。对这一问题的关注基于两大现实背景：一方面，经济全球化程度越来越高、贸易开放程度也不断提高，特别是随着"一带一路"倡议的深度推进，国际贸易活动愈加频繁，同时国际分工朝着精细化方向发展，贸易对就业的影响也更加广泛而具体；另一方面，就业是民生之本，直接关系到家庭和谐、社会稳定以及国家的繁荣发展，是广受民众、学者和政府各界关注的重点和热点问题。

一、基本概念的界定

(一)"一带一路"沿线国家

"一带一路"(The Belt and Road,B&R)是"丝绸之路经济带"和"21世纪海上丝绸之路"的简称,2013年9月和10月,中国国家主席习近平分别提出建设"新丝绸之路经济带"和"21世纪海上丝绸之路"的合作倡议。依靠中国与有关国家既有的双多边机制,借助既有的、行之有效的区域合作平台,"一带一路"旨在借用古代丝绸之路的历史符号,高举和平发展的旗帜,积极发展与沿线国家的经济合作伙伴关系,共同打造政治互信、经济融合、文化包容的利益共同体、命运共同体和责任共同体。"一带一路"沿线各国资源禀赋各异,经济互补性较强,彼此合作潜力和空间很大。以政策沟通、设施联通、贸易畅通、资金融通、民心相通为主要内容,在民心相通方面,主要整合现有资源,开拓和推进与沿线国家在青年就业、创业培训、职业技能开发、社会保障管理服务、公共行政管理等共同关心领域的务实合作。因此,本书的研究对象主要包括中国和"一带一路"沿线国家,"一带一路"沿线国家分布情况如表0-1所示。

表0-1　"一带一路"沿线国家分布情况

地区	国　　　家
东亚(1)	蒙古国
东南亚(10)	柬埔寨、印度尼西亚、马来西亚、菲律宾、泰国、越南、缅甸、老挝、文莱、新加坡
西亚(17)	伊朗、土耳其、约旦、黎巴嫩、以色列、沙特阿拉伯、也门、阿曼、卡塔尔、科威特、塞浦路斯、伊拉克、叙利亚、埃及、巴勒斯坦、阿联酋、巴林
南亚(8)	印度、巴基斯坦、孟加拉国、斯里兰卡、尼泊尔、阿富汗、马尔代夫、不丹

地区	国　　　家
中亚(5)	哈萨克斯坦、吉尔吉斯斯坦、塔吉克斯坦、乌兹别克斯坦、土库曼斯坦
独联体(7)	俄罗斯、乌克兰、格鲁吉亚、阿塞拜疆、亚美尼亚、摩尔多瓦、白俄罗斯
中东欧(17)	波兰、立陶宛、爱沙尼亚、拉脱维亚、捷克、斯洛伐克、匈牙利、斯洛文尼亚、克罗地亚、波黑、黑山、塞尔维亚、阿尔巴尼亚、罗马尼亚、保加利亚、马其顿、希腊

注：截至目前，沿线国家除中国外共 65 个国家，根据数据可获得性，在实证分析部分，中国就业效应选取全部 65 个国家，沿线国家就业效应选取 59 个国家。

(二)就业效应

就业在英文中为 Employment，直接翻译为雇佣，包括被雇者(employee)和雇佣者(employer)双方。按照国际劳工组织的定义，就业是指一定年龄阶段内的人们为获取报酬或为赚取利润所进行的活动。① 本书的就业效应主要指对就业数量(Gaston，1998；刘红英，2012)、就业质量(Banga，2005；李冰晖、唐宜红，2017)和就业结构(喻美辞，2008；Fajnzylber，2009；张志明，2014)的影响。就业数量是衡量劳动力就业的总量指标或者说绝对指标。然而，因为就业者只是劳动力人口的一个部分而非全部，而劳动力人口又随着总人口规模的不同而不同，因此本书采用就业率来衡量就业数量的变化，这是一个相对的指标，可以反映一个劳动者人口群体中的就业强度。就业结构是根据不同的标准对就业人口进行划分之后，各类就业人口之间的比例关系。它一般是指社会劳动力在国民经济各部门、各行业、各地区、各领域等的分布、构成和联系。就业结构反

---

① 宋培林. 现代劳动经济学[M]. 厦门：厦门大学出版社，2004.

映了一个国家社会劳动力的利用状况及一个国家经济发展的方向与水平。本书重点从性别结构、地区结构和行业结构等三个方面来研究其就业效应。① 有关就业质量的思想早在 19 世纪末 20 世纪初就出现了。早期就业质量的概念，主要体现了就业者的工作效率、就业者与职位的匹配、"刺激性"的薪酬等方面。就业，是劳动者与生产资料结合，从事社会劳动并获得报酬或经营收入的经济活动，劳动者与生产资料结合的好坏，如工作环境如何、工作稳定性如何等，以及取得报酬的高低，这些体现的就是就业质量。根据数据的可获得性，本书从就业环境、就业能力、就业报酬和就业公平四个维度量化就业质量综合指数来衡量就业质量。②

(三)双边就业效应

"双边"一词在《辞海》中是指由两方面参加，大多用于两个国家参加的活动。如中国与其他国家或组织的双边投资和双边贸易，主要指中国与其他国家或组织两边的相互投资和进出口贸易。前期研究中，尤其在与"一带一路"沿线国家就业效应的研究中，由于数据获取和整理的难度和工作量相对比较大，国内外学者主要针对单边就业效应进行了研究(Masso，2008；李宏兵等，2017；姬超，2018)，本书的双边就业效应主要指对中国与"一带一路"沿线国家双边就业数量、就业质量和就业结构的影响。

二、贸易对本国就业影响的研究回顾

(一)贸易对本国就业数量影响的相关研究

对外贸易对就业数量的影响一般用就业总量和就业率两个指标来衡量。现有研究表明，对外贸易对本国就业数量的影响主要集中在以下几个

---

① 杨河清，王守志. 劳动经济学[M]. 北京：中国人民大学出版社，2006.

② European Commission. Taking stock of five years of the European employment strategy[J]. Communication，2002(7).

方面：

一是对外进出口贸易对本国就业数量都具有正向影响。不少国外学者系统研究了对外贸易对就业率的影响。Milner(1998)①通过实证研究发现，毛里求斯的进口和出口贸易都显著促进了国内就业。而 Hine 和 Wright (1998)②的研究则以制造业为研究视角，用动态需求模型研究贸易自由化对英国制造业就业的影响，结果显示，与低工资国家贸易会导致英国制造业短期失业率上升。Peter(2019)③的研究则从服务外包的角度出发，基于2001—2013 年德国公司服务进口数据，利用伙伴国家和服务类型对企业特定的出口供应冲击作为工具变量，研究服务业外包对就业的影响，发现服务外包增加了企业就业。

国内学者关于进出口贸易对本国就业数量的研究比较丰富，早期主要是定性分析。熊伟(1999)④通过定性研究发现，对外贸易能够增加中国就业总量，并可以不同程度提升劳动力素质。进入 21 世纪，基于贸易和就业关系的实证检验越来越多。范爱军、李菲菲(2011)⑤基于 1982—2010 年的时间序列数据研究服务贸易进出口与就业的关系。研究显示，从长期来看服务贸易进出口都会显著促进就业，但进口的促进作用更显著。魏浩、刘士彬(2012)⑥通过研究机电产业对贸易的影响，结果显示，从长期来看，进出口都会促进就业，但出口比进口的影响小；从短期来看，进出口仍然会促进就业，但出口比进口影响大；从程度来看，出口的中短期影响最为

① Milner C, Wright P. Modeling labor market adjustment to trade liberalization in an industrializing economy[J]. The Economic Journal, 1998(108).

② Hine R, Wright P. Trade with low wage economies, employment and productivity in UK manufacturing[J]. The Economic Journal, 1998(108).

③ Peter S Eppinger. Service off shoring and firm employment [J]. Journal of International Economic, 2019(117).

④ 熊伟. 试析我国的劳动就业与对外贸易的相关性[J]. 银行家, 1999(6).

⑤ 范爱军, 李菲菲. 服务贸易对我国就业的影响研究——基于 1982—2010 年数据的协整分析[J]. 福建论坛(人文社会科学版), 2011(9).

⑥ 冯其云. 贸易开放、技术进步对中国就业变动的影响[D]. 天津：南开大学, 2014.

显著。冯其云(2014)①采取动态面板数据 GMM 法、联立方程检验、空间计量方法实证研究，得出结论，贸易开放、技术进步可以提升就业总量。

二是对外进出口贸易对本国就业数量具有负向影响或无影响。国内外研究的结论相对一致，即进口对就业有一定的抑制作用，出口对就业的影响有两种观点，一种认为影响不明显，一种认为有负面影响，但相对进口影响程度较小。Driver、Kilpatrick 和 Naisbitt(1986)②采用要素含量法研究发现，英国与欧洲经济体国家和新兴工业化国家贸易时会降低英国国内就业，但是影响幅度不大。Greenaway、Hine、Wright(1998)基于 1979—1991 年英国 167 个制造业的面板数据研究贸易对产业就业的影响时发现，进口和出口贸易量增加都会导致就业需求下降，而且从欧洲进口比从东亚进口带来的就业需求下降更明显。国内学者夏先良(2002)③的研究则认为，出口对就业率的提升不显著，而进口对就业率有抑制作用，进口每增加 1%，就业率下降 0.6%。杨玉华(2008)④研究证实，短期内工业品进口对就业的影响不明显，但随着贸易不断扩大，进口对就业的负面效应日渐增强。

三是出口贸易对本国就业数量具有正向影响，进口贸易无显著影响。大部分学者基于国家或地区层面，论证了出口贸易对本国就业数量具有正向影响，进口贸易无显著影响的结论。Feenstra 等(2007)⑤运用投入产出法研究出口对中国就业的影响，他们认为出口贸易是 1997—2005 年中国就

①　冯其云. 贸易开放、技术进步对中国就业变动的影响[D]. 天津：南开大学，2014.

②　Driver C, Kipatrick A, Naisbitt B. The employment effects of UK manufacturing trade expansion with the EEC and the newly industrializing countries[J]. European Economic Review, 1986, 30(2).

③　夏先良. 追求最大限度充分就业——中国进口贸易宏观分析与政策选择[J]. 中国贸易, 2002(3).

④　杨玉华. 工业品贸易影响就业的路径分析与理论解释[J]. 生产力研究, 2008(2).

⑤　Feenstra R C, Chang H. China's export and employment[R]. NBER Working Paper No. 13552, 2007.

业增长的主要原因之一，但国内需求对就业的推动作用更大，是出口贡献的 3 倍。梁平、梁彭勇、黄金(2008)①运用 1978—2004 年中国省级面板数据研究对外贸易的就业效应，结果显示，出口可以显著拉动国内就业，而进口对国内就业影响则不明显。陆文聪、李元龙(2011)②采用可计算一般均衡模型分析我国出口贸易对就业的影响，研究表明，出口增长 1 个百分点可以增加 0.088 个百分点非农就业。刘军、杨浩昌、崔维军(2016)③以2001—2013 年我国 31 个省级地区面板数据为研究对象，采取虚拟变量方法研究出口贸易对国内不同地区就业的影响，结论显示均为正向影响。

有的学者则基于行业层面，得出了出口对就业有促进作用，进口影响不显著的结论。明娟等(2010)④基于 2001—2008 年中国制造业细分行业面板数据研究对外贸易对我国制造业就业的影响。结果显示，出口对制造业就业比国内需求促进作用更大，而进口对制造业就业存在不显著的负向影响。

四是出口贸易对本国就业数量具有正向影响，进口贸易具有负向影响。国外研究中，有的学者从国家和地区层面出发，重点论证了进口对本国就业数量具有负向影响的观点。Gaston(1998)⑤、Ghose(2000)⑥从进口角度研究贸易对就业的影响，认为国际贸易对就业有抑制作用。Sen(2001)⑦在研究贸易对肯尼亚和孟加拉国就业市场影响时发现，贸易显著

① 梁平，梁彭勇，黄金. 我国对外贸易就业效应的区域差异分析——基于省级面板数据的检验[J]. 世界经济研究，2008(1).

② 陆文聪，李元龙. 中国出口增长的就业效应：基于 CGE 模型的分析[J]. 国际贸易问题，2011(9).

③ 刘军，杨浩昌，崔维军. 出口贸易对就业的影响及其地区差异——基于我国省级面板数据的实证研究[J]. 世界经济与政治论坛，2016(1).

④ 明娟，邢孝兵，张建武. 国际贸易对制造业行业就业的影响效应研究——基于动态面板数据模型的实证分析[J]. 财贸研究，2010(6).

⑤ Gaston N. The impact of international trade and protection on australian manufacturing employment[J]. Australian Economics Papers，1998，37(2).

⑥ Ghose A K. Trade liberalization and manufacturing employment[J]. Geneva，ILO Employment Paper，2000(March).

⑦ Sen K. Globalization and employment in Bangladesh and Kenya[R]. Discussion Paper7. Projection Globalization. Production and Poverty. Overseas Development Group，2001.

降低了进口竞争部门的就业总量。而 Biscourp 和 Kramarz（2007）①的研究则运用 1986—1992 年法国海关数据研究进出口对法国制造业就业的影响。结果显示，出口与就业增长率正相关，但随着制成品进口的增加就业会减少。

　　国内研究中，有的学者运用国家和地区层面的省际面板数据模型，对出口贸易对本国就业数量的影响进行了实证分析。高文书（2009）②运用省际面板数据研究中国进出口贸易对就业的影响，结果表明，进出口对就业均有显著影响，其中出口对就业有显著促进作用，而进口对就业有显著抑制作用。魏浩（2013）③运用 63 个国家的面板数据研究进出口对就业的影响。结果显示，出口对就业有显著的促进作用，而进口对就业的影响不明显。有的国内学者则运用行业面板数据模型，对出口贸易对本国就业数量的影响进行了实证分析。刘红英（2012）④利用 2005—2009 年工业行业的面板数据，采用面板协整和面板变系数模型研究工业品贸易对就业影响。结果显示，出口对就业有拉动作用，进口对就业有抑制作用，但是因行业不同，进出口就业弹性存在很大差异。杨浩昌等（2014）⑤利用 2001—2012 年的行业面板数据研究制造业就业的影响因素，结果显示，出口会拉动、而进口会抑制制造业就业。

（二）贸易对本国就业结构影响的相关研究

　　一是基于就业技术结构的相关研究。有的学者基于熟练工人和非熟练

　　①　Pierre Biscourp，Francis Kramarz. Employment，skill structure and international trade：Firm-level evidence for France[J]. Journal of International Economics，2007，72(1).
　　②　高文书. 中国对外贸易就业效应的系统广义矩估计——基于省级动态面板数据的实证研究[J]. 云南财经大学学报，2009(6).
　　③　魏浩. 对外贸易、国内就业和中国的战略选择[J]. 经济学家，2013(1).
　　④　刘红英. 我国工业品贸易就业效应的实证研究[J]. 兰州刊，2012(1).
　　⑤　杨浩昌，刘军，张芊芊. 中国制造业就业的影响因素研究——基于省级面板数据的实证分析[J]. 经济问题探索，2014(12).

工人进行了比较研究。Daniel(2004)①从市场性质的角度出发，在研究贸易与就业的关系时发现，在市场完全开放的情形下，对外贸易会提高对熟练工人的需求，减少对非熟练工人的需求；在市场处于刚需的情形下，对外贸易对就业的影响与工人的熟练程度关系不明显。结果表明，由于筛选机制的存在，出口贸易可以提升高学历劳动力就业水平，但未必可以提升整体就业水平。Fajnzylber等(2009)②研究进口中间产品、出口和外商投资对中国和巴西制造业部门熟练劳动力需求的影响。研究表明，巴西随着国际一体化水平的提高，熟练劳动力的需求不断增加；而中国随着国际一体化水平的提高，熟练劳动力的需求减少。唐宜红、马风涛(2009)③通过实证检验发现，中国在全球价值链中参与垂直专业化分工过程中，增加了国内非熟练劳动力相对就业，减少了熟练劳动力相对就业。臧旭恒、赵明亮(2011)④研究表明，我国工业部门在国际贸易中，由于参与垂直专业化分工，总体上促进了非熟练劳动力就业，抑制了熟练劳动力就业。周禄松、郑亚莉(2014)⑤研究出口技术复杂度对不同技能劳动力工资差距的影响。结果显示，熟练劳动力需求随着出口技术复杂度的提高而增加。张志明(2014)⑥的研究认为，与发达国家的国际贸易可通过直接效应和间接效应来促进发展中国家的技术进步，进而增加熟练劳动力的相对需求。

　　二是基于就业部门结构的相关研究。国内外关于就业部门结构的相关

　　① Daniel A. Trade liberalization, labor mobility and wages [J]. Journal of International Trade and Economic Development, 2004, 13(2).

　　② Fajnzylber P, Maloney F W. Labor demand and trade reform in Latin America[J]. Journal of International Economics, 2009, 66(2).

　　③ 唐宜红，马风涛. 国际垂直专业化对中国劳动力就业结构的影响[J]. 财贸经济，2009(4).

　　④ 臧旭恒，赵明亮. 垂直专业化分工与劳动力市场就业结构——基于中国工业行业面板数据的分析[J]. 中国工业经济，2011(6).

　　⑤ 周禄松，郑亚莉. 出口技术复杂度升级对工资差距的影响：基于我国省级动态面板数据的系统 GMM 分析[J]. 国际贸易问题，2014(11).

　　⑥ 张志明. 中国服务贸易的异质劳动力就业效应——基于行业面板数据的经验研究[J]. 世界经济研究，2014(11).

研究中，一部分学者主要基于工业或制造业行业进行了研究。Wood（1991）①采用要素含量法研究南北贸易对发达国家制造业就业的影响，发现贸易对发达国家制造业就业影响很大，特别是大幅降低了非熟练劳动力需求。Papageorgiou、Choksi 和 Michaely（1991）②研究认为，贸易规模的增长没有引起非 OECD 国家制造业就业的下降，反而促进了这些国家制造业就业的增加。喻美辞（2008）③运用 1996—2006 年中国工业行业面板数据研究中国工业品进出口的就业效应。从整体来看，工业品进口会减少就业、出口会增加就业。从部门来看，就业效应存在着明显的部门差异性，进口会降低所有类型部门的就业，但出口只提高了高技术产业的就业。魏浩、王浙鑫、惠巧玲（2013）④运用 1992—2007 年中国 33 个工业部门面板数据研究进出口贸易就业效应，发现不同产业、不同行业出口贸易的就业效应均有差异性，且初级产品和中级产品出口对就业有负向拉动作用。

一部分学者基于服务业行业进行了研究。周申、廖伟兵（2006）⑤运用投入产出模型，引入劳动力生产要素和贸易增加额等因素，研究服务贸易对就业的影响。结果显示，服务贸易出口对就业产生带动作用，服务贸易进口对就业产生替代作用；服务贸易比工业贸易对就业的效应大；服务贸易结构变化可以促进就业，但对就业净增长率比较小。张志明（2014）⑥从整体和行业视角分析服务贸易进出口对就业的影响，从整体来看，服务贸易进出口对就业均有促进作用；从行业来看，服务贸易进口能促进高技术

---

① Wood A. North-South trade and female labour in manufacturing：An asymmetry[J]. Journal of Development Studies，1991，27(2).

② Pageorgiou D, Michaely M, Choksi A M. Liberalizing foreign trade［R］. Washington, DC：World Bank, 1991.

③ 喻美辞. 工业品贸易对中国工业行业人口就业的影响——基于 34 个工业行业面板数据的实证分析[J]. 中国人口科学，2008(4).

④ 魏浩、王浙鑫、惠巧玲. 中国工业部门进出口贸易的就业效应及其差异性研究[J]. 国际商务——对外经济贸易大学学报，2013(2).

⑤ 周申，廖伟兵. 服务贸易对我国就业影响的经验研究[J]. 财贸研究，2006(11).

⑥ 张志明. 中国服务贸易的服务业就业效应研究[D]. 沈阳：辽宁大学，2014.

密集型行业就业，但抑制低技术密集型行业就业。

还有的学者基于各行业进行了综合性比较研究。Folawewo 和 Olakojo（2012）①基于 1986—2008 年的时间序列宏观经济数据，采取最小二乘法研究尼日利亚贸易自由化与制造业、农业和服务业等部门就业之间的关系，结果显示，贸易自由化对就业的影响因行业而异，但贸易改革对部门就业没有重大影响。冯其云（2014）②认为贸易开放和技术进步促进劳动力从中西部地区向东部地区流动，降低第一产业、提升第二和第三产业就业份额。李小萌、陈建先、师磊（2016）③构建动态面板数据模型，从产业的视角分析进出口贸易对就业结构的影响。研究发现，出口对促进第二产业就业最为显著，对第三产业较为显著，对第一产业不显著；进口对抑制第二产业就业显著，对第一产业和第三产业不显著。

三是基于就业地区结构的相关研究。国内外学者关于就业地区结构的相关研究中，一部分学者主要集中于国家层面的研究。程大中（2000）④采用回归分析法对比研究开放经济条件下中美两国服务贸易对就业的影响，结果显示，美国服务业就业的出口收入效应大于中国。段玉婉等（2012）⑤采用投入产出模型研究中国出口美国、欧盟和日本对国内的就业效应。研究表明，中国对出口日本的就业拉动作用效率最高，对美国出口的就业拉动作用效率最低。魏浩（2013）⑥通过实证研究发现，出口有利于发达国家和发展中国家的就业，进出口对就业的影响呈现出明显的区域差异特征。

---

① Folawewo A, Olakojo S. Trade policy reforms and sectoral employment in nigeria[J]. African Journal of Economic Policy, 2012, 19(1).

② 冯其云. 贸易开放、技术进步对中国就业变动的影响[D]. 天津：南开大学，2014.

③ 李小萌，陈建先，师磊. 进出口贸易对中国就业结构的影响[J]. 国际商务——对外经济贸易大学学报，2016(3).

④ 程大中. 服务业就业与服务贸易出口：关于中国和美国的对比分析[J]. 世界经济，2010(11).

⑤ 段玉婉，蒋雪梅，祝坤福，陈锡康，杨翠红. 出口对中国就业的影响分析——欧美日对比分析[J]. 数学的实践与认识，2012.

⑥ 魏浩. 对外贸易、国内就业和中国的战略选择[J]. 经济学家，2013(1).

　　还有部分学者主要集中于中国省际地区的研究。梁平、梁彭勇、黄金(2008)①研究发现，出口贸易存在显著的地区就业效应差异，我国中部地区就业弹性最大、东部次之、西部最小。温怀德，谭晶荣(2010)②利用1985—2008 年中国入世前后省级面板数据研究出口就业效应。从总体看，出口对就业有拉动作用，但作用在减弱；进口减少了就业，但具有地区差异性。入世后我国东部出口的就业效应不再显著，而中西部地区效应则开始显现。刘军、杨浩昌、崔维军(2016)③研究对外贸易对我国东中西部地区、行业区域就业总量和就业率的影响时发现，就业总量的影响东部最大、中部次之、西部最小，对就业率的影响中部最大、东部次之、西部最小。吴国锋、王跃生(2018)④基于海关和 285 个地级城市匹配数据，采用系统 GMM 模型和稳健性检验发现，贸易自由化可以促进中国制造业就业，但存在区域差异。

　　四是基于就业性别结构的相关研究。国内外学者关于就业性别结构的相关研究中，有的学者主要针对工业和制造业行业的性别差异带来的就业问题进行了研究。AlAzzawi(2014)⑤研究埃及制造业中女性劳动力市场、产业集中度和贸易改革之间的关系。结果表明，产业集中度对劳动力市场中的女性不利，贸易自由化的影响因产业集中度和国际竞争的性质而异。进口竞争加剧与性别工资差距扩大和女性就业减少有关。出口强度的增加与较低的性别工资差距有关和较低的女性就业有关。相反，

---

　　① 梁平，梁彭勇，黄金. 我国对外贸易就业效应的区域差异分析——基于省级面板数据的检验[J]. 世界经济研究，2008(1).

　　② 温怀德，谭晶荣. 中国对外贸易、FDI 对就业影响的实证研究——基于加入世贸组织前后东、中、西部数据的比较[J]. 国际贸易问题，2010(8).

　　③ 刘军，杨浩昌，崔维军. 出口贸易对就业的影响及其地区差异——基于我国省级面板数据的实证研究[J]. 世界经济与政治论坛，2016(1).

　　④ 吴国锋，王跃生. 贸易自由化与中国制造业就业——基于海关与地级城市匹配数据的研究[J]. 河北经贸大学学报，2018(9).

　　⑤ AlAzzawi S. Trade liberalization, industry concentration and female workers: The case of Egypt[J]. IZA Journal of Labor Policy, 2014(3).

对日益增加的国际进口竞争开放与性别工资差距的缩小和妇女就业的增加有关，而这些工业中出口的增加也与妇女就业的增加有关。陈昊、刘奢文(2014)①基于2006—2009年中国工业企业数据库，使用筛选—匹配模型研究中国出口贸易对女性就业的影响，结果显示出口贸易对女性就业有抑制作用。

有的学者基于不同行业进行了比较分析，根据行业的贸易导向，探讨了不同行业的就业趋势和模式。这些就业模式包括两类处境不利的工人，即女性相对于男性，合同工人相对于正式工人。结果表明，贸易依存度低的行业为女工提供了更多的就业机会。在男女就业机会的比较中，发现男女就业机会差距较大。同样，在贸易自由化后，普通工人和合同工之间的差距也扩大了。调查发现，主要工业集团在1989—1990年以及1999—2000年的就业增长率略有增加。在2000—2001年和2005—2006年，印度制造业的就业增长率大幅下降。本研究还发现，就业报告最高的增长在进口竞争行业；而出口导向型产业也出现了正增长，但增幅有限。

五是基于就业城乡结构的相关研究。有的学者基于乡镇企业的微观层面进行了研究。傅小兰等(2005)②的研究发现，中国贸易出口和国内销售产出规模对乡镇企业就业的影响，结果显示贸易出口对劳动力就业有显著促进作用。有的学者则基于农业和非农业视角进行了比较分析。王云凤、郑雁升(2015)③通过格兰杰非因果关系检验等方式，发现出口贸易规模增长短期内可以有效促进我国农村劳动力在非农业领域就业，但从长远来看效益为负向调节。

---

① 陈昊，刘奢文. 中国出口贸易的女性就业效应：基于筛选——匹配模型的再检验[J]. 经济评论，2014(1).

② Fu X L, Balasubramanyam V N. Export, foreign direct investment and employment：The case of china[J]. World Economy, 2005, 28(4).

③ 王云凤，郑雁升. FDI、出口贸易与农村劳动力非农就业[J]. 税务与经济，2015(4).

　　还有学者基于非正规就业的视角研究了就业城乡结构的差异性。周申、何冰(2017)①运用独立混合横截面数据和 logit 回归，实证检验对外贸易对我国非正规就业的地区效应和动态影响。结果表明，"对外贸易提升了我国劳动者从事非正规就业的概率，且贸易自由化程度越深入的地区，个体从事非正规就业的概率越大。中国加入 WTO 后，贸易自由化对非正规就业最显著的提升效应发生在 2006—2009 年。贸易自由化对不同户口、不同性别和不同技能个体的非正规就业效应具有异质性，农村、中低技能个体从事非正规就业的概率更高，对女性的影响则滞后于男性"。

　　六是基于微观就业结构的相关研究。国内外学者关于微观就业结构的相关研究中，大部分学者主要集中于企业层面的研究。Bernard 和 Jensen (1997)②运用 1979—1987 年企业层面的数据研究发现，非生产性工人就业上升最大的企业就是出口业务最多的企业，这表明对外贸易对就业需求产生了影响。毛其淋、许家云(2016)③以中国加入 WTO 为背景，利用 2000—2007 年中国制造业企业的生产和贸易数据，引入"提高就业创造"和"降低就业破坏"等概念，从微观视角研究了中间品贸易对就业总量和就业结构的影响，结果表明中间品贸易在"提高就业创造"和"降低就业破坏"等共同因素作用下，显著促进了制造业企业的就业净增长。

　　还有学者对企业的密集类型进行了细分。席艳乐、于江曼(2016)④研究发现出口强度对劳动密集型企业的影响最大、对资源密集型企业的影响次之、对资本密集型企业的影响最小。而陈昊(2016)⑤的研究则通过建立

---

　　① 周申，何冰. 贸易自由化对中国非正规就业的地区效应及动态影响——基于微观数据的经验研究[J]. 国际贸易问题，2017(11).

　　② Bernard A B, Jensen J B. Exporters, skill upgrading, and the wage gap[J]. Journal of International Economics, 1997, 42(1-2).

　　③ 毛其淋，许家云. 中间品贸易自由化与制造业就业变动——来自中国加入 WTO 的微观证据[J]. 经济研究，2016(1).

　　④ 席艳乐，于江曼. 出口贸易对企业就业规模的影响——基于 2000—2007 年中国企业微观数据的实证检验[J]. 山西财经大学学报，2016(2).

　　⑤ 陈昊. 出口贸易如何影响高学历劳动力就业——兼论出口贸易就业筛选机制的实现[J]. 产业经济评论，2016(7).

筛选—匹配机制的微观劳动力市场模型，研究出口贸易对高学历劳动力就业的影响。

(三)贸易对本国就业质量影响的相关研究

国内外研究中有的学者基于低、中、高技术工人进行了比较研究。Sachs 和 Shats(1996)[1]认为，绝大多数制造业部门低技术工人相对工资下降是由偏向技术性进步导致的，而与对外贸易没有关系的观点缺乏逻辑支持。唐宜红、马风涛(2008)[2]认为，无论从就业总量还是分行业和部门看，垂直专业化贸易对我国高技能劳动力就业均有负向影响。对外贸易对高技能和低技能劳动力、熟练劳动力和非熟练劳动力、女性劳动力、高学历劳动力的就业具有带动或抑制作用。李娟等(2014)[3]利用工业企业数据库研究进口对就业和劳动需求弹性的影响。结果表明，进口会提升高技术产业的劳动就业，降低低技术产业的劳动就业，同时进口还会增强高技术产业的劳动需求弹性。李冰晖、唐宜红(2017)[4]指出，资本品贸易对缩小低技能劳动者的性别就业差距较为显著，而且可以扩大高技能劳动者的性别就业差距。

还有的学者将就业性别与就业技能、学历和贸易开放度等进行了综合比较分析。席艳乐、陈小鸿(2014)[5]基于 CHIP 数据库 1995 年、2002 年和 2007 年的城镇调查数据，采用截面 Probit 模型和 Heckman 两步法研究对外贸易对中国性别就业差异的影响。结果表明，对外贸易可以有效促进高技

---

① Sachs J, Shatz H. Trade and jobs in U. S. manufacturing[M]. Brookings Papers in Economic Activity. Washington, DC: Brookings Institution Press, 1996.

② 唐宜红，马风涛. 国际垂直专业化对中国劳动力就业结构的影响[J]. 财贸经济，2009(4).

③ 李娟，万璐. 贸易自由化加剧就业市场波动了吗？——基于劳动需求弹性角度的实证检验[J]. 世界经济研究，2014(6).

④ 李冰晖，唐宜红. 资本品贸易对我国性别就业与工资差距影响的实证研究[J]. 华侨大学学报(哲学社会科学版)，2017(2).

⑤ 席艳乐，陈小鸿. 贸易自由化与中国性别就业差异[J]. 现代财经(天津财经大学学报)，2014(6).

能两性劳动力就业，而对两性低技能劳动力就业效应不明显，甚至更多呈现负向调节作用；对同等同类别技能劳动力来说，对外贸易对男性就业效应大于女性。耿晔强、闫思萌（2016）①引入进出口贸易、就业人员工资、教育水平、技术进步等变量，利用省级面板数据实证研究制造业和高技术产业进出口对我国东、中、西部地区就业和对男女就业的影响。雷文妮、张山（2016）②收集整理 167 个国家 13 年间的面板数据建立实证模型，研究发现贸易开放增加了女性就业机会，改善了性别歧视状况。

（四）贸易对本国就业作用机理的相关研究

不同学者引入"贸易筛选"机制、门槛回归技术和规模效应、技术进步效应、劳动需求弹性等不同变量，从理论与实证层面研究了对外贸易对就业的作用机理。

一是基于国家（地区）层面的相关研究。从国外研究来看，失业率和贸易收支差距是对就业产生影响的重要原因。Krugman 等（1993）③指出，就业水平属于宏观经济范畴，从短期来看，总需求决定就业水平，从长期来看，自然失业率决定就业水平。Kucera 等（2012）④利用 Leontief 乘数模型中的社会会计矩阵（SAMs），研究 2008—2009 年贸易收缩对印度和南非就业的影响。研究发现，由于与欧盟和美国的贸易收缩，导致印度和南非的就业大幅下降。这些下降中有很大一部分发生在非贸易部门，其原因是收入引起的。Hoang（2020）⑤在研究美国市场准入对越南劳动力就业市场的

---

① 耿晔强，闫思萌. 开放经济条件下进出口贸易对劳动力就业的影响——基于中国制造业省级面板数据的实证研究[J]. 国际商务——对外经济贸易大学学报，2016(3).

② 雷文妮，张山. 贸易开放降低了就业性别歧视吗？——基于跨国面板数据的研究[J]. 浙江社会科学，2016(2).

③ Krugman P, Lawrence R. Trade, jobs and wages[J]. Scientific American, 1993 (April).

④ Kucera D, Milberg W. Trade and the loss of manufacturing jobs in the OECD: New factor content calculations for 1978—1995[J]. SSRN Electronic Journal, 2012(2).

⑤ Hoang T X, Nguyen H M. Impact of US market access on local labour markets in Vietnam[J]. Economics of Transition and Institutional Change, 2020, 28(2).

影响时发现，越美双边贸易协定（BTA）能缩小就业差距，特别是制造业、农村和城市、贫困和富裕家庭之间的就业差距。

国内学者主要针对中国就业问题进行了研究，研究方法上主要运用了时间序列的回归分析。曾国平等（2008）①利用中国1980—2006年的时间序列数据研究对外贸易的就业效应。研究表明，进出口与就业呈现协整关系、出口与就业正相关、进口与就业负相关，但是从协整系数来看，进出口对就业的影响并不大。从动态来看，出口的影响短期促进就业、长期抑制就业，进口的影响则正好相反。王中华、梁俊伟（2008）②研究指出，在垂直专业化过程中，中国承接了来自发达国家的有关工序，从而提高了我国国内对熟练工人的需求。陈昊、谢超峰（2012）③基于1952—2009年中国对外贸易的时间序列数据研究中国对外贸易对就业的影响，结果表明，贸易净出口即外贸顺差对就业的影响呈现倒 U 型关系，由于"贸易筛选"机制起作用，当净出口超过 1.4 万亿元时，就业随净出口的增加而逐渐减少。有研究发现，加工贸易可以吸收大量的劳动力，缓解就业压力，但这种方式对就业需求的正向效应具有不可持续性。只有加快贸易结构和产业结构的转型升级，提全球升价值链和外贸企业核心竞争力，才能实现对外贸易与就业需求的长期均衡和稳定关系。范芹（2015）④运用凯恩斯的外贸乘数理论分析出口和进口对就业的作用机制。她认为，出口类似消费和投资，可以扩大经济体内部的有效需求，提高就业水平；进口类似储蓄，可以降低经济体内部的有效需求，降低就业水平。也就是说，出口和进口就业效

---

①　曾国平，刘娟，曹跃群. 我国对外贸易对就业水平影响的 VAR 动态效应分析——基于 1980 年至 2006 年相关数据再检验[J]. 当代财经，2008（12）.

②　王中华，梁俊伟. 中国参与国际垂直专业化分工的收入差距效应[J]. 经济评论，2008（7）.

③　陈昊，谢超峰. 中国对外贸易就业效应的逆转——倒 U 型曲线是否存在？[J]. 人口与经济，2012（2）.

④　范芹. 两岸贸易对台湾劳动力就业效应的研究[J]. 台湾研究，2015（3）.

应可以互相抵消，顺差时促进就业，逆差时抑制就业。赵瑾（2019）①通过
研究发现，进口与出口都可以创造就业。进口能够创造就业，是由于全球
价值链生产背景下，中间品进口可以降低企业生产成本，刺激企业创新，
提升国际竞争力，扩大生产规模和贸易出口，从而带动就业。

　　二是基于行业层面的相关研究。国内外学者基于行业层面的相关研究
大部分集中于采矿业、工业和制造业等第二产业。Li、Whalley（2020）②通
过构建一般均衡模型来进行模拟仿真研究，结果表明，美国贸易保护措施
减少了美国制造业的就业，如果贸易伙伴采取报复措施，这些损失将进一
步增加，最后的整体影响是美国先是失去了国内制造业需求，然后又失去
了制造业就业。俞会新、薛敬孝（2002）③运用中国 1995—2000 年的工业行
业数据研究对外贸易对工业就业的影响，研究表明，出口导向度与就业正
相关，进口渗透率对工业就业影响不显著。毛日昇（2009）④基于中国
1999—2007 年 329 个制造业面板数据，从规模效应、技术进步效应、劳动
需求弹性三个途径研究 FDI 和出口对我国制造业就业的影响。结果表明，
就业随着出口规模的扩大而增加；技术进步在出口与就业之间起显著的正
向调节作用，但调节作用大小与产业要素密集度有关；出口显著影响制造
业劳动需求弹性，但影响程度与制造业所有制有关。盛斌、牛蕊（2009）⑤
基于 1997—2006 年中国工业面板数据，分析贸易开放对劳动力需求弹性影
响及其作用机制，结果显示贸易对劳动力需求弹性具有非常显著的影响，

　　① 赵瑾. 贸易与就业：国际研究的最新进展与政策导向——兼论化解中美贸易
冲突对我国就业影响的政策选择[J]. 财贸经济，2019（3）.
　　② Li C, Whalley J. Trade protectionism and US manufacturing employment ［J］.
Economic Modelling, 2020（96）.
　　③ 俞会新，薛敬孝. 中国贸易自由化对工业就业的影响[J]. 世界经济，2002
（11）.
　　④ 毛日昇. 出口、外商直接投资与中国制造业就业[J]. 经济研究，2009（11）.
　　⑤ 盛斌，牛蕊. 贸易、劳动力需求弹性与就业风险：中国工业的经验研究[J].
世界经济，2009（6）.

其作用机制是贸易通过改变劳动力与其他生产要素之间的替代效应而作用于劳动力需求弹性。

随着全球经济特别是中国经济的快速增长，基于中国服务业视角的研究也越来越多。崔日明、张志明(2013)①认为服务贸易进口能够提升技术效率，且在服务业生产要素中技术效率可以替代劳动力。陈健、余翠萍(2014)②认为服务贸易进口产生技术溢出效应从而提高技术效率，进而扩大产业规模实现就业需求增加。宋文飞等(2014)③采用门槛回归技术实证研究贸易自由化、行业结构对就业的影响。研究结果表明，提高工人工资可以促进就业增加，从长远看国家需要通过优化产业结构和推动技术进步来提升就业吸纳能力。吕延方、宇超逸、王冬(2017)④认为服务贸易出口可以促进国内就业，服务贸易进口可以通过技术溢出效应提升国内服务行业的技术水平，提升服务效能。

三是基于企业层面的相关研究。乔晶、刘星(2011)⑤研究中国加工贸易对工业企业就业的影响时发现，加工贸易出口能有效地促进就业，而加工贸易进口能显著地抑制就业，但这种就业效应会随着加工贸易的转型升级而逐渐减弱。席艳乐、于江曼(2016)⑥从企业的层面实证研究出口贸易与就业的关系，研究发现出口贸易强度、出口贸易品种和出口目的国家数量都会正向影响企业的就业。

① 崔日明，张志明. 服务贸易与中国服务业技术效率提升——基于行业面板数据的实证研究[J]. 国际贸易问题，2013(10).
② 陈健，余翠萍. 中国服务进口技术外溢的就业效应及其就业增长技能偏向性研究[J]. 世界经济研究，2014(11).
③ 宋文飞，等. 贸易自由化、行业结构与就业门槛效应[J]. 中国人口科学，2014(1).
④ 吕延方，宇超逸，王冬. 服务贸易如何影响就业——行业产出与技术效率双重视角的分析[J]. 财贸经济，2017(4).
⑤ 乔晶，刘星. 中国加工贸易就业效应的实证研究[J]. 当代财经，2011(2).
⑥ 席艳乐，于江曼. 出口贸易对企业就业规模的影响——基于2000—2007年中国企业微观数据的实证检验[J]. 山西财经大学学报，2016(2).

三、贸易对贸易对象国就业影响的研究回顾

(一)贸易对贸易对象国就业数量影响的相关研究

国外研究方面，有的学者对发达国家就业数量的影响进行了研究。Tombazos(1999)①考虑国内产出替代效应和下游生产关联效应，从中间产品和最终产品视角研究进口对澳大利亚就业的影响，结果表明，从东亚和太平洋地区国家进口对澳大利亚就业有促进作用。Ghosh(2000)②运用美国1961—1965年的数据研究净进口的就业效应，结果显示，制成品的净进口对美国制造业就业有影响，随着净进口的增加制造业就业会减少。但从细分行业角度看，净进口对就业影响具有不确定性，与该产业的国际竞争力相关。Tomiura(2003)③基于390个日本制造业部门的面板数据的实证研究，探讨进口与就业的关系。结果表明，进口竞争加剧使得就业很大程度下降，就业弹性与产业进口份额呈正相关。Kim、Sun(2009)④在北美自由贸易协定签订背景下，研究贸易自由化对美国企业就业的影响，研究表明，贸易自由化抑制了企业的就业增长。

有的学者对发展中国家或欠发达国家就业数量的影响进行了研究。Krugman(1983)⑤基于15个发展中国家的数据，研究贸易政策对就业的影

---

① Tombazos Christis G. The impact of imports on the demand for labor in Australia[J]. Economics Letters, 1999, 62(3).

② Ghosh Sucharita. The casual relationship between international trade and employment in the manufacturing Sector of the united states[J]. The International Trade Journal, 2000, 14(4).

③ Tomiura E. The impact of import competition on Japanese manufacturing employment[J]. Journal of The Japanese and International Economies, 2003, 17(2).

④ Kim M, Sun H. Does trade liberalization affect labor market churning? [R]. Working Paper, 2009.

⑤ Krugman P. New theories of trade among industrial countries[J]. The American Economic Review, 1983, 73(2).

响，从长期看，贸易对就业有显著的拉动作用。Jenkins(2004)①先后研究了国家贸易对越南和南非就业的影响，得到的结论不尽相同。对于越南，出口增加对就业有显著的正向影响，而进口增加会抑制就业；对于南非，进出口对就业都产生了不利影响。Ebenstein(2009)②在全球化背景下，研究外包和贸易对就业的影响。结果显示，向高收入国家外包对美国制造业就业具有拉动作用，向低收入国家外包对美国制造业就业具有抑制作用。Maryke(2002)③基于18个不发达国家制造业进出口数据研究对就业的影响，从总体上看，进出口对就业影响不明显。Autor、Dorn和Hanson(2013)④研究1990—2007年中美贸易时中国进口对美国就业的影响，结果表明中国进口对美国就业有负向影响，致使当地失业率提高。

(二)贸易对贸易对象国就业结构影响的相关研究

国外研究主要集中于就业技术结构、就业地区结构和就业性别结构三个方面。在就业技术结构研究方面，Cardebat(2001)⑤利用1985—1992年部门水平数据，采用进口相对价格研究国际贸易对法国劳动力市场的影响。结果显示，在前半段时间进口价格下降导致低技能劳动力的相对需求降低。Strauss-Kahn(2003)⑥通过构建理论和实证模型研究垂直专业化对法

---

① Jenkins P. Vietnam in the global economy：Trade，employment and poverty[J]. Journal of International Development，2004(16).

② Ebenstein A. Estimating the impact of trade and offshoring on American workers using the current Population surveys[R]. Economics Department Working Paper，2009.

③ Maryke dessing PHD. The impact of trade on employment in eighteen less-industrialized countries：An econometric analysis[J]. Canadian Journal of Development Studies，2002(4).

④ Autor D H，Dorn D，Hanson G H. The China syndrome：Local labor market effects of import competition in the United States[J]. American Economic Review，2013(6).

⑤ Cardebat. The impact of trade on the relative wages and employment of low skill workers in France[J]. Applied Economics，2001(6).

⑥ Strauss-Kahn V. The role of globalization in the within-industry shift away from unskilled workers in france[R]. NBER Working Paper，2003(9716).

国就业结构的影响，结果显示垂直专业化导致法国制造业低技能工人就业数量明显下降。Strauss-Kahn 还指出，垂直专业化贸易降低了法国低技能劳动力就业需求，扩大了高低技能劳动力之间收入差距。Burstein、Vogel（2010）①系统研究了贸易对发达国家和发展中国家不同类型劳动力的影响，贸易有利于促进发达国家熟练劳动力和发展中国家非熟练劳动力就业，不利于发达国家非熟练劳动力和发展中国家熟练劳动力就业。Charfeddine 和 Mrabet（2015）②利用 1983—2010 年突尼斯 12 个部门的数据研究了贸易开放和熟练劳动力的相对需求的关系。结果显示进口和出口都显著增加了劳动总需求。在熟练劳动力的相对需求方面贸易开放和熟练劳动力的需求正相关，同时由国际贸易导致的技术变化对熟练劳动力的需求是不确定的，首先，通过出口渠道，即通过出口中学习技术变化增加了熟练劳动力的相对需求，同时，通过进口渠道，技术变化减少了对熟练劳动力的相对需求。

在就业的地区结构研究方面，Wood（1995）③指出，发达国家在与发展中国家贸易过程中降低了对发达国家低技能工人的相对需求，减少比例达到 20%。Sachs 和 Shats（1996）④研究美国与发展中国家贸易时发现，与发展中国家贸易降低了美国对低技能劳动者的需求。Berman、Bound 和 Machin（1998）⑤研究指出，美国低技能劳动力需求减少主要是由技能偏向性技术进步引起的，而非与发展中国家开展贸易所引起。Greenaway、

---

① Burstein A, Vogel J. Globalization, technology, and the skill premium: A quantitative analysis[R]. NBER Working Paper, 2010(16459).

② Charfeddine L, Mrabet Z. Trade liberalization and relative employment: Further evidence from Tunisia[J]. Eurasian Business Review, 2015(5).

③ Wood A. How trade hurts unskilled workers[J]. Journal of Economic Perspectives, 1995, 9(3).

④ Sachs J, Shatz H. Trade and jobs in U. S. manufacturing[M]. Brookings Papers in Economic Activity. Washington, DC: Brookings Institution Press, 1996.

⑤ Berman E, Bound J, Machin S. Implications of skill-biased technological change: International evidence[J]. Quarterly Journal of Economics, 1998(4).

Hine、Wright(1999)①以 167 个制造业行业为对象,在动态劳动力需求框架下模拟贸易对英国就业的影响,研究发现进出口贸易数量的增加会导致衍生劳动力需求水平的下降,英国与欧盟和美国的贸易比与东亚的贸易有更强的影响。因此,英国制造商面临的最激烈竞争来自欧盟和美国的制造商。

在就业技术性别结构研究方面,Hao Chen、Chunming Zhao、Wence Yu(2017)②研究表明,扩大出口在减轻就业方面的性别歧视方面发挥了关键作用。出口连续性越高的企业,女性员工数量和比例的提高效果越显著,反之效果越差。女性雇员数量增长的促进作用相比,出口对女性雇员比例的提高起到了限制作用。Kucera 和 Jiang(2018)③运用固定乘数分析法,调查研究 2008—2009 年金融危机期间中国对欧盟和美国出口下降对就业的影响。发现贸易和就业之间的投入—产出生产联系对中国就业产生了严重的负面影响,这些就业影响很大一部分是由收入引起的,其中女性工人比例过高的行业受到的冲击更大。

(三)贸易对贸易对象国就业质量影响的相关研究

有多少劳动者能够与生产资料结合并获得相应的收入,这反映的是就业的数量,而劳动者与生产资料结合的好坏如工作环境如何、工作稳定性如何等,以及取得报酬的高低,这些体现的就是就业质量。Banga(2005)④研究

---

① Greenaway D, Hine R C, Wright P. An empirical assessment of the impact of trade on employment in the United Kingdom[J]. European Journal of Political Economy, 1999, 15 (3).

② Hao Chen, Chunming Zhao, Wence Yu. Continued export trade, screening-matching and gender discrimination in employment[J]. China Economic Review, 2017, 42 (C).

③ Kucera D, Jiang X. China and the great trade collapse: Employment effects of falling exports to the EU and US[J]. International Economics and Economic Policy, 2018, 15(2).

④ Banga R. Impact of liberalization on wages and employment in Indian manufacturing industries[R]. Working Paper, 2005(153).

发现，进口对印度制造业的工资和就业、出口对工资影响均不显著，但出口对就业有正向显著影响。Egger、Etzel(2012)①构建了一个多部门一般寡头均衡贸易模型，以收入不平等为前提，通过考虑不同行业之间的生产率差异研究发现，与一个完全对称的伙伴国从自给自足到自由贸易的转变，降低了工会的工资要求，从而刺激了就业，提高了福利待遇。Brülhart、Carrère、Trionfetti(2012)②研究与前共产主义经济体接壤的地区与内陆地区在1990年前后的工资和就业增长率差异。贸易自由化对极窄的边境地区的名义工资和就业都产生了统计上显著的差异影响，对就业的影响比对名义工资的影响高出3倍左右。

(四)贸易对贸易对象国就业作用机理的相关研究

一是基于国家(地区)层面的相关研究。国外学者关于对外贸易对贸易对象国就业作用机制的相关研究，在研究方法上主要运用了乘数模型。Webster(1990)③对美国各州出口和国内销售的就业乘数效应进行了对比研究，结果表明，各州出口比国内销售的乘数效应要大得多，这也是各州大力支持出口以促进当地就业的根本原因。Feenstra和Hanson(1997)④认为，由于发达国家与发展中国家技术水平相差较大，发达国家的低技能在发展中国家有可能仍属于高技能，因此美国在墨西哥投资建厂提升了墨西哥高

---

① Egger H, Etzel D. The impact of trade on employment, welfare, and income distribution in unionized general oligopolistic equilibrium [J]. European Economic Review, 2012, 56(6).

② Brülhart M, Carrère C, Trionfetti F. How wages and employment adjust to trade liberalization: Quasi-experimentalevidence from Austria [J]. Journal of International Economics, 2012, 86(1).

③ Webster E, et al. The case state-level export promotion assistance: A comparison of foreign and domestic export employment multipliers [J]. Economic Development Quarterly, 1990, 4(3).

④ Feenstra R C, Hanson G H. Foreign direct investment and relative wages: Evidence from Mexico's maquiladoras[J]. Journal of International Economics, 1997, 42(3-4).

技能劳动力的相对需求。Dutt 等(2009)①通过研究不同国家的经济数据发现,国与国之间和国家内部,贸易保护将提高失业率,而自由贸易会降低失业率。Kucera 等(2011)②利用 Leontief 乘数模型中的社会会计矩阵(SAMs),分析了 2008—2009 年贸易收缩对印度和南非就业的影响。欧盟和美国出口下降对印度和南非就业产生了实质性的负面影响,印度和南非年基准就业率分别下降 1% 和 4.4%,这其中一部分是由非贸易行业的连锁反应造成的,另一部分是由居民收入减少引起的。

而国内学者主要运用投入产出表,对其进行了分析。范芹(2015)③基于竞争型投入产出表,采用偏差分析法研究两岸贸易对就业的效应,结果表明,与欧盟国家相比,中国台湾地区出口大陆对岛内就业促进作用更大,而进口大陆对岛内就业替代作用更小。戴枫、陈百助(2016)④利用世界投入产出数据库,采取结构性分解技术,分析了美国 2000—2003 年和 2007—2011 年两个阶段的就业数据,发现劳动生产率的提高是就业下降的主要原因,两个阶段由于中国中间品和最终品进口引起的美国就业下降仅占 3.11% 和 3.58%。

二是基于行业层面的相关研究。学者们关于行业层面的相关研究,一部分学者主要集中于制造业进行了分析。Alessia 等(2013)⑤采用多重倾向分数匹配技术和差异估计,研究进出口和双向贸易对土耳其制造业劳动力需求的影响。研究表明,国际化对一个新兴国家制造业就业有积极影响,出口和进口之间存在互补性效应,这种效应在高贸易强度的制

① Dutt P, Mitra D, Ranjan P. International trade and unemployment: Theory and cross-national evidence[J]. Journal of International Economics, 2009, 78(1).

② Kucera D, Roncolato L, Uexkull E V. Trade Contraction and Employment in India and South Africa during the Global Crisis[J]. World Development, 2011.

③ 范芹. 两岸贸易对台湾劳动力就业效应的研究[J]. 台湾研究, 2015(3).

④ 戴枫, 陈百助. 全球价值链分工视角下中美贸易对美国就业的影响: 基于 WIOT 的结构性分解[J]. 国际贸易问题, 2016(10).

⑤ Alessia Lo Turco, Daniela Maggioni. Does trade foster employment growth in emerging markets? Evidence from Turkey[J]. World Development, 2012, 40(6).

造业中表现更为突出。此外，只有高强度的出口才能促进劳动力技能水平的提高。

还有的学者从其他行业或不同行业视角进行了综合分析。Regina（1995）①认为生物技术的发展可以增加作物替代的可能性，从而导致国际贸易格局的变化。拉丁美洲国家的农村劳动力将在不同程度上受到这种替代的影响。Sasahara（2019）②运用投入产出分析法研究出口贸易对各国就业的影响，结果表明，每个出口产品创造的就业机会在不同的目的国之间存在很大差异，其中自然资源、纺织、服务等国内附加值较高行业的出口对就业的影响更大。

三是基于企业层面的相关研究。Helpman（2007）③研究发现，当异质品部门的劳动力市场摩擦较低时，贸易自由化可以提升失业率；当同质品部门的劳动力市场摩擦较低时，贸易自由化可以降低失业率。樊娜娜、李荣林（2017）④利用2004—2007年进口关税数据和中国工业企业数据库，研究对外贸易对企业性别就业差距的影响。结果发现，从总体上看对外贸易加重了性别就业歧视，但对性别就业的影响因企业性质、出口状态和要素密集度的不同而具有显著的异质性。

四、中国与"一带一路"沿线国家贸易和就业问题的研究回顾

随着"一带一路"倡议的提出，中国不断加强与"一带一路"沿线国家的经贸合作，就业作为民生之本，我国与沿线国家贸易和就业问题的相关研究越来越多。

---

① Regina M A A Calhardi. The impact of biotechnology on North-South trade [J]. Futures，1995(7).

② Sasahara A. Explaining the employment effect of exports: Value-added content matters[J]. Journal of The Japanese and International Economies，2019(52).

③ Helpman E. Labour market rigidities，trade and unemployment [J]. Cepr Discussion Papers，2007(2).

④ 樊娜娜，李荣林. 贸易自由化与企业性别就业差距——基于中国微观企业数据的分析[J]. 国际经贸探索，2017(9).

（一）"一带一路"倡议下贸易和就业关系的相关研究

"一带一路"沿线涉及众多国家，各国的经济发展规模、工业化进程、产业结构、劳动力质量、市场制度和风险管控能力等均存在较大差异。张原、刘丽（2017）①对沿线国家的劳动力市场进行了比较，认为即使存在各方面的差异，但国际贸易增长能够为劳动力的发展带来良好的机遇：一方面借助"一带一路"倡议优化人力资源结构，提高劳动力素质，另一方面促使劳动力资源更好地服务于"一带一路"倡议。而魏浩等（2019）②对2007—2016年68个中国出口目的地的4万多家企业数据进行研究发现，相较于沿线国家，我国出口对非"一带一路"沿线国家企业技能结构的优化作用更大。此外，与"一带一路"沿线国家的贸易为就业市场开拓了新的领域，具有国际视野的复合型人才就业状况大为改善。

（二）"一带一路"倡议下与就业相关的其他研究

投资作为开放经济的重要因素，无论是 FDI 还是 OFDI，对就业均有不可忽视的影响。近年来，由于世界经济体系发展的必然趋势、我国国内产能过剩、企业持续发展的需要等原因，我国的对外直接投资开始转向"一带一路"沿线国家（姬超，2018）③。"一带一路"背景下对投资与就业的研究成为了新的热点。"一带一路"倡议提出时间并不久远，国际上对于中国与沿线国家的贸易与就业的研究主要立足于"一带一路"沿线个别国家进行的相关研究。一类是从 FDI 角度出发，基于创造效应和挤出效应分析对

---

① 张原，刘丽."一带一路"沿线国家劳动力市场比较及启示[J].西部论坛，2017（11）.

② 魏浩，张宇鹏，连慧君.中国出口对目的地企业就业技能结构的影响——基于出口目的地企业样本的分析[J].中国人口科学，2019（2）.

③ 姬超.中国对外直接投资的所有制差异及其东道国效应——以"一带一路"沿线国家为例[J].投资研究，2018.

就业产生不同影响。另一类是从 OFDI 角度出发，如：Masso 等（2008）①以爱沙尼亚为研究对象，发现对外投资能够促进本国的就业增长。国内对于我国与沿线国家的投资与就业问题的研究较为丰富。一类是从贸易对象国角度出发的相关研究：如：姬超（2018）②认为 FDI 与"一带一路"沿线国家的贸易有利于降低沿线国家的失业率，但关键是要纠正要素价格，优化资源配置方式，如果中国资本进入其资本密集型行业，可能会导致对其就业改善效应的下降甚至消失。另一类是从投资本国的角度进行的研究：中国 OFDI 的国内就业效应存在三种不同的观点，利于就业的创造效应、抑制就业的替代效应以及两者效应并存共同作用于我国就业市场。以"一带一路"为背景的研究如：李宏兵等（2017）③认为对"一带一路"沿线国家的投资总体上显著增加了我国劳动力市场上的就业，且对高技术和低技术企业的就业水平的影响更为明显，对中技术企业的影响甚微。

除去贸易与投资，贸易全球化（魏浩，2013）④、贸易自由化（毛其淋、许家云，2016）⑤、出口企业所属行业（张川川，2015）⑥、出口企业所有制（康妮等，2018⑦；李宏兵等，2017⑧）也会在国际贸易活动中对就业产生

①　Jaan Masso, Urmas Varblane, Priit Vahter. The effect of outward foreign direct investment on home-country employment in a low-cost transition economy［J］. Eastern European Economics，2008，46(6).

②　姬超. 中国对外直接投资的所有制差异及其东道国效应——以"一带一路"沿线国家为例［J］. 投资研究，2018.

③　李宏兵，郭界秀，翟瑞瑞. 中国企业对外直接投资影响了劳动力市场的就业极化吗？［J］. 财经研究，2017(6).

④　魏浩. 对外贸易、国内就业和中国的战略选择［J］. 经济学家，2013(1).

⑤　毛其淋，许家云. 中间品贸易自由化与制造业就业变动——来自中国加入WTO 的微观证据［J］. 经济研究，2016(1).

⑥　张川川. 出口对就业、工资和收入不平等的影响——基于微观数据的证据［J］. 经济学，2015(7).

⑦　康妮，刘乾，陈林. 自由贸易协定与劳动人口就业——基于"中国—东盟自贸区"的公共政策准实验［J］. 国际贸易问题，2018(10).

⑧　李宏兵，郭界秀，翟瑞瑞. 中国企业对外直接投资影响了劳动力市场的就业极化吗？［J］. 财经研究，2017(6).

重要影响，且这种影响不仅仅局限于对就业岗位的增加或减少，还涉及对就业人群的年龄、性别、学历的异质性影响。在中国企业"走出去"步入新常态和就业压力持续加大的复杂背景下，我国与"一带一路"沿线国家贸易和就业的相关问题备受关注。尽管出口贸易对本国就业的影响尚有争议，但在"一带一路"相关问题上，学者更倾向于将这种可能的"抑制"视为"机遇"。由于我国投资方向向"一带一路"沿线国家倾斜，投资成为了就业相关问题研究的新热点。

五、研究述评

就业是民生之本，对整个社会生产和发展具有重要意义。贸易既可能创造就业，也可能带来失业。从短期看，贸易对就业的影响是正面还是负面取决于一国的特殊要素，如劳动力和产品市场的性质等。但从长期来看，贸易全球化对就业的影响是正面的，如产业结构优化、就业质量提高、工资上涨等。为此，应该推行全球贸易自由化，扩大国际市场空间。从总体上看，出口对就业有促进作用，进口对就业有抑制作用或对就业作用不显著，作用的大小因国家、地区、行业、企业、工人技能和熟练程度、贸易周期、贸易品种、贸易数量和贸易对象国等因素的差异而不同。此外，贸易开放条件下，可以增加女性就业机会，减少就业歧视；对外贸易，特别是中间品贸易和垂直专业化贸易对熟练和非熟练工人、高技能和低技能工人的就业产生较大影响，一般来说，不利于发达国家非熟练和低技能工人就业，不利于发展中国家熟练和高技能工人就业；发达国家与发展中国家开展贸易，可以通过技术溢出效应，促进发展中国家的技术进步。

前人的研究成果为本书下一步研究奠定了坚实的理论和实践基础，但现有研究也存在一些不足，主要体现在以下三个方面：一是本国视角研究贸易与就业效应的比较多，以贸易对象国视角研究贸易与就业效应的相对较少；二是研究出口贸易的就业效应的文献比较多，研究进口贸易的就业效应的文献相对较少；三是由于各国关于就业数据统计口径不同，以及数据完整性复杂性等问题的存在，现有文献的研究主要集中于个别国家和地区，基于中国与"一带一路"沿线贸易和就业关系的文献不多。

基于此，本书在前人研究基础之上，首先从马克思主义就业理论、西方就业理论和贸易与就业相关理论等方面对就业理论进行了梳理，然后对贸易影响就业的经济计量模型进行了归纳，从进口和出口两方面总结贸易对就业的影响机理，揭示对外贸易对就业影响的理论基础，最后从就业数量、就业质量和就业结构(性别结构、行业结构、地区结构)等方面，分析并实证检验中国与"一带一路"沿线国家对外贸易的双边就业效应，根据实证分析结果，从就业数量、就业质量和就业结构三个层面和双边、中国、"一带一路"沿线国家三个视角，提出增加就业数量、提升就业质量、优化就业结构的对策建议。

第三节　研究内容与研究思路

一、研究内容

(1)通过对前期文献梳理提出本研究的研究方法论。首先，揭示贸易对就业影响的研究背景和研究意义，然后对前期相关文献进行梳理，从就业数量、就业结构和作用机制等方面，梳理了国内外学者关于进口、出口和进出口贸易总额对本国和贸易对象国就业数量、就业质量、就业结构和作用机理的相关研究，总结归纳了中国与"一带一路"沿线国家贸易和就业相关问题的研究，在总结和借鉴前期研究成果基础上，提出本书的研究思路、研究方法和研究内容，通过技术路线图展示整体脉络，最后指出本书可能的创新点和不足之处。

(2)阐述贸易对就业影响的理论基础。首先，从马克思主义就业理论(劳动力商品理论、资本主义相对过剩人口理论、社会主义普遍就业理论)、西方就业理论传统的就业理论(凯恩斯的充分就业理论、新古典综合派的结构性失业理论、新自由主义的就业理论、新凯恩斯主义的就业理论、发展就业学派的就业理论)、贸易与就业关系的相关理论(古典贸易理论、新古典国际贸易理论、新贸易理论、贸易影响就业的经济计量模型)等方面提出贸易和就业关系的相关理论基础,最后从进口和出口两方面总结贸易对就业的影响机理,揭示对外贸易对就业影响的作用机理,并从需求、国民收入、产业结构、贸易关系和技术进步等方面提出了贸易影响就业的内在途径。

(3)总结中国与"一带一路"沿线国家的贸易现状。对中国与"一带一路"沿线国家的贸易规模总体现状、分地区(中国:东部、中部、西部;"一带一路"沿线国家:东亚、东南亚、西亚、南亚、中亚、独联体、中东欧)贸易现状、分行业(大类行业、细分行业)贸易现状等方面进行了梳理和归纳,并从总体和不同阶段的现状进行了比较分析。

(4)揭示"一带一路"倡议与双边的就业变化。从就业数量变化、就业质量变化和就业结构变化三个层面分别分析中国与"一带一路"沿线国家的就业变化情况,其中就业结构变化主要从性别结构(男性、女性)、行业结构(农业、工业、服务业)和地区结构(中国:东部、中部、西部;沿线国家:亚洲国家、非亚洲国家)等方面进行细致划分和分析,重点分析了"一带一路"倡议实施前后中国与沿线国家就业数量、就业质量和就业结构的变化情况,为实证分析部分奠定基础。

(5)中国与"一带一路"沿线国家贸易对中国就业的影响。首先,建立了对外贸易影响就业的面板数据系统 GMM 模型。其次,然依据贸易方向的不同,将贸易变量划分为出口贸易、进口贸易以及进出口贸易总额。就业变量从就业数量、就业质量和就业结构三个方面来表现,具体用就业率来衡量就业相对数量,从就业环境、就业能力、就业报酬和就业公平四个维度量化就业质量综合指数来衡量就业质量,用就业性别结构、行业结构和地区结构来衡量就业结构,其中,地区结构以是否为东部省区为划分依据。最后，实证检验了中国与"一带一路"沿线65个国家进出口贸易对中国就业数量、就业质量和就业结构的不同影响。

(6)中国与"一带一路"沿线国家贸易对沿线国家就业的影响。首先，建立了对外贸易影响就业的面板数据系统GMM模型；其次，选取贸易为核心解释变量，根据贸易方向的不同分为中国对"一带一路"沿线国家出口贸易额、中国对"一带一路"沿线国家进口贸易额以及中国对"一带一路"沿线国家进出口贸易额，对于被解释变量——就业，用就业率来衡量就业相对数量，从就业环境、就业能力、就业报酬和就业公平四个维度量化就业质量综合指数来衡量就业质量，用就业性别结构、行业结构和地区结构来衡量就业结构，其中，地区结构以是否为亚洲国家为划分依据；最后，实证检验中国与"一带一路"沿线国家进口、出口和进出口贸易总额对沿线国家就业数量、就业质量和就业结构的不同影响。

(7)提出提升双边就业水平的对策建议。根据实证分析结果，从就业数量、就业质量和就业结构三个层面和双边、中国、"一带一路"沿线国家三个视角，提出增加就业数量、提升就业质量、优化就业结构的对策建议。

二、研究思路

本书拟首先总结对外贸易对就业影响的相关理论，通过梳理和总结国内外学者关于对外贸易对就业影响的研究成果，为本书的研究奠定理论和可操作的经验基础；然后从马克思主义就业理论、西方就业理论和贸易与就业相关理论等方面梳理了就业理论，然后对贸易影响就业的经济计量模型进行了归纳，从进口和出口两方面总结贸易对就业的影响机理，最后从就业数量、就业质量、就业结构等方面，分析并实证检验中国与"一带一路"沿线国家对外贸易的双边就业效应，在此基础上提出对策建议，如图0-1。

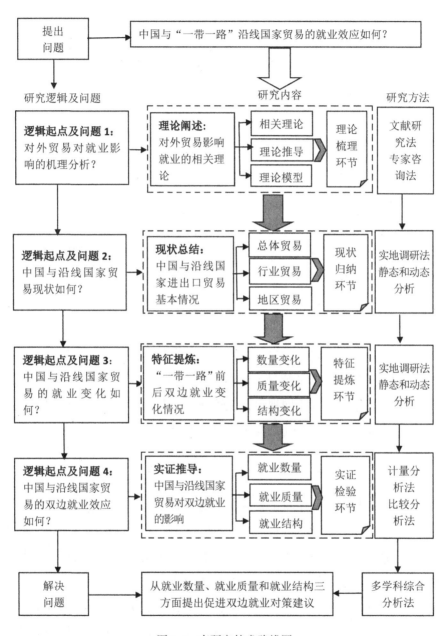

研究逻辑及问题　　　　　　　　　研究内容　　　　　研究方法

| 提出问题 | 中国与"一带一路"沿线国家贸易的就业效应如何？ |

逻辑起点及问题 1：
对外贸易对就业影响的机理分析？

理论阐述：
对外贸易影响就业的相关理论
→ 相关理论
→ 理论推导
→ 理论模型
→ 理论梳理环节

文献研究法
专家咨询法

逻辑起点及问题 2：
中国与沿线国家贸易现状如何？

现状总结：
中国与沿线国家进出口贸易基本情况
→ 总体贸易
→ 行业贸易
→ 地区贸易
→ 现状归纳环节

实地调研法
静态和动态分析

逻辑起点及问题 3：
中国与沿线国家贸易的就业变化如何？

特征提炼：
"一带一路"前后双边就业变化情况
→ 数量变化
→ 质量变化
→ 结构变化
→ 特征提炼环节

实地调研法
静态和动态分析

逻辑起点及问题 4：
中国与沿线国家贸易的双边就业效应如何？

实证推导：
中国与沿线国家贸易对双边就业的影响
→ 就业数量
→ 就业质量
→ 就业结构
→ 实证检验环节

计量分析法
比较分析法

| 解决问题 | 从就业数量、就业质量和就业结构三方面提出促进双边就业对策建议 | 多学科综合分析法 |

图 0-1　本研究技术路线图

第四节　研究方法与创新之处

一、研究方法

（一）文献梳理法

从就业数量、就业结构和作用机制等方面，本书梳理了国内外学者关于进口、出口和进出口贸易总额对本国和贸易对象国就业数量、就业质量、就业结构和作用机理的相关研究，总结归纳了中国与"一带一路"沿线国家贸易和就业相关问题的研究，在总结和借鉴前期研究文献的基础上，提出本书的研究思路和研究框架。

（二）比较分析法

比较分析法是通过实际数与基数的对比来揭示实际数与基数之间的差异，借以了解经济活动的成绩和问题的一种分析方法。本书从时间维度、地区维度、行业维度等不同视角，比较分析了中国与"一带一路"沿线国家对外贸易静态现状和就业动态变化情况。

（三）计量分析法

动态面板模型设定中将被解释变量的滞后项作为解释变量引入回归模型中，使得模型具有动态解释能力，但模型中存在内生性问题。为了解决这一内生性，本书实证分析部分采用动态面板数据系统 GMM 模型进行估计，系统 GMM 能够修正未观察到的个体异质性问题、遗漏变量偏差、测量误差和潜在的内生性问题，这些问题在使用混合 OLS 和固定效应方法时常常会影响模型的估计效果。系统 GMM 方法还能减少由于使用一阶差分 GMM 估计方法带来的潜在偏误和不精确性。估计后进行过度识别约束检验，该检验主要是判断系统 GMM 估计中所采用的工具变量是否整体有效，实证中采用 Sargan 检验或者 Hansen 检验进行判断，其原假设是所有的工具变量都是外生的。因此，若工具变量是有效的，则不应拒绝原假设。本书运用动态面板数据系统 GMM 模型实证检验中国与"一带一路"沿线国家贸易的双边就业效应，就业效应主要从就业数量、就业质量和就业结构等三个层面进行实证检验。

二、可能的创新点

（1）基于双边视角，研究贸易的就业效应。本书重点研究中国和"一带一路"沿线国家两边的就业效应，并比较其异同，开拓了贸易对就业影响的研究视角。

（2）梳理现有就业理论，提出贸易对就业影响的内在途径。本书在对马克思主义就业理论和西方就业理论梳理基础之上，从需求、国民收入、产业结构、贸易关系和技术进步等方面提出了贸易对就业的内在影响途径。

（3）运用动态面板数据系统 GMM 模型，实证检验贸易的双边就业效应。本书运用动态面板数据系统 GMM 模型对中国与"一带一路"沿线国家贸易的双边就业效应进行实证分析，重点分析其对就业数量、就业质量和就业结构的影响，对前期贸易对就业影响的研究内容进行了有益补充。

三、本书的不足之处

一是本书主要从宏观角度静态和动态分析了中国与"一带一路"沿线国家对外贸易的双边就业效应，微观企业数据角度的分析是下一步努力的方向。

二是本书从农业、工业和服务业行业大分类视角分析了中国与"一带一路"沿线国家对外贸易的行业就业效应，由于数据获取的难度，对细分行业中国与"一带一路"沿线国家对外贸易的就业效应没有进行深入分析。

　　绪论部分主要从研究背景、研究意义、前期相关文献梳理、主要研究内容、研究思路和研究方法等方面，对为什么要研究中国与"一带一路"沿线国家对外贸易的双边就业效应、相关概念怎样去界定、怎样去分析和研究等问题进行了剖析和确定，并对本书的创新点和不足之处进行了归纳和总结，为下一章对外贸易对就业影响的相关理论奠定基础。

第一章　贸易对就业影响的理论基础

自 2001 年加入世界贸易组织以来，我国在国际贸易领域获得了长足发展，成长为当今世界第一大贸易国，国际贸易越来越深刻地影响着我国经济社会生活的方方面面。就业是民生之本，我国又是一个有着丰富且相对廉价劳动力资源的人口大国，因此，就业问题对我国经济发展和社会稳定至关重要。同时，我国经济与世界经济联系越来越紧密，这意味着我国经济将会越来越大程度地受到世界经济波动的影响，这一影响将随着我国"人口红利"的逐渐减退、劳动力优势逐渐削弱而更加深刻，因此在当下探讨贸易对就业的影响这一话题具有十分重要的现实意义。就业作为一个劳动经济学范畴的概念，从萌芽、产生到发展只有不到百年的时间。西方经济学界对就业问题研究相对较早，并由此产生了一些重要的就业理论，这些理论具有鲜明的社会特点和时代特征，随着社会制度的变化、意识形态的演变和经济模式的变革而不断发展，对当前研究就业问题仍然具有很强的指导和借鉴意义。因此，在绪论研究基础之上，本章重点介绍就业相关理论以及贸易对就业影响的作用机理。

第一节　就业相关理论

一、马克思主义就业理论

马克思在《资本论》中将劳动力作为一种特殊商品，深入探讨了它的价值和使用价值，并深刻揭露了资本家剥削的秘密，即剩余价值。他认为在资本主义制度下社会再生产过程必然会出现人口相对过剩，而社会主义社会则会出现普遍就业现象。

（一）劳动力商品理论

劳动力商品理论在马克思主义政治经济学中具有十分重要的地位。马克思以劳动力商品理论为基础，进一步揭示了就业与失业的内在逻辑。马克思指出："劳动力不卖出去，对工人就毫无用处，不仅如此，工人就会感到一种残酷的自然必然性：他的劳动能力的生产曾经需要一定量的生存资料，它的再生产又不断地需要一定量的生存资料。"①劳动力商品在交换即出售时，工人出卖的仅仅是劳动力商品的使用权，工资正是劳动力商品的价格。因此，就业意味着劳动力作为商品在生产过程中进行交换以实现其价值，劳动者获得工资，资本家获得剩余价值。失业意味着劳动力作为一种商品未能获得交换，无法实现其价值，劳动者无法得到工资，资本家也不能无偿占有获得剩余价值。

（二）资本主义相对过剩人口理论

马克思指出，资本主义制度下劳动力商品是以市场为依托进行社会资源再分配，这种分配必然导致失业现象。产生这种现象的原因主要有三点：（1）由于劳动力作为商品与其他商品一样存在供需矛盾，而其所具备的特殊性会导致供给超过需求，从而出现相对人口过剩。（2）在资本主义制度下，生产资料和产品隶属于不同所有者，出于个体利益最大化的考虑，资本家会降低对就业人口的需求，直至劳动力的边际成本等于边际收益以实现帕累托最优。（3）资本家会不断提高技术水平、使用先进机器和设备以提高劳动生产率。在社会总资本中资本有机构成不断提高，可变资本所占比重逐步减少，即企业对劳动力的需求日益削弱。上述三点均表明相对人口过剩，即"对劳动的需求，同总资本量相比相对地减少，并且随

---

① 资本论：第 1 卷［M］. 北京：人民出版社，1975.

着总资本量的增长以递增的速度减少"①，是资本主义市场经济的共有规律。

马克思认为，相对过剩人口的具体表现形式有三种情况：（1）流动人口过剩，即暂时找不到工作或在工作中被分流的失业者；（2）潜在剩余人口，即农村占有一定土地的过剩劳动力，本质上是农业生产多余的人；（3）停滞人口过剩，即无稳定职业仅靠打零工维持生计的劳动者，工作时间最长而工资最低。马克思的资本主义相对过剩人口理论表明，正是由于资本家对剩余价值和个人利益的追求，产生了大量的相对过剩人口并伴随出现失业现象。资本主义制度下经济运行呈现周期性的特征，相对过剩人口的出现可以调节各个周期对劳动力不同的供需关系，是资本主义生产方式存在和发展的必然结果。

(三)社会主义普遍就业理论

马克思指出，随着经济的发展和人民生活水平的提升，社会中生产和再生产规模不断扩大，可变资本和不变资本的比例需不断调整适应生产规模的改变，以帮助资本家最大限度地获得剩余价值。随着生产力水平的提升和发展，社会内部分工有所改变，比例的变化不再局限于静态的发展，而是表现在时间和空间中的动态变化。而在资本主义制度下市场经济的模式无法适应此种生产和再生产规模的扩大，因此需要建立社会主义制度，对劳动力等社会要素进行有计划和有条理的配置，动态有序地调整不变资本和可变资本之间的比例，以从整个社会的角度实现福利最大化，不断增强人民的获得感和幸福感。

在马克思的设想中，共产主义社会不存在资本主义相对人口过剩现象，人民可以"同等地、愈益丰富地得到生活资料、享受资料、发展和表现一切体力和智力所需要的资料"②，劳动力不再是一种商品，因此也无商

① 马克思恩格斯全集：第 46 卷[M]. 北京：人民出版社，1980.
② 马克思恩格斯选集：第 1 卷[M]. 北京：人民出版社，1995.

品间的供需关系，不会存在相对过剩人口。劳动力资源有计划地分配并得到合理利用，失业现象不复存在。劳动者既拥有生产资料也拥有产品，个人劳动力不仅是在为自己而劳动，更是在为整个社会而劳动。就业不再是人民的负担，而是一种乐趣；不再是人们谋生的需求，而是人民追求自身全面和自由发展的手段。

二、西方就业理论

随着三次工业革命的爆发，资本主义制度在西方各国逐步占据统治地位，与之伴随而来的是复杂的经济现象和发展的经济理论。从 19 世纪中叶兴起的传统就业理论，至大萧条背景下起着指导作用的凯恩斯学派就业理论，20 世纪 70 年代各国滞胀现象的持续为新古典综合派和新自由主义的就业理论带来了全新的思考，并以此为依托形成了新凯恩斯主义就业理论，近年来大家也更多把目光投向对发展中国家起指导作用的发展经济学派就业理论。正是由于不同经济学派就业理论的产生和发展，为各国宏观政策的制定和社会意识形态的演变提供了宝贵的指导意见，注入了全新的活力。

(一)传统的就业理论

传统的就业理论一般是指从 19 世纪 70 年代的"边际革命"开始，至凯恩斯《通论》出版以前的就业理论，主要包括就业自动均衡论、均衡工资就业论和有效需求充足就业论等，其主要特征是仅将劳动力视作资本主义制度下市场经济中生产资料的一个组成部分，本书主要介绍前两种就业理论。

1. 就业自动均衡论

古典经济学家认为，通过完全竞争的市场机制来配置资源是一种最优的资源配置方式。劳动力市场也可通过市场机制的配置自主实现充分就业。西方就业理论把萨伊定律作为就业自动均衡论的基础。萨伊定律是法国古典经济学家萨伊在 1803 年出版的《政治经济学概论》一书中提出的著名论点，即"供给会创造自身的需求"。萨伊认为，人们生产的目的是满足消费，人们将自己生产的商品送到市场上，只是为了交换其他商品，因而"生产给产品创造需求"。萨伊还认为，"在以产品换钱，钱换产品的两道交换过程中，货币只一瞬间起作用。当交易最后结束时，我们将发觉交易总是以一种货物交换另一种货物"①。由此可知，在经济社会中不会出现普遍的生产过剩和大量的失业。

萨伊定律主要包括三个核心论点：（1）产品的生产创造了自身的需求，完全竞争的劳动力市场机制下不再存在失业；（2）市场调节呈现周期性的特点，国民经济中的少数部门所出现的暂时性失衡是正常的，且会经过自动调节恢复到均衡状态；（3）货币仅承担流通手段职能，商品的买卖可以持续地进行。从萨伊定律可以看出，在资本主义的经济社会一般不会发生任何生产过剩的危机，更不可能出现就业不足。但由于该理论研究的重点是总供给或总产量的决定，而忽视了总需求及其决定因素，因此该理论无法解释 20 世纪 30 年代西方社会的大萧条。

2. 均衡工资就业论

19 世纪后半叶经济学流派不断出现，在萨伊等为代表的古典学派基础上，以马歇尔、庇古等为代表发展出了新古典经济学派。该学派主要论点如下：（1）在均衡价格理论中引入时间因素，指出在劳动力市场上存在因季节性因素等引起的过渡性的、暂时性的失业，并称之为"摩擦性失业"和"自愿失业"。（2）以均衡价格理论体系为依托演变出局部均衡分析方法，指出由于劳动力市场刚性的存在或工资弹性不足都会导致劳动力市场供求失衡。

均衡工资就业论的核心是工资由劳动力供求决定，劳动力数量由均衡工资决定。一方面，按照边际生产理论，在生产技术水平一定的情况下，厂商需不断调整雇佣工人数量使得花费在劳动力上的边际成本与所获得的产品边际收益相等，这种情况下雇佣工人所得的工资即为均衡工资。另一

---

① 萨伊. 政治经济学概论[M]. 北京：商务印书馆，2009.

方面，一般物价水平的变化会影响实际工资水平，新古典经济学派认为实际工资越高，对劳动力的需求或就业水平就越低；实际工资越低，对劳动力的需求或就业水平就越高。综合上述两方面考虑，当最后雇佣工人的边际产品与实际工资下的就业量相等时，劳动力市场的就业达到均衡状态，此时雇佣工人数量即为均衡就业量，雇佣工资即为均衡工资。

(二)凯恩斯的充分就业理论

现有就业理论对1929年至1933年美国发生的经济大萧条无法解释之后，凯恩斯于1936年出版的《就业、利息和货币通论》中提出了一种不同于传统西方经济学的就业理论。凯恩斯提出了除自愿失业、摩擦性失业外的第三种失业：非自愿失业，又称"需求不足的失业"，是指劳动力愿意接受现行货币工资水平但仍得不到工作。非自愿失业是凯恩斯对传统失业理论的重要补充，也是凯恩斯《通论》直接研究的对象。这种失业通常发生在经济周期的衰退或萧条时期，通常是由于总需求不足所造成的。凯恩斯的充分就业理论产生于凯恩斯关于有效需求不足产生非自愿失业，过度需求造成通货膨胀的判断。

1. 凯恩斯的充分就业

凯恩斯对非自愿失业的解释是，当所消费的商品价格较之货币工资发生了轻微上涨，而此时愿意按现行的货币工资提供劳动的劳动总供给仍然大于现在实际的就业量，那么就存在非自愿失业。非自愿失业从另一个方面讲，指由于总需求的提高所消除的那种失业。因为总需求的提高必将导致较高的物价和较低的实际工资。凯恩斯认为，若能消除非自愿失业就意味着充分就业。

2. 有效需求与就业

有效需求理论是凯恩斯宏观经济学的核心，它研究总供给价格和总需求价格之间的均衡关系。有效需求是指总供给价格与总需求价格相等。供给价格是指企业愿意雇佣一定数量的工人生产一定数量的产品时，所必须取得的收益，这一收益必须等于生产这些产品所付出的生产要素的成本加上预期的利润。所有产品供给价格之和就是总供给价格。凯恩斯的有效需求不足理论是建立在边际消费倾向递减、资本边际效率递减和流动性偏好三大定律基础之上的。得出的结论是由于消费和投资的不足，总需求是不足的，实际产出必然小于充分就业的产出水平。在这种情况下，政府必须运用财政政策等主要手段进行干预，所以凯恩斯主义被认为是财政主义。他主张通过扩大政府公共支出来摆脱经济衰退。凯恩斯认为政府的作用在于控制资本主义周期性的经济危机，使资本主义经济始终保持繁荣发展。

3. 乘数原理与增加就业

凯恩斯宏观经济理论中的支出法是核算 GDP 的一种常用方法，即通过核算在一定时期内整个社会购买最终产品的总支出来计量 GDP。此种核算方法下，GDP 由消费、投资、政府购买以及净出口四部分组成。凯恩斯乘数又称投资乘数，指收入的变化与带来这种变化的投资支出的变化的比率。乘数的作用是两面性的，即有投资增加时，引起国民收入成倍增加；投资减少时，引起国民收入成倍减少。因此，乘数是一把"双刃剑"，之所以会出现"大萧条"，凯恩斯认为主要是投资大幅度减少，在乘数的作用下，产出大幅度减少。

4. 货币工资与就业

传统的经济理论认为，货币工资降低意味着劳动力成本的减少，因此企业会增加对劳动力的需求。但凯恩斯认为由于存在失业，厂商们可以在现行工资水平上，获得他们所需要数量的劳动。简言之就是需求创造供给。因此，降低工资并不能扩大就业，而应实行灵活且有弹性的货币政策。货币数量的上升使得劳动力的实际工资下降，通过降低劳动力成本增加企业家的利润，从而缓解经济的萧条和衰退。

(三)新古典综合派的结构性失业理论

保罗·萨缪尔森试图把早期的经济学(以马歇尔为代表的古典经济学)和现代的收入决定论(凯恩斯《通论》所论述的理论)综合起来，并于 1955年在《经济学》第 3 版中首先使用"新古典综合"的说法，主要代表人物有萨缪尔森、希克斯、米德、奥肯等。

1958 年，经济学家菲利普斯根据相关统计资料首次提出菲利普斯曲线，即货币工资增长率与失业率之间存在反比例关系，失业率提高时，货币工资增长率较小；失业率降低时，货币工资增长率较大。因此货币工资率的增长与失业不可能同时发生。然而，20 世纪 70 年代西方国家出现了通货膨胀与失业并存的经济危机，凯恩斯的有效需求理论以及菲利普斯曲线受到挑战。萨缪尔森等人利用美国的经济资料进行类似的研究，提出了新的菲利普斯曲线，即用物价上涨率(即通货膨胀率)代替货币工资上涨率，解释当时的经济现象。

滞胀的出现是由于经济存在一个能够最大限度承受的通货膨胀与失业的界限，此时失业的出现是由于失业率超过了充分就业的失业率，产生了结构性失业。此外，新古典综合学派对于滞胀现象的解释多样：(1)海勒指出，20 世纪 70 年代，世界石油危机、农业原料短缺等使得生产成本增加，商品市场上价格走高，导致通货膨胀。但由于总需求变化不大产品无法流通，社会生产规模下降，失业增加，导致了通货膨胀加速下严重的失业问题。(2)萨缪尔森指出，政府福利支出的增加一方面扩大了需求导致通货膨胀，另一方面满足了失业者的基本生活需求，使其失去寻找工作的动力，失业率居高不下，由此滞胀现象产生。(3)托宾和杜生贝则认为，工会和垄断企业的存在造成了价格刚性和通货膨胀，此时劳动力市场失衡，因此失业与通货膨胀同时存在。

新古典综合学派认为仅依靠宏观政策调控不能有效解决失业问题，必须提高对劳动力资源的有效配置。一是加强对劳动力的培训和教育，弥补结构性失业中既有失业又有职位空缺的现象；二是注意消费者趣味、技术水平、人口增长速度以及政府政策的变化，关注不同行业的走向从而提升劳动力供给和需求的匹配度；三是发挥政府职能，为失业者和招工企业提供双向就业信息，避免由信息不对称所带来的失业。

（四）新自由主义的就业理论

货币主义提出的理论假说主要有自然率假说和适应性预期假说，这些假说是新自由主义就业理论赖以建立的前提条件。20世纪70年代"滞胀"现象的出现使得这些学派对猛烈抨击凯恩斯的政府干预理论，并在新古典综合派的基础上进一步发展了相关失业理论。

1. 货币主义的自然失业理论

货币主义代表人物弗里德曼认为，新古典综合派提出的菲利普斯曲线无法解释20世纪60年代后期一些国家出现的通货膨胀率和失业率同时上升的滞胀现象。在没有货币因素干扰的情况下，由经济体系中的实际因素，如劳动市场的有效性、竞争或垄断程度、阻碍或促进到各种职业部门去工作的制度因素所决定的失业率。弗里德曼之所以提出自然失业率的概念，是想把就业或失业问题中的货币层面和非货币层面因素区分开来。他认为，劳动的供给和需求都是实际工资率的函数，而不是货币工资率的函数。自然失业的工人包括：（1）自愿失业，劳动者就业后实际工资低于边际效用不愿就业；（2）摩擦性失业，劳动力在正常流动过程中所产生的短期、局部性的失业；（3）寻业性失业，劳动者愿意就业，但难以找到理想工作；（4）结构性失业，劳动力的供给和需求不匹配所造成的失业。

货币主义对于自然失业率的产生及上升态势作了如下解释：一是由于技术水平的提升带来资本有机构成的提高，劳动力这一可变资本在供需关系中没有优势；二是在西方较为发达的国家，失业救济福利政策十分完善，许多失业者宁愿领取救济金满足必要生活条件而不愿寻找工作；三是不同产业、行业和部门发展迅速，劳动力水平的发展无法满足其对从业者的需求；四是信息的不完全不利于就业和再就业活动的及时高效开展。

货币主义者反对运用积极干预的财政政策来稳定经济，其所主张的具体对策有：增强劳动力在不同地区和行业之间的流动；完善失业救济政策，激励更多失业群体参与就业；发展就业中介机构，为企业和从业者提供畅通的信息交流。

2. 理性预期学派的就业理论

理性预期学派出现于20世纪70年代，由货币学派分化而出，又被称为新古典宏观学派，主要代表人物有卢卡斯、萨金特、巴罗和华莱士等。他们不赞同凯恩斯主义的政府宏观调控干预政策，也对新古典综合学派的理论发起挑战，主张在经济上放任自由，干预经济的措施越少越好。

劳动力是就业或是失业来源于其对未来工作或是休闲的选择。若劳动者预期未来货币工资率上升，则会接受在当期工资水平下的工作，失业率下降；反之，若劳动者预期未来货币工资率下降，则会选择在未来享有休闲而非工作，此时失业率上升。而正是由于企业和劳动力双方均会为了作出正确的预期，力图得到有关的一切信息，此时工资不再发挥对就业数量的调节作用，政府干预无效。此时的菲利普斯曲线是垂直线，处在自然失业率水平，失业率与通货膨胀率之间不存在替换关系。

3. 供给学派的就业理论

20世纪70年代，供给学派就业理论在美国产生，主要代表人物有蒙代尔、拉弗、温尼斯基、吉尔德等。供给学派指出20世纪30年代的大萧条并非如凯恩斯学派所说是由有效需求不足导致，而是由于政府实施一系列不恰当的措施。并重新肯定了萨伊定律的正确性，认为凯恩斯定律是错误的。

供给学派就业理论的主要观点如下：（1）大幅降低个人所得税和企业所得税，以刺激消费和投资的积极性，提升劳动者的工资水平和社会的整体产出，激发人们的工作热情，降低失业率。（2）失业者中很大一部分依靠政府福利支出领取救济金生活，丧失了寻找工作的动力和热情，因此应控制政府对社会生产和经济运行的干预，恢复市场经济自由配置和竞争的模式。（3）工会应适度合理地发挥职能，尽量不因安全、保健等因素增加企业雇佣劳动者的额外成本，确保失业率不增加。

（五）新凯恩斯主义的就业理论

新凯恩斯主义产生于20世纪80年代，其产生主要与新古典宏观经济学本身的缺陷和其理论脱离现实有关，主要代表人物有曼丘、布兰查德等。新凯恩斯主义的假设条件有四个：非市场出清假设、经济当事人利益最大化原则、理性预期与工资和价格黏性。新凯恩斯主义经济学家的共同特征是继承凯恩斯主义传统，把失业问题作为研究主题；与凯恩斯主义不同的是，他们力图从微观层面上，即从工资、价格和利率黏性上去寻找劳动市场、商品市场和资本市场不能出清的原因。

1. 交错调整工资论

在某些行业或部门，由于工会的力量，企业与劳动力双方可能签订交错调整合同，即在时间上交错签订的合同。此类合同中通常标明随着生活支出的增加发放附加工资，即使在经济衰退或萧条时期也不减少。合同有利于保持劳动力工资的稳定性，减慢了货币工资率的调整进程，但也易导致工资刚性，因此当国家试图稳定实际工资水平时，会带来物价的持续上升并产生通货膨胀，社会产出减少，失业率增加。

2. 隐性合同论

隐性合同的签订会带来工资黏性，出于企业和劳动者双方利益的考虑，雇主和雇员之间的长期隐性默契产生了一种非正式合同，彼此默认实际工资水平不随经济的波动而变化。但工资的黏性不利于迅速调整劳动力双方供求关系，并且此类非正式合同存在一定风险，容易出现失业。

3. 内部人—外部人理论

"内部人"是指受过系统性专业训练的在岗劳动力，他们在谈判时与企业存在某种联系，因此他们的利益可在合同中体现出来；"外部人"是指想到这家企业工作的失业者，他们一开始与厂商没有任何联系，只是在签订合同后才被雇用。企业在招收劳动力时，会倾向于继续雇用拥有工会保护、已接受专业训练、支付成本低的"内部人"，此现象会造成工资黏性和持续性失业。

4. 效率工资论

效率工资产生的初衷是为了消除工人的偷懒并调动工人的积极性，此类工资水平高于劳动力市场供求均衡时或出清时的实际工资水平。效率工资理论认为工人的劳动生产率与实际工资水平呈正相关关系，工人获得较高工资会激发工人工作积极性，努力工作并减少消极怠工，从而为企业带来更多的利益。

（六）发展就业学派的就业理论

不论是凯恩斯就业理论、新古典综合就业理论还是新自由主义就业理论，都是以经济条件优越、技术水平领先、产品和劳动力市场发展健全的西方发达国家为依托展开的。第二次世界大战后，落后国家摆脱了西方资本主义国家的殖民统治，实现政治独立的同时开始寻求经济发展动力，发展经济学由此产生。其主要代表人物有刘易斯、费景汉、拉尼斯、托达罗、钱纳里等。

一方面，在大多数发展中国家，经济发展动力不足并非来自生产规模扩张所需的有效需求不足，而是来自供给端的局限性。发展中国家一般基础设施建设不足，各要素市场发展不完全，再加上国家由于结构的特殊性在政策上有所制约，不能迅速地扩大产出和收入。另一方面，发展中国家就业岗位的扩张最初发生在城市，会吸引农村剩余劳动力进城务工，并不能缓解城市的失业现象。发展经济学认为，劳动力未得到有效利用和大量人力资本闲置是发展中国家经济发展受阻的重要原因，因此构建了发展经济学的就业理论。

1. 刘易斯的二元经济结构转换论

美国经济学家刘易斯在其《劳动力无限供给条件下的经济发展》一文中提出了二元经济结构下的劳动力转移模式。① 在发展中国家中，存在两大类生产部门，一类是城市工业部门，采用现代的生产方法且边际效率较高；另一类是农业部门，采用传统的方法生产且边际效率较低甚至为负。工业部门在制定最低工资水平时需考虑农业部门的收入，当工业部门的工

---

① Lewis W A. Economic development with unlimited supply of labor [J]. The Manchester School, 1954(5).

资水平高于农业部门时，原本从事农业生产的劳动力会由农村向城市转移。随着农村剩余劳动力的转移，农业劳动力的边际产出因劳动力的减少而增加，最终农业部门和工业部门的收入达到同一水平，二元经济结构将消除。刘易斯认为，发展中国家应增加对工业部门的投资，使得农村剩余劳动力向城市转移，以获得更多的利润，利用工业化带动整个国家的城市现代化发展。

刘易斯模型在现实中存在一定的缺陷，实践证明片面的工业化并不能带动发展中国家产出的增加。一是在发展中国家城市失业问题同样严峻，大量的农村剩余劳动力涌入城市造成城市失业现象一直存在。二是工业部门的资本有机构成是不断变化的，工业部门所需的劳动力数量并非一成不变，随着技术的革新和发展，该部门就业人数呈下降态势。三是工业部门和农业部门的工资水平是变化的，随着工业部门就业人数不断增加，劳动力供需的变化会改变该部门的实际工资水平。四是农村劳动力涌入城市并非都从事工业部门的岗位，而是分布在零售、勤杂工等各个领域。五是忽略了农业部门的发展，农村也可能实现农业农村现代化。

2. 拉尼斯—费景汉模型

1961 年美国经济学家拉尼斯和费景汉发表了一篇题为《经济发展理论》的论文。[1] 修正了刘易斯的二元经济转化论，提出了一个崭新的人口流动模型。

拉尼斯—费景汉经济模型中，发展分为三个阶段。第一个阶段中，农业部门的劳动力供给弹性无限大而边际生产率几乎为零，此时流向工业部门的农业劳动力都可获得较高工资。第二阶段中，农业部门中劳动力的边际生产率大于零且小于工业部门的工资收入水平，在劳动力不断输入的过程中农业部门的供给弹性不再无限大，此时经济中存在隐蔽的失业。第三阶段中，农业部门的劳动力边际生产率等于工业部门的工资收入，农业劳

---

① Fei C H, Ranis G. A theory of economic development [J]. American Economic Review, 1961(2).

动力的边际产品等于工业部门的工资水平，工业部门若想通过农业部门劳动力的转移来扩大再生产，就必须在劳动力市场上与农业部门展开竞争，此时存在失业现象。

不同于刘易斯模型，拉尼斯与费景汉以动态的角度来观察农业部门和工业部门的发展。他们指出在发展中国家实现工业化的进程中，应确保工业和农业两大部门的均衡发展，同时实现工业和农业现代化。

3. 托达罗的劳动流动模型

不论是刘易斯的二元经济结构转化论或是拉尼斯—费景汉模型，只要农村劳动力在工业部门可获得高于农业部门的工资收入就会源源不断地向城市转移。但是在许多发展中国家，农业部门就业不足，工业部门存在大量失业，农业劳动力依然持续向城市转移。美国经济学家托达罗在其 1969 年发表的《欠发达国家中劳动力流动和城市失业的模型》一文中回答了并解释了该现象。①

托达罗指出在发展中国家只要农业劳动力具备人口迁移的条件，不论农业部门或工业部门的失业率表现如何，都会选择流向城市。出于比较利益和相对理性角度的考虑，发展中国家人们普遍认为城市生活意味着更多的就业机会和更高的工资收入。在这种情况下，增加城市工业部门就业岗位并不能解决失业问题，反而会吸引更多农业劳动力涌入城市，导致失业率升高。因此，解决就业问题，要重视农业农村发展，增加农村就业机会，缩小城乡就业差距，促进城市和农村共同平衡发展。

第二节　贸易影响就业的理论和计量模型

贸易对就业的影响问题由来已久。在早期的国际贸易理论中（如：亚当·斯密的绝对成本理论）已经可以看到有关就业话题的影子，不过那时

---

① Todaro M P. A model of labor migration and urban unemployment in less developed countries[J]. American Economic Review, 1969(3).

就业借"国际分工"这一观点间接显现——既然有国际分工的存在,必然会对贸易国的就业产生影响。之后国际贸易理论逐渐丰富,相对优势理论、要素禀赋理论、贸易保护主义理论等都为解释贸易和就业的关系问题提供了新的思路。随着时代的发展,学者进行学术研究的方法和工具都获得了极大的创新,经济计量模型在研究贸易与就业相关问题时被普遍使用,这为相关研究提供了一种不同于纯理论分析的研究新思路。基于现有模型在时间历史上所表现出的不同特征,本节将从贸易影响就业的理论模型和贸易影响就业的经济计量模型两方面展开论述。

一、贸易影响就业的理论模型

(一)古典贸易理论

古典贸易理论最早是在批判重商主义过分追求贸易顺差的基础上发展而来的,主要由绝对优势理论和比较优势理论组成,以上两个理论分别由亚当·斯密和大卫·李嘉图提出。绝对优势理论是指每个国家都应该去生产具有绝对优势的产品,然后用该产品去和别的国家交换其具有绝对劣势的产品,通过交换,贸易双方都能从中受益。比较优势理论发展了绝对优势理论,认为即使一个国家不在任何一个产品的生产上具备绝对优势,也可以凭借相对优势通过国际贸易进行交换,贸易双方同样均能从中受益。以上两个理论对就业的影响基本一致:通过国际分工,再进行交换,每个国家在投入相同的劳动量下生产的产品都比以前更多了,换句话说,生产满足需求的产品需要的劳动力更少了,如果国内的就业岗位供给是小于就业岗位需求的,则国际贸易在提升劳动生产率的同时缓解了国内的用工紧缺状况;如果国内的就业岗位供给大于就业岗位需求,通过国际分工合作使得劳动生产率提高,满足生产需要提供的就业岗位会更少,就会出现失业问题,此时国际贸易不利于国内就业数量增加。

如果说绝对优势理论和比较优势理论鼓励国际市场更加开放,则贸易保护理论进一步提出在一定条件下需要将市场相对封闭。贸易保护理论由李斯特在 1841 年提出，也叫幼稚产业保护理论，该理论强调了贸易保护政策要与国家的工业进程相匹配，在一个国家的工业化初级阶段，国内各产业发展不够成熟，不足以在更激烈的市场竞争中存活下来，因此需要实施一定的保护措施，限制相关产品的进口，为本土工业的进一步发展提供空间。贸易保护理论不同于重商主义对进口的绝对限制，而是主张将国际贸易与国家发展进程综合考虑，更加符合经济发展的要求和实际。贸易保护理论并未直接解释贸易和就业的关系，但对国内相关产业的保护意味着对该产业所涉及的就业岗位的保护，相较于让国内产业受到冲击进而规模缩小甚至破产，对其施予一定保护促使其自身的成长壮大进而稳定甚至提升就业岗位供给更加有益。

(二)新古典国际贸易理论

古典贸易中仅考虑了劳动生产率这一单一要素，在比较优势理论的基础上，赫克歇尔和俄林增加了资本、资源等因素的考虑，发展出了 H-O 理论，这就将两国在生产比较成本上的差异不仅归结于劳动生产率，而是综合考虑了多类要素的充裕程度和密集程度。根据该理论，每个国家应该生产并出口需要密集使用本国充裕要素的产品去换取需要密集使用稀缺要素的产品，通过交换，贸易双方均能从中获利。随后萨缪尔森将其发展成 H-O-S 理论，该理论肯定了生产要素的流动与变化并最终导致要素价格的均等。

新古典贸易理论同样能对贸易与就业的关系作出解释。根据 H-O 模型，一个劳动力要素密集，资本要素稀缺的国家应该出口劳动密集型产品，由于该国是一个劳动力要素密集的国家，假定该国的就业岗位供给大于就业岗位需求，通过国际贸易，相较于国际贸易前该国会更大地规模生产劳动密集型产品，这不仅会带来生产利润，还会增加就业岗位，缓解当前的劳动力过剩的问题。进一步地，根据 H-O-S 理论，通过自由贸易，各要素在世界范围内重新优化配置，要素价格最终会实现均等化，从这一理论可以看出，即使在短期内该国在劳动力数量和工资水平上具有优势，从长期来看，该优势随着商品的自由贸易也将逐渐减弱甚至消退，因此，仅依靠劳动力数量的优势进行国际贸易无法长期支持国内就业，该优势不在时，国际贸易就业的作用便是非正向的。

(三)新贸易理论

古典贸易理论和新古典贸易理论都是以完全竞争市场为前提的，这不符合当代国际贸易的实际情况，新贸易理论的出现能够更加全面地认识国际贸易新环境。此处对新生产要素理论和动态贸易理论做简单介绍。①与H-O模型和H-O-S模型相比，新生产要素理论将人力资本、研发与管理、信息技术等纳入模型，这些新要素对劳动力的技能要求更高、数量需求更少，高级要素密集型产业提供的就业岗位也就远少于传统的劳动密集型行业。在国际贸易中，科学技术水平含量的高低反映了产品附加价值的高低，尽管更好水平的研发、信息技术能为该国提供更大的经济价值，但仅从就业数量上来讲，专业生产并出口高级要素密集型产品的国家能提供的就业岗位更少。②弗农(Vernon)在1966年提出了产品生命周期理论，他将一种新产品从进入市场到最终被淘汰的过程分为形成期、成长期、成熟期和衰退期四个阶段，这一理论从各国在技术创新和技术进步上的差距解释了商品的生产流通过程。从这四个阶段与就业的关系来看，形成期以产品的研发设计为主，更需要的是劳动力的质量而不是数量，市场上对该商品的需求很少，难以形成有效需求并大规模生产，对劳动力数量的需求少，难以促进大规模就业；成长期是需求增长阶段，市场尤其是国际市场的扩大进一步繁荣了国际贸易，从事该产品生产的企业越多，对国内就业的带动作用就越明显，与此同时，企业的大量进入使得行业利润降低，企业增速放缓；成熟期的市场规模达到了顶峰渐趋饱和，生产并出口该产品能够带来的就业效应达到最大值，随着相关企业的逐渐衰退对就业的作用会越来越小；衰退期该产品的销售量和利润额都持续下降，众多生产该产品的企业陆续退出市场，该产品的生命周期也随之结束，能够带来的就业效应也逐渐消失。

二、贸易影响就业的经济计量模型

不同于纯理论模型，在现代的科学研究方法和工具都获得极大发展的背景下，越来越多的学者通过构建经济计量模型来直接研究贸易对经济的影响。

Hine 和 Wright(1998)、Greenaway(1999)对英国的制造业国际贸易对就业的影响构建了计量经济模型进行研究，发现国际贸易能够提高劳动生产率，生产一单位的产品所需的劳动力数量更少了，进而降低了劳动力需求，同时，进口使得国内相关产品的市场竞争加剧，在短期内进一步加重了失业状况。他们这一计量经济模型为国内学者在进行相关研究时提供了理论基础。

Hine 和 Wright(1998)、Greenaway(1999)的理论建立在柯布—道格拉斯生产函数的变形上，通过对各要素的设定和对公式的推导，最终建立了一个劳动为被解释变量，时间、出口导向率、出口渗透率、总产出和工资为解释变量的经济计量模型。对该模型从理论上进行解释可以得出：技术进步会带来劳动生产率的提高，进而减少劳动需求抑制就业，因此，通过国际贸易可能产生的技术进步会对就业产生不利影响；工资水平提升虽然会提高人们的工作意愿，有利于增加劳动力供给，但更高的工资对企业而言意味着更高的成本，企业的用工需求下降，最终也会不利于就业规模的扩大。在对英国制造业的实际情况进行实证分析以后，实证结果与理论结果一致，进一步验证该计量模型设计的合理性。

随后相关学者根据国家、行业等的差异，在以上经济计量模型的基础上针对性地做了调整和补充，极大地丰富了贸易影响就业问题的实证研究成果。在国内相关的实证分析中，所用模型的理论基础大多来源于 Hine 和 Wright(1998)、Greenaway(1999)的论文，行业和区域(地区)数据所得的实证分析结果与原理论模型的符号不一致，相关的理论说明和解释比较少。我国学者如盛斌、梁平、胡昭玲、喻美辞等，所建立的模型大多建立在 Hine 和 Wright(1998)、Greenaway(1999)两篇文献的理论基础上。胡昭玲等(2007)利用中国 32 个工业行业 1998—2003 年的面板数据对工业品贸易的就业系数进行实证研究。结果表明，出口对就业有正向促进作用，进口对就业的总体影响是不确定的。采用其他经济计量模型的研究也逐渐增多。这些研究方法以国际贸易理论模型为基础，以经济计量模型为手段，对贸易与就业问题相关研究的突破起到了重要作用。

第三节　贸易对就业影响的理论分析

贸易是由出口贸易和进口贸易两个方向共同组成的，不同的贸易方向对就业产生的影响也不尽相同。从传统国际贸易理论来说，出口贸易的繁荣意味着占据了更大的世界市场，能够很大程度上促进国内就业，更多的理论研究和实证研究也证实了这一点；进口贸易同样能够影响就业，尽管这种影响的作用方向不甚明确，但也应引起重视。本章从出口贸易和进口贸易两个方向来讨论贸易影响就业的作用机制。

同样，就业是由劳动力需求和劳动力供给两个方面的因素共同决定的(林霓裳，2010)。鉴于劳动力供给是经济社会发展多方面因素长期影响的结果，在短期内不会有大的改变，因此本章主要从劳动力需求角度进行分析。

我国是一个人力资源大国，拥有丰富和相对廉价的劳动力，但这种优势在逐步减弱，实现从"人力资源大国"到"人力资源强国"的转变，符合我国当前的劳动力水平现状和未来劳动力发展方向。基于以上分析，本章将就业分为就业数量和就业质量，在充分考虑贸易对就业数量影响的基础上，增加了贸易对就业质量影响的分析。

一、出口贸易对就业影响的理论分析

出口贸易对就业数量的影响。一般来讲，出口贸易的繁荣意味着拥有更广阔的国际市场，在国内市场既定的时候，更大的海外市场所产生的更大产品需求将会刺激国内对劳动力的需求，使得国内企业提供更多的工作

岗位，提升就业数量，有很多研究佐证了这一点（Leclanrt，2002；杨晶等，2008）。但由于出口行业差异引起的对就业影响的差异也真实存在，从行业类别来看，这种差异主要体现在劳动密集型行业和技术密集型行业：就业数量的增加更多地来源于劳动密集型行业的繁荣，当国内的劳动密集型产品在国外占据较大市场时，出口贸易对就业数量的正向作用才能有效体现；如果出口以入职门槛高、所需劳动力数量少的技术密集型行业生产的高精尖产品为主，则出口贸易对就业的正向影响就十分有限甚至为负。这种非正向影响并非来源于出口高端产品本身，而是在有限的资源下，高端产业出口占主导意味着本土劳动密集型产业缺乏大规模生产与出口的条件，导致劳动密集型产品生产大幅减少，进而影响就业。根据产业转移理论，在高精尖行业占据重要地位的国家通常会将国内的落后产业转移到其他国家，其中不乏附加值相对较低的劳动密集型行业。尽管此举为高端行业争取到了更大的发展条件和空间，但国内劳动密集型行业如制造业的流失会对国内充分就业造成不利影响。

出口贸易对就业质量的影响。就业质量是一个定性概念，这里用高技术人才占就业比例来表示，从这个层面来看，高技术人才占比的增加即说明了国内就业质量的改善。根据比较成本优势理论和要素禀赋理论可知，出口产品要在激烈的国际竞争中处于优势地位，需要出口产品的主要生产要素在国际上具有比较优势。当今的国际竞争不仅仅是对土地和人口的竞争，科学技术等软实力的竞争也越发激烈。出口贸易对就业的正向影响主要通过激励机制产生，在经济利益的驱使下，国内企业通过更多地出口产品，提高产品的质量和核心竞争力来抢占国际市场，为了维持或者提升该企业在国际市场的份额，竞争力强的企业通过不断改革创新以适应市场的需求，一般主要通过三种方式来达到这一目的：一是提高生产效率以生产更多的产品；二是提高产品质量以生产更好的产品；三是创新产品类别以生产更新的产品。以上三种方式的实现均需要高端人才的支持，这会刺激对高技能劳动力的需求，进而提升国内整体就业质量。但在激烈的国际竞争面前，并非所有的出口企业能够实现技术进步和创新，激烈的竞争对国内部分竞争力比较弱、适应能力比较差的企业，带来的负面冲击会影响企业效益，裁员的情况可能产生，进而抑制就业。尽管会有企业在出口贸易中受挫，但总体而言，出口贸易通过激励机制提高对高技术劳动力的需求，进而改善就业质量是较为普遍接受的。出口贸易对就业的影响机制如图 1-1 所示。

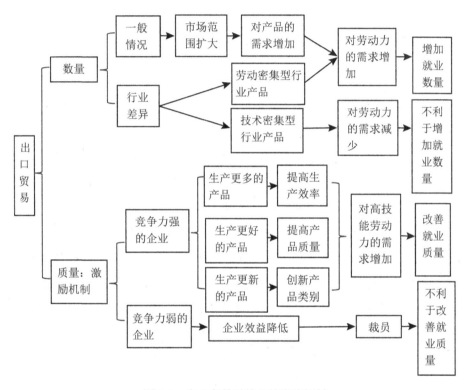

图 1-1　出口贸易对就业的影响机制

二、进口贸易对就业影响的理论分析

进口贸易对就业数量的影响。一般来讲，进口贸易的繁荣意味着该大量的进口产品不是在国内生产，因此由这些进口产品可能带来的就业岗位就损失了，不利于国内就业数量的增加。但实际上，对部分产业和部分企业而言，进口贸易会创造就业岗位，对就业数量有正向影响。以上影响主要通过"挤出效应"来实现，具体表现在两个方面：一是进口产品会挤占国内潜在的就业岗位；二是进口产品会挤占国内企业的生存发展空间。但这两方面的"挤占"并非全都有损于国内就业，具体的影响应视进口产品的类型和企业的竞争能力强弱而有所不同。对于第一个方面：从理论上来说，不管是进口中间产品还是最终产品，只要该产品的生产环节不是全部在本国境内生产，都存在潜在的就业岗位流失的情况，由此便会陷入"进口即有损国家利益"的极端贸易保护主义。因此，在经济全球化的背景下，应理性看待出口贸易对就业的影响。相对而言，进口的最终产品越多，对国内就业数量的提升越不利。进口中间品对就业数量的影响可能并非负向的，对于我国这样的"世界工厂"而言，该影响甚至会为正。加工贸易是我国目前国际贸易的主要组成部分，这说明我国进口的产品以中间品为主，我国主要负责产品的简单零部件生产和组装的工作，此类工作属于劳动密集型行业，对增加就业数量有积极作用。对于第二个方面，进口产品占据了国内生产同类产品的企业的市场份额，损害了国内相关企业的利益，挤占了其生存和发展空间，一般而言，这不利于本土就业规模的增加；但对于竞争力强的企业而言，在国内市场竞争加剧的情况下，能够保持甚至扩大生产规模，进而提升经济效益，因此不一定会对就业数量造成不利影响。

进口贸易对就业质量的影响。贸易对就业质量的影响主要通过"溢出效应"实现，如果进口商品有较高的技术含量，则为国内相关产业对该技术的学习提供了实物参考，有利于提高生产的技术含量；不论是高技术含量进口产品本身直接带来的国内竞争的加剧，还是国内率先对相关产品的学习间接带来的压力，都会激励其他企业或行业的技术革新，这有利于在全社会形成良好的创新氛围。而创新离不开相关高技术人才，因此，以上两点均会增加对高技能劳动力的需求，进而提升国内的就业质量。但是并非所有的进口产品都会有技术溢出效应，当进口初级产品过多时，国内企业能从中学习的新技术十分有限，全社会创新氛围的形成也十分困难，整体而言，对就业质量提升的作用不明显。进口贸易对就业的影响机制如图1-2所示。

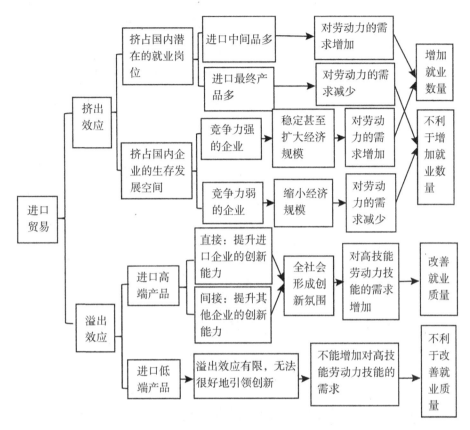

图 1-2 进口贸易对就业的影响机制

第四节 贸易对就业的影响机理

一、国内需求与就业增长

根据凯恩斯有效需求理论的观点可知,有效需求的大小决定了一国的收入水平和就业状况,即在函数图象中,就业量表现为总需求函数与总就业函数的汇合点。在具有国际贸易的开放经济环境中,总需求包括国内需求和国外需求两个部分,其中国外需求指出口的商品和劳务总和;总供给包括国内供给和国外供给两部分，其中国外供给指进口的商品和劳务总和。现构建如下模型：令总收入为 Y，根据凯恩斯主义，也即总就业量为 Y；总需求为 D，由国内需求 D_1 和国外需求 D_2 构成，即 $D = D_1 + D_2$；总供给为 S，由国内供给 S_1 和国外供给 S_2 构成，即 $S = S_1 + S_2$。可知，就业量 Y 是关于需求 D 与供给 S 的函数，可表示为 $Y = f(D, S)$，如图 1-3 所示：

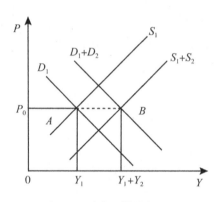

图 1-3 需求、供给与就业

图 1-3 中，国内供给曲线 S_1 与国内需求曲线 D_1 相交于点 A，点 A 对应的纵坐标为 P_0，即开放经济条件下的既定市场价格；对应的纵坐标为 Y_1，即与之对应的就业量(或就业水平)。当考虑国际供给 S_2 时，此时的总供给曲线为 $S_1 + S_2$，在图像上表现为曲线右移，供给数量增加，同时需求也会对应增加；当考虑国际需求 D_2 时，总需求曲线为 $D_1 + D_2$，需求曲线右移，供给和需求也同时增加，并与总供给曲线相交于点 B，点 B 的纵坐标保持在既定的市场价格 P_0 处，而横坐标显然高于点 A 所代表的国内有效需求，即国际贸易带来了就业的增加。

鉴于国内生产总值与国内就业存在较为密切的关系，故国际贸易对就业的影响可以通过考察贸易对国内生产总值的影响间接得到。忽略劳动生产率、商品和劳务的要素差异等内容，具体可通过以下两种方法得到贸易对就业的影响：一是从贸易依存度角度考虑贸易对就业的间接静态影响；

二是从贸易对国内生产总值的影响角度进一步考察贸易对就业的间接动态影响。上述两种方法均从国内生产总值这一宏观角度间接考察贸易对就业的影响，由于在数据获取和计算方法上的优势，该方法在贸易与就业的早期研究中较为常见。但该方法的缺陷同样也较为明显：一是无差别地看待国内贸易与国际贸易对就业的差异化影响，亚当·斯密早已明确指出就业受国际贸易的影响程度要远大于国际贸易，通过国内生产总值替代贸易考察其对就业的影响时，可能会造成估计影响效果的夸大；二是无差别地看待出口贸易与进口贸易对就业的差异化影响，一般而言，出口增加依托于国内产出的增加，而进口则视为国内对应产品的产出不足，即两种贸易方向表现出相反的特质，贸易总额对就业的影响是出口贸易和进口贸易的就业效应相互抵消后的结果。不加区分地将其按照统一的数量对就业的影响进行考察会扭曲贸易对就业的实际作用效果，且无法对进出口贸易对就业的差异性影响进行考察。

二、国民收入与就业水平

国内就业受国民收入的影响，在国际贸易环境中，可将国民收入替换为国际收入考察其对就业的影响，而国际收入即为出口贸易与进口贸易的顺差额。根据上述思路假定如下情形：存在国际贸易的情况下，一国的就业状况并未处于自然失业率水平，外汇水平、产品价格和国汇率稳定但国民收入水平可变，且不存在其与贸易国间的资本自然流动。此时贸易收支问题转化成为国际收支问题，用支出法表示的国民收入恒等式为：$Y = C + I + G + (X - M)$，其中，C 表示居民消费，I 表示企业投资，G 表示政府支出，$X - M$ 共同表示出口与进口差额即国际收支余额。根据国内、国际两大方向将收入 Y 划分为 Y_d 和 Y_f，其中 Y_d 由居民消费、企业投资和政府支出三部分构成，Y_f 即为出口额与进口额之差。至此可明确国际贸易可从贸易顺逆差形成的国际收支角度影响就业。凯恩斯将贸易顺差理解为投资，而又由于投资乘数效应的存在，进一步地影响就业。鉴于此，贸易的就业效应需以贸易顺差额 $(X - M)$ 为前提，其与劳动生产率的比值即为就业数量，计算公式如下：

$$Y_f = X - M \tag{1-1}$$

$$E_f = GNP/P \tag{1-2}$$

$$Y = Y_f / E_f \tag{1-3}$$

其中，式(1-1)表示贸易差额，即为国民总收入；式(1-2)中GNP为国内生产净值、P为就业人口，两者比值E_f为劳动生产率；就业数量Y为国民收入与劳动生产率的比值。

除此以外，贸易的就业效应也可从消费倾向角度得出。消费倾向是指消费者对商品消费的偏好和趋向，用以反映消费者在一定时间跨度内消费偏好的变动，具体用公式可以表示为$b = (C_{t1} - C_{t0})/(GDP_{t1} - GDP_{t0})$，其中，$b$为消费倾向，$C$为消费，$GDP$为国内生产总值，$t_0$表示基期，$t_1$表示当期。进一步地，计算得出贸易的就业效应$Y = Y_f \times b$。

前一种方法模糊了进口贸易与出口贸易的就业效应的差别，但消费倾向相关方法则与之相反，即在贸易额相同的情况下，进口额可以实现对出口额的完全替代。在以下两种情况完全替代出现：一是进行国际贸易的产品性质与国内产品性质一致，如果进口此类产品则会对国内该产品的生产产生一定冲击，形成完全竞争关系，由于产品具有同质性，该进口行为可完全替代国内产品及国内相关产品的出口，当前家用电器类别商品的进口面临的情况即与之类似；二是国际贸易类型为加工贸易，加工贸易的特征表现为"两头在外"，即从国外进口原材料在国内进行加工组装，再将成品出口国外，在这种贸易模式下，只有加工环节在本国进行，因此能对国内就业产生影响的部分仅限于出口成品与进口原料间的差额。由于原料进口、成品出口，忽略进口金额与进口金额的差异，将其统一为贸易额进行统计，则会出现重复计算，贸易总额将被夸大，进一步讲，其对国内就业的影响也将缺乏真实性。实际上，加工贸易是我国开展国际贸易的重要方式，加工贸易额长期占据我国贸易总额的半壁江山，在改革开放初期更是如此。在早期，基于加工贸易两头在外的特性，我国仅承担了产品生产加工组装环节，不利于产业生产链的形成，即使贸易额增长显著但相关产业并未获得同等力度的发展；但随着我国产业结构的进一步完善，产业配套生产能力逐步提升，加工贸易的弊端在一定程度上得到削弱，产业间的联系日益密切，加工贸易产品与国内相关产品的关联度也有所提升，国内经济受其影响程度也逐步加深。一般贸易是与加工贸易相对应的贸易方式，其对就业的影响同样不以贸易方向为严格区分，出口代表着对国内产品需求的增加，大部分情况下有利于就业，如若出口国内本就稀缺的产品或生产要素则不利于国内生产进而抑制就业；进口意味着减少国内产品需求，可能不利于国内就业，但进口产品若为本国稀缺产品或资源则有利于就业。

三、产业关系与就业结构

根据 H-O-S 理论，贸易国倾向于使用本国国内丰裕的生产要素，同时出口该种商品，进口本国生产要素稀缺的商品，一方面扩大了丰裕生产要素的需求和提高价格，另一方面减少稀缺生产要素的供给和降低价格，这不仅能够提升要素丰裕商品在商品和产业结构中的比重，还能通过进出口不同的要素来影响就业的结构和就业水平。一般而言，发达国家倾向于出口本国的资本密集型产品和技术密集型产品，而发展中国家倾向于出口本国的劳动密集型产品。这样的结果就是发达国家的资本密集型产业和技术密集型产业所占比重逐渐增大，发展中国家的劳动密集型产业所占比重也逐渐增大。国内的就业结构变化主要是因为发达国家会增加对高质量劳动力的需求而减少对普通劳动力的需求，发展中国家会增加对低端劳动力的需求。随着国际投资的逐渐流行，跨国公司在生产要素的分配中起了重要作用，主要是因为跨国公司在全球范围内寻找合适的要素进行配置和利用，利用了不同国家的具有优势的生产要素进行国际化分工，分工方式分为产业内国际分工和生产环节中上、下游企业间的国际分工，跨国公司的这种生产要素配置方式将资本密集型产品和技术密集型产品放在发达国家生产，将劳动密集型产品放在发展中国家生产，这种生产配置不仅对就业结构产生不利影响，也造成了贸易中产品原产地的混淆。对就业结构的影响，一是发达国家的劳动密集型产业的就业会流入发展中国家，促进了发达国家高质量劳动力的提升进而造成就业结构升级，二是由于从发达国家引进了资金、技术和生产转移，会引起发展中国家普通甚至低端劳动力的熟练化和劳动力需求增加。这种对全球劳动力的影响不仅扩大了对高质量劳动力的需求，即使不同程度地加大了高低端劳动力的收入差距，也促进了就业结构的调整和升级。

四、贸易关系与就业性质

对于中国的主要贸易国而言，劳动力投入比重相对较多的劳动密集型产品和以高技术产业为代表的技术密集型产品都与我国呈现出竞争性和互补性的关系。中国拥有丰富的劳动力资源，这种比较优势促进了劳动密集型产品的出口。而近年来随着当代科学技术的进步，我国技术密集型产品也在不断发展，不易受到贸易国进口冲击的不利影响，逐步将本国的相对劣势转变为比较优势。资源密集型产品是指使用较多自然资源完成生产的产品，资金密集型产品则是人均占有资金较多的技术密集型产品，两类产品中劳动力这一生产要素含量均不高。我国幅员辽阔，拥有丰富的自然资源，20世纪80年代在传统工业的模式下我国密集出口资源型产品，在创造巨大财富的同时也付出了沉重的代价。随着我国经济发展向新兴工业化道路的不断推进，资源出口的比较优势不再，而是转向谋求新的发展道路。因此，资源密集型产品的出口是中国利用国外资源弥补我国资源短缺的有力办法，也促进了我国与贸易国之间在其他类商品上的交易往来。改革开放以来，中国顺应全球化发展的新趋势，大力推进产业升级和产业结构的调整，资金密集型产品的相对劣势不断减弱。此类产品的资本有机构成相对较高，需要较少的劳动力生产要素和较多的不变资本，对就业的拉动作用较弱。因此，即使中国从贸易国进口资金密集型产品，这一贸易往来对就业的冲击作用不强。

五、技术发展与收入差距

经济学家们普遍认为，国与国之间的贸易不仅改变了技术部门和非技术部门的资本积累，还使得技术工人和非技术工人的工资收入水平出现变化。在发达国家，两类工人之间工资差距越来越大已经成为不争的事实。一些经济学家认为，发展中国家是造成发达国家技术工人和非技术工人工资水平差异的主要原因。"二战"后，发达国家把本国技术水平较低的位于制造业价值链末端的劳动密集型产业向发展中国家转移，再转而从此类劳动力充沛的发展中国家进口劳动密集型产品。与国内相同种类产品相比，进口产品拥有较大比较优势且价格低廉，从而造成发达国家非技术部门的生产萎缩，进一步降低了该部门对劳动力的需求，工资收入水平下降。克鲁格曼（Krugman）等经济学家认为，影响一定时期内一个国家的劳动者在社会成员或社会集团之间进行价值分配的因素很多，包括劳动力的数量、社会劳动生产率等，而其中最为主要的是技术进步，国与国之间的贸易对国民收入分配的影响是微弱的，数据表明这类产品在经合组织国家的贸易额占2%左右。利马（Leamer）则坚称发达国家工人的工资收入差距正是由贸易引起的。利马指出在发达国家和发展中国家双边贸易过程中，进口的是技术水平较低的位于制造业价值链末端的劳动密集型产品，导致对国内低技术工人的需求降低，并引起工资下降。事实上，发达国家的贸易额在该国国内生产总值中占比有限，如美国外贸总额占其 GDP 比重约20%，但全球化进程的推进使得各国国内市场价格日益由世界市场价格决定，此时影响国内价格的主要因素是进口价格，而不是进口商品的数量。世界市场价格的轻微变动都会引起国内要素市场价格的改变。

在发达国家的经济活动中，不论是对外贸易还是技术进步，都会对国民收入和分配以及劳动力工资产生影响。由于发达国家和发展中国家存在生产要素禀赋的差异，并表现出不同的比较优势，对外贸易在两类国家的国民生产中占据不同的地位，因此对国民经济也会产生不同程度的影响。H-O-S 理论指出，国际贸易使得不同国家间同质生产要素的相对和绝对收益必然相等。就劳动力这一生产要素而言，对外贸易往往有利于发展中国家的非技术工人而非发达国家的非技术工人，也有利于发达国家的技术工人而不是发展中国家的技术工人。若一国的国内供求关系稳定，发展中国家将加大出口其具备比较优势的劳动密集型产品，从而拉动国内需求，提升非技术工人的工资收入水平。根据刘易斯二元结构模型，大多数发展中国家存在严重的二元社会现象，城镇和农村两个生产部门并存，当城镇的非技术劳动力趋于饱和时，农村大量的过剩人口就会向城镇转移弥补需求缺口，此类劳动力的无限供给在一定程度上抵消或延缓了非技术工人收入的上涨趋势；此外，技术水平的进步促进了社会劳动生产率的提升，使得产品的供给价格下降，反过来又刺激了对技术产品日益增长的需要，增加了社会对技术工人的需求，即使是在发展中国家进行规模化投资的跨国公司，也对劳动力提出了更为严苛的技术要求，使得原本相对稀缺的技术工人供给更加紧缩，技术工人的工资收入水平大幅上涨。发展中国家对于资本密集型和资金密集型产品的进口在一定程度上会减少或延缓这种上升趋势，但显然，对外贸易和技术进步将结合上述两个效应，进一步扩展发展中国家技术工人和非技术工人之间的工资收入差距。相较而言，发达国家进口大量劳动密集型产品，会减少对国内生产的同类产品的需求，降低对在该部门工作的非技术工人的需求和工人的工资收入水平，但由于发达国家贸易依存度低，进出口贸易额在国内生产总值中占比有限，同时国内拥有成熟的贸易保护措施和强影响力的工会组织，因而此类进口对非技术工人的影响微弱。随着新技术的不断发展、完善和对旧技术的替代，不论是发达国家还是发展中国家，国内外市场规模都不断扩大，并促进了以高技术产业部门为代表的技术密集型产品的出口，增加了对技术部门和技术工人的需求，带动了技术工人工资收入水平的提升，也扩大了其与非技术工人的工资收入水平差距。简而言之，技术进步和对外贸易对发达国家和发展中国家的收入都有影响，但由于各国经济体量和发展水平的差异，影响效果和程度有所不同。

综上可知，关于就业效应的相关研究，主要涉及就业增长、就业水平、就业结构、就业性质和收入差距等问题，其中就业增长主要涉及就业人员数量和就业率的变化，就业结构和就业性质主要从就业的行业结构差异上进行分析，就业水平和收入差距均属于就业质量范畴。结合以上理论基础，综合前期研究，本书的就业效应主要从就业数量、就业质量和就业结构三个层面进行展开。就业数量主要包括未就业(失业)人员和就业(失业)率，就业结构除了行业结构外，还应包括性别结构和地区(区域)结构，就业质量是一个量化指标，除了包括就业水平(就业报酬)和收入差距(就业公平)外，还应包括衡量就业质量的其他重要指标(就业环境、就业能力等)。对就业影响的重要因素除了上文中的贸易关系外，在实证分析中将挖掘其他重要变量。

　　本章重点从马克思主义就业理论和西方就业理论两方面介绍了就业相关理论，并进一步梳理了贸易与就业关系的相关理论，对贸易对就业的影响机理进行了理论分析，从需求、国民收入、产业结构、贸易关系和技术进步等方面提出了贸易影响就业的内在途径，为后面的现状特征分析和实证检验奠定理论基础。

第二章 中国与"一带一路"沿线国家贸易变化分析

在前章对贸易和就业相关理论分析的基础之上,为进一步把握其变化特征,本章重点对中国与"一带一路"沿线国家贸易概况进行分析。

第一节 分地区贸易变化分析

一、整体变化分析

由附录 A 表 A1 可知,中国对"一带一路"沿线国家的进出口贸易总额从 2001 年的 849.036 亿美元增加至 2018 年的 12780.660 亿美元,年均增长率高达 18.638%。其中,与沿线国家进口总额由 455.839 亿美元增长至 5638.716 亿美元,18 年来增长了 12 倍,与沿线国家出口总额由 393.197 亿美元增长至 7141.944 亿美元,增长了 18 倍。为了把握中国与"一带一路"沿线国家各时间阶段的贸易现状,下文将从"十五"(2001—2005 年)、"十一五"(2006—2010 年)、"十二五"(2011—2015 年)和"十三五"(2016—2020 年)四个阶段进行分析。

"十五"期间我国与沿线国家的贸易发展较快,这五年来,我国与沿线国家的进口增长率和出口增长率都呈现明显上升趋势。2001 年,中国与"一带一路"沿线各国的进口总额为 455.839 亿美元,出口总额为 393.197 亿美元,进出口总额达到 849.036 亿美元。2004 年中国与"一带一路"沿线国家的进出口总额超过 2000 亿美元,截至 2005 年,中国与沿线国家的进口总额为 1410.925 亿美元,出口总额为 1346.005 亿美元,进出口总额达到 2756.930 亿美元。

"十一五"期间，前三年我国与沿线国家的进口总额、出口总额稳步增加。在 2008 年美国次贷危机引发的全球金融危机之后，中国与沿线国家之间的双边贸易从高速发展转向急剧下降。金融危机导致全球需求萎缩，中国与"一带一路"沿线国家之间的进口、出口都急剧下滑，进出口贸易总额在 2009 年下降至 5029.680 亿美元，较 2008 年减少 967.808 亿美元，进出口总额占我国对外贸易的 22.784%。

"十二五"期间，2011 年世界经济回暖，2011 年至 2015 年连续几年中国与沿线各国的进口总额、出口总额都呈现上升趋势，贸易状况稳步回升，虽然进口、出口增长率下降，但也在一定程度上反映了我国对外贸易发展进入了一个新的增长阶段。2013 年我国与"一带一路"沿线国家的对外贸易取得重大突破，进出口贸易总额超过 10000 亿美元，达到 10445.870 亿美元，超过中国外贸进出口总额的 1/4。

"十三五"期间，由于全球国际贸易形势的恶化和资源价格的下降、经济增长缓慢、主要国家需求低迷以及国际市场大宗商品价格下跌，中国的全球贸易，进出口均下降。中国与沿线国家之间的贸易额受整体贸易环境影响呈小幅下降趋势，进出口增长率都为负值。但 2016 年以后，中国与"一带一路"沿线国家的贸易总额又恢复上升趋势，2017 年，中国与"一带一路"沿线国家的进口额增速首次超过出口，其中出口额同比增长 8.5%，进口额同比增长 19.8%。截至 2018 年，我国与沿线国家进口总额达到 5638.716 亿美元，出口总额达到 7141.944 亿美元，2018 年中国与"一带一路"沿线国家的贸易总额是 2001 年贸易总额的 15.05 倍。这一变化表明，在贸易增速放缓的情况下，中国提出的"一带一路"倡议在应对当前的经贸形势方面发挥了重要作用，中国与"一带一路"沿线国家的贸易规模不断扩大。

二、中国分地区贸易变化分析

(一)东部地区贸易变化情况

我国东部地区包括北京、天津、河北、辽宁、上海、江苏、浙江、福建、山东、广东、海南等 11 个省市。在我国，东部地区是最早实行对外开放政策的区域，在转变经济增长方式提升产业结构优化升级走新型工业化道路等方面都走在全国前列，其地理位置的优势，资本以和生产要素的比较优势以及政策优惠优势等促进了东部地区经济的快速增长。

附录 A 表 A2 显示，"十五"期间，东部进口总额由 2002 年的 492.047 亿美元增长到 2005 年的 1266.616 亿美元，但是同比增长率呈现下降趋势。东部出口总额由 427.554 亿美元增长到 1117.516 亿美元，同比增长率呈下降趋势，但是幅度较进口同比增长率小。整个"十五"期间东部进口占"一带一路"沿线国家的进口约 88%，出口占比 83%左右，进出口占比约在 86%，总体来说相差不大，相对平缓。

"十一五"期间，东部进口总额由 2006 年的 1513.908 亿美元增长到 2010 年的 2811.235 亿美元，但是同比增长率呈现先增加后下降到负值以下。东部出口总额由 1557.069 亿美元增长到 3137.564 亿美元，同比增长率在 2009 年下降到负值，在随后的一年大幅度增长。在"十一五"期间东部与"一带一路"沿线国家贸易中进口占比，出口占比及进出口占比与"十五"期间相差不大。

"十二五"期间东部进口总额由 2011 年的 3745.408 亿美元增长到 2015 年的 3136.783 亿美元，但是同比增长率呈现急速下降趋势，后期跌至负值。东部出口总额由 3851.200 亿美元增长到 5152.818 亿美元，同比增长率总体呈下降趋势，但是幅度较进口同比增长率小。"十二五"期间东部与"一带一路"沿线国家贸易中进口占比、出口占比及进出口占比与"十五"及"十一五"期间类似。

"十三五"期间，东部进口总额由 2016 年的 2941.235 亿美元到 2019 年已增长到 4764.965 亿美元，总体呈上升趋势，但是同比增长率先增后减。东部出口总额由 5030.023 亿美元增长到 5843.627 亿美元，增长幅度不大。"十三五"期间东部与"一带一路"沿线国家贸易中进口占比、出口占比及进出口占比较之前年份有小幅度的下降趋势。

（二）中部地区贸易变化情况

我国中部地区包括山西、河南、湖北、安徽、江西、湖南等6省，在我国属于经济欠发达的中间层次，国民经济发展各项指标均不同程度地低于全国平均水平。在国家实施"一带一路"倡议的背景下，"中部地区崛起"问题自然而然地进入了人们的视野，成为大家尤其是中部各省关注的问题。对外贸易作为带动经济发展的"三驾马车"之一，中部省份应牢牢把握且发挥既有优势，解决目前存在的制约发展的若干问题，积极参与"一带一路"，形成对"一带一路"的内部支撑。附录A表A3显示了各时间段中部地区与"一带一路"沿线国家的贸易情况。

"十五"期间，中部进口总额由2002年的27.463亿美元增长到2005年的68.757亿美元，但是同比增长率呈现下降趋势。中部出口总额由40.870亿美元增长到107.509亿美元，同比增长率呈先增后降的趋势。整个"十五"期间中部进口占"一带一路"沿线国家的进口比约4.8%，出口占比8%左右，进出口占比在6%左右，总体来说相差不大。

"十一五"期间，中部进口总额由2006年的96.277亿美元增长到2010年的173.180亿美元，但是同比增长率先增加后下降到负值以下，又迅速增长。中部出口总额由140.963亿美元增长到277.756亿美元，同比增长率在2009年下降到负值，在随后的一年大幅度增长。在"十一五"期间中部与"一带一路"沿线国家贸易中进口占比、出口占比及进出口占比与"十五"期间相差不大，有小幅度增长。

"十二五"期间，中部进口总额由2011年的270.68亿美元减少至2015年的237.666亿美元，同比增长率呈现急速下降再上升的趋势。中部出口总额由35.597亿美元增长到545.738亿美元，同比增长率总体呈下降趋势。"十二五"期间中部与"一带一路"沿线国家贸易中进口占比、出口占比及进出口占比与"十五"及"十一五"期间类似。

"十三五"期间，中部进口总额由2016年的210.803亿美元增长到2019年的430.249美元，总体呈上升趋势，同比增长率持续上升。中部出口总额由 4.942 亿美元增长到 7.416 亿美元，增长幅度与之前相差不大。"十三五"期间东部与"一带一路"沿线国家贸易中进口占比、出口占比及进出口占比较之前年份有小幅度的增长趋势。

（三）西部地区贸易变化情况

中国东部是与"一带一路"沿线国家进行进出口贸易的主要区域，2002 年"十五"时期开始以来中国东部与"一带一路"沿线国家的进出口贸易额所占全国比重基本维持在 80% 左右的高比重。相比之下中国西部与"一带一路"沿线国家进出口比重占比较低，基本处于 10% 以下的低水平，但随着近年西部开发战略的实施推进，与贸易便利化程度的提高，中国西部与"一带一路"沿线国家间贸易规模不断扩大，进出口贸易额得到大幅度提升。附录 A 表 A4 显示了各时间段西部地区与"一带一路"沿线国家的贸易情况。

"十三五"时期中国西部贸易增长率得到显著提高。从四个五年时期的西部进出口贸易额变化趋势来看，受西部开发与对外贸易发展条件限制，"十五"期间，西部进出口贸易额虽逐年小幅度增长，但增长率逐年下降，西部进出口贸易总额为从 2002 年的 67.311 亿美元（其中进口 34.133 亿美元，出口 33.178 亿美元），增长为 2005 年的 185.730 亿美元（其中进口 76.312 亿美元，出口 109.418 亿美元）；"十一五"期间，受 2008 年金融危机影响，对外贸易发展遭遇困难，西部进出口额开始大幅度下降，到 2009 年下降至 395.589 亿美元（其中进口 143.087 亿美元，出口 252.502 亿美元），同比下降率高达 23.652 个百分点；"十二五"期间，受经济缓慢复苏影响，西部进出口贸易额存在小幅度上升，到 2015 年进出口贸易额达到 966.682 亿美元（其中进口 441.711 亿美元，出口 524.971 亿美元）；"十三五"时期，受经济下行压力影响，西部进出口贸易额存在小幅度增长情况，到 2019 年进出口贸易额达到 1543.021 亿美元（其中进口 611.917 亿美元，出口 931.105 亿美元），如图 2-1 所示。

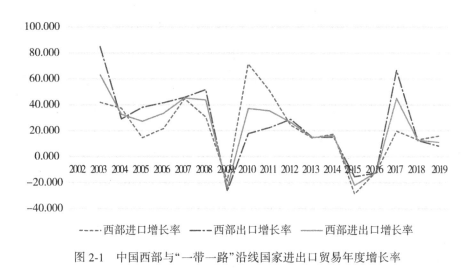

图 2-1　中国西部与"一带一路"沿线国家进出口贸易年度增长率

三、"一带一路"沿线国家分区域贸易变化分析

(一)区域贸易占比整体现状

1. 东盟是中国与"一带一路"沿线国家贸易额最大区域

由附录 A 表 A5 可知,从各区域占比整体情况来看,中国与东盟间进出口贸易占与"一带一路"沿线国家各区域贸易比重最大,东盟作为中国与"一带一路"沿线国家贸易最大的进出口市场,且拥有较多经济体量大、政治稳定的成员国,在 2001—2018 年进出口比重达到了 44.163% 的高水平,其中对东盟 2001—2018 年的进口、出口贸易占"一带一路"沿线国家各区域比重分别达到了 47.739% 和 41.316%,接近于"一带一路"沿线国家各区域贸易规模的一半;其次是中国与西亚进出口贸易比重,2001—2018 年达到了 25.179% 的较高水准,其中对 2001—2018 年的进口、出口贸易占"一带一路"沿线国家各区域比重分别达到了 28.673% 和 22.396%,接近于"一带一路"沿线国家各区域贸易规模的 1/4。

2. 南亚、独联体和中东欧是中国与"一带一路"沿线国家贸易额较小区域中国与"一带一路"沿线国家进出口贸易占比位于较低水平的区域为南亚、独联体和中东欧，在 2001—2018 年进出口比重依次为 10.525%、9.798% 和 5.895%，其中对南亚 2001—2018 年的进口、出口贸易占"一带一路"沿线国家各区域比重分别达到了 5.335% 和 14.658%，由于南亚国家普遍经济较薄弱、国内需求量大，与南亚间贸易失衡严重，出口贸易比重比进口高了将近 9%；对独联体 2001—2018 年的进口、出口贸易占"一带一路"沿线国家各区域比重分别达到了 10.351% 和 9.359%，进口与出口贸易较为平衡；对中东欧 2001—2018 年的进口、出口贸易占"一带一路"沿线国家各区域比重分别达到了 3.134% 和 8.094%，由于中东欧以进口贸易国家居多且资源禀赋不足，出口贸易比重比进口高了将近 5%。

3. 中亚、东亚是中国与"一带一路"沿线国家贸易额最小区域

中国与"一带一路"沿线国家进出口贸易占比最低的区域为中亚和东亚，均达到 5% 以下水平，在 2001—2018 年进出口比重依次为 3.884% 和 0.556%，其中对中亚 2001—2018 年的进口、出口贸易占"一带一路"沿线国家各区域比重分别达到了 3.914% 和 3.860%，中国与中亚五国间的贸易往来维持在平衡的状态但规模较小；对东亚 2001—2018 年的进口、出口贸易占"一带一路"沿线国家各区域比重分别达到了 0.855% 和 0.319%，但值得注意的是，东亚的成员国仅为蒙古国一个经济体，在"一带一路"沿线国家各区域中的所占贸易份额也很重要。

（二）区域贸易变动幅度现状

1. 东盟在四个五年计划时期贸易占比变动幅度最大

从五年期间各区域贸易占比变动幅度情况来看，"十五""十一五""十二五"和"十三五"这四个五年计划期间，中国与"一带一路"沿线国家各区域进出口贸易变化幅度均呈现曲折趋势，主要受全球性金融危机与经济全球化影响较大。在四个五年计划期间贸易占比变动幅度最大的为东盟，其次是西亚。中国与东盟在"十五"计划时期，进出口比重达到 49.212%；之

后随着中国对外贸易发展水平不断提高，贸易市场多元化进程不断加快，东盟市场对中国的影响力略微减弱，及至"十二五"规划时期，进出口比重下降至41.889%；又受2009年全球金融危机后的经济复苏影响，"十二五"规划时期东盟进出口贸易比重小幅度上升至42.757%；"十二五"时期东盟的"区域全面经济伙伴关系（RECP）"倡议不断推进发展，东盟的贸易自由化水平不断提高，进出口比重大幅度增长至46.821%。

2. 西亚在四个五年计划时期贸易占比变动幅度较小

中国与西亚在"十五"计划时期，进出口比重达到21.785%；之后随着中国与西亚贸易往来关系不断密切发展，西亚市场对中国的影响力稳步增加，"十一五"规划时期增长至25.308%；及至"十二五"规划时期，进出口比重增加至27.234%；但"十三五"规划时期，受西亚局势动荡战争频发的影响，西亚进出口贸易比重大幅度下降至22.818%。

南亚、独联体、中东欧、中亚和东亚在四个五年计划时期贸易占比变动幅度最小，南亚、独联体、中东欧、中亚和东亚，四个五年计划期间的贸易占比变化幅度均保持在1%左右，中国与这五个"一带一路"沿线国家区域的贸易发展较为稳定。

第二节 分行业贸易变化分析

中国于2013年9月提出了"丝绸之路经济带"和"21世纪海上丝绸之路"合作倡议，即"一带一路"倡议。该倡议旨在借用古代丝绸之路的历史符号，积极发展与沿线国家的经济合作关系，加强双边和多边贸易，扩大贸易往来，创新贸易手段，深化贸易投资与合作，促进贸易互通，减少交易成本，提升贸易便利化。"一带一路"倡议国家是中国发展对外贸易的部分国家，"一带一路"倡议已经成为中国与相关国家经济领域合作共赢的重要平台。附录A表A6至表A27显示了中国与"一带一路"沿线国家各行业贸易情况。

一、大类行业

按照贸易行业，中国与"一带一路"沿线国家贸易主要分为采矿业、制造业以及电力、热力、燃气及水生产供应业三大类，其中，制造业在中国与"一带一路"国家贸易中处于主导地位，占比为57.8%，而电力、热力、燃气及水生产供应业贸易额最少，占比0.07%，采矿业居中，占比为42%，这表明中国与"一带一路"沿线国家贸易主要体现在制造业领域。制造业直接体现了一个国家的生产力水平，是国家间尤其是发展中国家与发达国家间贸易的重要货源。

方向上，中国与"一带一路"沿线国家进口总额和出口总额主要体现在制造业领域。进口领域制造业占比53%，出口领域制造业占比99.6%，这体现了中国作为世界性制造业大国，制造业出口占据了出口总额的绝大多数，这也是中国作为人口大国最有利的出口资源——由充足的劳动力资源而衍生的发达制造业产业；而中国对"一带一路"沿线国家的进口也有一半体现在制造业领域，这表明"一带一路"沿线国家对中国的出口主要也在制造业领域，"一带一路"倡议国家中发展中国家占据绝大多数，加上资源贫瘠，它们最具竞争力的产业仍旧是制造业；而中国作为大国，对制造业产品的需求也较高。

时间上，2007—2018年中国与"一带一路"沿线国家的进出口贸易额分产业呈现大致的上升趋势，与进出口贸易总额趋势一致，在2009年、2015年和2016年三大产业的贸易值分别有所下降，产品优势无明显变化，制造业一直处于重要贸易地位，而且发挥的作用越来越明显。

二、细分行业

中国与"一带一路"沿线国家36种商品交易中，石油和天然气行业交易额占比最高，为31%，烟草加工业交易额占比最低，大约为0.02%，表明中国与"一带一路"沿线国家贸易主要集中在石油、天然气等传统能源和新能源进出口，这都是目前中国国内进口量比较大的稀缺能源；相反，对烟草等特殊国有行业进出口依赖度比较低。

方向上，中国与"一带一路"沿线国家进口贸易石油和天然气开采行业贸易额最多，占比35%，次之为电气机械及器材制造业，占比约为16%。中国对"一带一路"沿线国家的进口主要体现在能源机械等传统能源与工业领域；出口贸易纺织业贸易额最多，占比20%。调查显示，我国的棉纺、丝绸能力居世界第一位，毛纺生产力居世界第二，化纤生产能力居世界第三，这也显示了我国不仅是重要的纺织工业国，也是纺织品出口大国；饮料制造业、烟草加工业在进口额中处于劣势；有色金属和黑色金属采矿业在出口额中处于劣势。中国与"一带一路"沿线国家进出口贸易大部分行业表现为贸易逆差，仅家具制造业、金属制品业和纺织业呈现出贸易顺差。贸易顺差的出现仍旧体现了中国类似纺织业一样独特的产业优势，劳动力优势驱使的制造业优势甚至资源优势。

时间上，2007—2018年中国与"一带一路"沿线国家的进出口贸易额细分产业总体上分产业呈现上升态势，但部分产业进出口贸易额逐年减少，比如黑色金属矿采选业、木材及竹材采运业、文教体育用品制造业、石油加工及炼焦业、橡胶制品业以及电子及通信设备制造业。相反，一些比较传统且重要的工业领域例如石油和天然气开采业、电气机械及器材制造业以及化学原料及化学制品制造业在进出口贸易中发挥的作用越来越重要。

本章主要从总体、分地区(中国：东部、中部、西部；"一带一路"沿线国家：东亚、东南亚、西亚、南亚、中亚、独联体、中东欧)和分行业(大类行业、细分行业)三个层面对中国与"一带一路"沿线国家的贸易情况进行了概括，对其变化特征进行了总结，为后面实证分析部分的变量选择和结果分析做好铺垫。

第三章 中国与"一带一路"沿线国家就业变化分析

前章对中国与"一带一路"沿线国家的贸易情况进行了概括，本章重点对本书的核心关键词"就业"进行详细分析，主要分析中国与"一带一路"沿线国家就业动态变化情况。

第一节 中国就业变化分析

一、中国就业数量变化分析

(一)整体变化

随着我国人口基数变大，就业人员人数近年来保持小幅度的稳定增长，但增长缓慢，各产业增长速度差异较大。分阶段来看，与经济增长率变化趋势相反，就业增长率出现了不断下降的趋势。其中，一部分劳动力从第一产业转移到第二和第三产业，然而由于城乡间的政策性和体制性壁垒依然存在，限制了农村劳动力向城镇和非农产业转移。因此，大量人口滞留在农村和第一产业，形成了庞大的剩余劳动力。由附录 B 表 B1 可知，2000 年以来，我国就业人口增长速度在低水平上呈现不断下降的趋势。中国的总就业人数从 2000 年的 720.85 百万人增长到 2018 年的 775.86 百万人，年均增长量约为 3 百万人；2000 年我国就业人员占人口比重为56.90%，从 2000 年到 2004 年，就业人员占比增加到 57.13%，从 2005 年到 2018 年就业人员占比数量回落至 55.60%。

随着我国经济发展，城镇化建设逐步加快，从农村向城镇转移的人口数量不断增加，就业人员的分布情况也表现为从农村逐渐向城镇转移。2000 年我国城镇就业人员为 231.51 百万人，约占全国就业人口的 32%，乡村就业人员数量为 489.34 百万，约占总就业人口的 68%；农村就业人员数量不断减少，而城镇就业人员数不断增加，在 2014 年城镇就业人员数量实现反超，比乡村就业人员数量多 13.67 百万，占比超过 50%。截至 2018年，我国城镇就业人数达到 434.19 百万人，占比达到 56%，而乡村就业人口数量为 341.67 百万，比城镇就业人员占比少 12%。

(二)"一带一路"倡议实施前后变化

"一带一路"倡议提出以来，从就业数量上看，2013 年全国就业人员为769.77 百万人，这一数据是"一带一路"倡议提出前就业人员数演变趋势的延续，同时也符合该倡议提出后就业人员的低速增长走向；与就业人员数相反，就业率不增反降，这可能由就业人员数增长率不及人口增长率所致，但 2013 年前后就业率无明显差异。

分城乡、分产业就业人员数在"一带一路"倡议前后呈现出差异性特点。从城乡就业人员数上看，2013 年我国城镇就业人员为 382.4 百万人，乡村就业人员为 387.38 百万人，是城乡就业人员数差额最小的一年，在城镇就业人员数持续上升乡村就业人员数持续下降的背景下，"一带一路"倡议提出之年也正是城镇就业人数首次超过乡村就业人数的标志之年，此后城乡就业人数差持续增加，至 2018 年城镇就业人员数已超乡村就业人员数92.58 百万人，占当年乡村就业人员数的 27.08%，这也说明就业人员总数的增加主要得益于城镇就业人员的增加。从三次产业就业特点而言，二、三产业的就业人数和就业人员比重均在"一带一路"倡议提出后的 2014 年趋同，在 2018 年就业人数均维持在 210.00 百万人左右、就业人员比重均维持在 2.00% 左右；第三产业与第一产业的均衡点出现在稍早的 2013 年，至 2018 年该产业就业人员占比已超 46.00%，占据了我国就业市场中最重要的地位。

二、中国就业质量变化分析

(一)整体变化

经济发展不仅带来了就业数量的增加,更使得就业质量显著提升,突出表现为就业人员平均工资的持续稳步增长。无论是国有单位、城镇集体单位还是城镇单位,2000—2018 年就业人员平均工资均呈上涨趋势,年均增长率分别为 12.46%、12.72% 和 12.15%,涨幅总体而言较为平均,不因就业单位性质的差异而显著不同。但工资具体数额在不同性质企业间却差距悬殊,2000 年,国有单位就业人员平均工资为 9559.35 元,这一数额与城镇单位就业人员的 9333 元相当,但却超过城镇集体单位就业人员平均工资约 3318.4 元,超过部分占据了城镇集体单位就业人员当年工资的 53.17%;不同性质企业间的工资差距并未随着经济的发展而逐步缩小,至 2018 年,国有单位就业人员平均工资仍然以 89075.26 元位居首位,城镇集体单位就业人员工资虽涨幅明显,但具体数值仍然偏低,较国有单位人均工资相差 28411.26 元,工资差距进一步拉大。平均工资差距固然存在,但不同性质企业的用工标准、职责要求也存在差异,因个人工作能力、贡献价值而有所不同的工资差异是科学合理的,不应盲目追求不同性质企业间工资的均等。

不同地区就业人员平均工资同样存在差异。东部地区经济发展水平高,不管是劳动力素质还是消费水平都会在整体上高于中西部,就业人员平均工资也会相应地居于较高水平。2018 年,东部地区城镇单位就业人员平均工资为 91721.73 元,是拔高全国平均工资的主力军;同等条件下中部和西部就业人员平均工资分别为 68169.13 元和 79572.64 元,均低于全国城镇单位就业人员平均水平,提升中西部就业人员平均工资是全国就业质量进一步提升的重要路径。由于东部地区就业人员平均工资基数较高,从工资增长率角度考察则并不占优势,在所有不同性质企业中,东部地区工资年均增长率最低，而西部地区因其绝对工资偏低，工资增长率在东中西部中则居于最高水平。总体来看，我国就业人员平均工资逐年上涨态势良好，工资年均增长率约在 12.00% 相对持平，是一种健康合理的就业质量提升状况。

(二)"一带一路"倡议实施前后变化

工资的上涨更多以经济整体运营良好为基础，"一带一路"倡议的提出是促进我国经济发展的众多因素之一。可以观察到的是，西部城镇单位就业人员平均工资在 2014—2015 年有较为明显的上涨，借此西部与全国平均收入差距从 2014 年的 3834.9 元缩小到了 2015 年的 1092.90 元，从时间点上看这与"一带一路"倡议在我国西部省区的深入推进可能存在一定关系。

三、中国就业结构变化分析

附录 B 表 B3 至表 B26 显示了中国就业结构动态变化，主要包括性别结构、区域结构和行业结构。

(一)中国性别结构就业变化

从受教育文化程度划分城镇登记失业人口，呈现出明显的倒 U 型特征，即文化程度低和文化程度高两个极端的失业人口比例较小，而初中和高中的失业人数比率较高，其中以初中学历失业人口比例最高。按照失业人口中各个学历层次所占比例的变化趋势来看，从未上过学、大学本科及研究生失业人员占失业人员总数的比例较低，且数值较为稳定。初中文化程度失业人员占失业人员总数的比例最高，但比例总体呈现逐步下降趋势。高中文化程度失业人员占失业人员总数的比例在 2014 年以前较为稳定，在 2015 年起出现大幅下跌后维持在中高水平。

在 2001 年城镇登记失业人口，从未上过学和小学文化程度比例合计为 7.5%，大学专科及以上学历占 6.6%，但是中学学历（初中和高中）合计比例高达 86.4%。2002 年，初中文化程度失业人员占失业人员总数的比例为

50.3%，为 2001—2018 年来的最大值。2003—2004 年，高中及以下文化程度的失业人员比例均出现了小幅度的下降，而大学专科及以上学历的失业人员比例则呈现上升趋势。2005—2008 年，从未上过学和小学文化程度失业人员的合计比例连续四年下降，中学学历失业人员的合计比例从 80.5%下降至 76.4%，而大学专科及以上学历的失业人员比例由 9.88%升至16.58%，这其中研究生文化程度失业人员比例由最初的低于 0.1%上升到0.21%。2009—2013 年，从未上过学和小学文化程度失业人员的合计比例在 7.3%左右上下小幅波动，波动幅度不超过 1%。初中文化程度失业人员的比例在 2011 年时首次下降至 40%以下，而高中文化程度失业人员的比例也维持在 31.5%左右。大学专科及以上学历的失业人员比例则基本呈现上升趋势，其中大学本科文化程度失业人员比例由 5.71%升至 8.2%。2014—2018 年，从未上过学和小学文化程度出现了一定程度的回升，从最低点的 0.4%上升至 0.64%。小学文化程度失业人员的比例在 2015 年升至历史中高水平的 7.22%后又下降至 6.93%。中学学历失业人员的合计比例由 69%下降至 53.7%。大学专科失业人员比例稳定在 15.2%左右。大学本科和研究生文化程度失业人员比例逐步上升，大学本科文化程度失业人员比例从 7.8%升至 11.27%，而研究生文化程度失业人员比例由 0.4%升至 0.96%。

导致中学学历失业人员的失业率降低的主要原因是九年制义务教育在全国范围内普及，高中的入学率提升，初高中毕业以后直接参加工作的劳动力人口数量逐步减少，升学率增加。而大学专科及以上学历的失业人员比例上升的主要原因是全国专科院校及高等院校的招生规模逐年扩大，随之而来的每年的应届毕业生数量也在增多，在行业市场对人才需求量日趋饱和的情况下，高校毕业生的就业形势越来越严峻。

1. 城镇男性失业人员构成

（1）整体动态变化。

从受教育文化程度划分城镇男性，总体呈现倒 U 型特征，即小学学历以下及大学专科学历以上的失业人员比例较低，而初中文化程度的失业人员比例最高。城镇男性失业人员中，从未上过学的失业人员和小学文化程度占比波动幅度较小，维持在较低的水平。初中和高中文化程度失业人员比例在逐年下降，而大学专科、大学本科及研究生文化程度的失业人员占比则逐年攀升。

2001—2004 年，登记的男性失业人员中初中及以下文化程度失业人员的比例均呈下降趋势，而高中文化程度失业人员的比例基本维持在 34%。大学专科及大学本科文化程度的失业人员占比则小幅上升。2005—2009 年，城镇登记男性失业人员中从未上过学失业人员比例在小幅上升，而小学和初中文化程度的占比则相应下降。高中文化程度的失业人员在 2007 年时上升到 36.16% 后又逐渐回落到与 2005 年持平的水平。大学专科及以上学历失业人员的比例均出现上升。2010—2014 年，登记的男性失业人员中，小学及以下和高中文化程度失业人员的比例没有出现较大的波动，而初中文化程度失业人员的比例则由 39.66% 下降至 34.8%。大学专科文化程度失业人员比例由 13.89% 升至 16.1%，大学本科文化程度失业人员比例由 6.47% 升至 9%，研究生文化程度的失业人员比例稳定在 0.35% 左右。2015—2018 年，登记的男性失业人员中从未上过学及小学文化程度的失业人员比例小幅下降，初中文化程度的失业人员比例从 35.74% 下降至 33.34%，高中及大学专科文化程度的失业人员比例则相对较为稳定。大学本科文化程度的失业人员比例由 9.5% 上升至 12.68%，研究生文化程度的失业人员比例由 0.47% 上升至 0.89%。

（2）"一带一路"倡议实施前后动态变化。

除男性高中文化程度失业人员占比在"一带一路"倡议提出后有明显下降外，其余文化程度群体失业占比并未受到明显影响。初中文化程度失业人员占比在 2013 年前后均保持为所有文化程度中的最高水平，研究生因其自身综合素质高在劳动市场中占据优势地位而不受外在政策因素（"一带一路"倡议）的影响，在所有文化程度中失业占比最低；在义务教育的普及下，适龄劳动力中未上过学的人口基数甚少，失业人员占比也保持在相当低的水平，这同样不受该倡议的干扰；大学专科、大学本科以及小学文化程度失业人员占比在研究区间内相对平稳，未表现出突出性变化。男性高中文化程度失业人员占比在 2014—1015 年出现了大幅下降，2014 年前该占比稳定在 33.00%左右，而在 2015—2018 年该值在 20.00%上下波动，2018 年达到了最低值为 19.47%，这一断层正出现在"一带一路"倡议提出后的第二年，这在一定程度上说明了该倡议对男性高中文化程度人员就业的积极影响，这或与对沿线国家的初级制造品贸易的增加不无关系，具备高中学历的男性能在"一带一路"倡议提出后获得更多的就业可能。

2. 城镇女性失业人员构成

（1）整体动态变化。

从受教育文化程度划分城镇女性，总体呈现倒 U 型特征，即小学学历以下及大学专科学历以上的失业人员比例较低，而初中文化程度的失业人员比例最高。城镇女性失业人员中，从未上过学的失业人员和小学文化程度的比例较低且比例波动较小。初中和高中文化程度失业人员比例呈现下降趋势，而大学专科、大学本科及研究生文化程度的失业人员占比则逐年上升。

2001—2005 年，登记的女性失业人员中小学及以下文化程度失业人员的比例均出现上升，其中小学文化程度失业人员比例由 5.9%升至 9.36%。初中文化程度失业人员的比例基本维持在 49%~50%。高中文化程度失业人员比例则由 38.2%大幅下降至 30.92%，大学专科及大学本科文化程度的失业人员占比则呈小幅上升趋势。2006—2009 年，城镇登记女性失业人员中从未上过学失业人员比例在小幅下降，而小学文化程度的占比则出现波动上升。初中文化程度的失业人员由 46.55%下降至 41.65%。高中文化程度失业人员比例从 32.44%降至 29.62%。大学专科及以上学历失业人员的比例均出现上升。2011—2015 年，登记的女性失业人员中从未上过学失业人员比例波动上升，小学文化程度失业人员的比例没有出现较大的波动，而初中文化程度失业人员的比例则由 41.48%下降至 36.02%。高中文化程度失业人员比例由 30.99%大幅下降至 17.55%。大学专科及以上文化程度失业人员比例呈逐步上升趋势。2016—2018 年，登记的女性失业人员中从未上过学的失业人员比例稳定在 0.87% 左右，小学文化程度的失业人员比例小幅上升，初中文化程度的失业人员比例从 37.75% 下降至 35.95%，高中文化程度失业人员比例由 17.55% 上升至 18.51%。大学专科文化程度的失业人员比例则相对较为稳定。大学本科文化程度的在 2017 年升至 11.21% 的最高值后又有所回落，研究生文化程度的失业人员比例由 0.66% 上升至 1.02%。

（2）"一带一路"倡议实施前后动态变化。

"一带一路"倡议提出前后，女性各文化程度失业人员占比变化与男性相似，均突出表现为有利于高中文化程度失业人员占比的降低，但在变化程度上存在细微差别。2014 年，女性高中文化程度失业人员占比为 27.80%，2015 年该值下降 10.25 个百分点后达到了 17.55%，且此后三年均保持在较低水平，最高不超过 2018 年的 18.51%，可初步判断"一带一路"倡议的提出对我国具备高中文化程度的女性就业有正向促进作用，其原因可能在于技术要求较低的初级产品贸易需求增加刺激了该文化程度女性的就业。尽管如此，10.25 个百分点的降幅仍不及男性 13.84 个百分点的降幅，随着"一带一路"倡议的推进，高中文化程度人员就业有所改善，但女性在其中仍处于相对于男性的劣势地位，高中文化程度男性就业从中获利更多。

（二）中国行业结构就业变化分析

1. 整体变化

从我国就业人员构成来看，各产业人员分布及增长速度差异较大。随着经济的发展，劳动力逐渐从第一产业向第二产业和第三产业转移。其中，第一产业就业人口从 2000 年的 360.43 百万人减少到 2018 年的 202.58 百万人，平均每年减少约 8.77 百万人，在三大产业中的占比由 50% 下降到 26.10%；第二产业由 2000 的 162.19 百万人增长至 2018 年的 213.90 百万人，占比增长了 5.10%，比第一产业占比高出 1.50%；第三产业就业人口增长最快，从 2000 年的 198.23 百万人到 2018 年的 359.38 百万人，共增加 161.15 百万人，平均每年增加约 9 百万人，占比也从 27.50% 增长至 46.30%，表明第三产业是吸纳新增就业人口的主要部门，并且成为我国人口就业的主要产业。

综合三产业的总体情况来看，第一产业随着农业劳动生产率的提高及农村劳动力的转移不断向第二、第三产业转移，就业人口出现了下降的趋势。第一产业已就业人数从 2002 年开始就不断下降，2003 年开始，第二、第三产业的占比之和就超过了第一产业的占比，第二产业就业人口从 2012 年开始到 2018 年，下降了 16.8 百万人，占比减少了 2.7%；第三产业自 2000 年以来一直呈稳步增长趋势。这种变化趋势说明我国第二产业和第三产业正逐步成为吸纳劳动力的主导产业。由此表明，在经济快速增长的同时，对就业的拉动作用在不断减小，尤其是随着工业化水平的提高，第二产业出现了明显的资本排斥劳动力的趋势，第三产业成为吸纳劳动力的主要部门。

2. "一带一路"倡议实施前后变化

产业就业结构总体表现为第一产业就业人员（占比）的下降与第三产业就业人员（占比）的提升，产业就业结构持续优化，产业结构变化的重要结点主要在"一带一路"倡议提出的 2013 年前后出现。从产业就业人员绝对数角度而言，2012 年第三产业就业人员数（276.9 百万）首次超过第一产业就业人员数（257.73 百万）；2014 年第二产业就业人员数（230.99 百万）首次超过第一产业就业人员数（227.9 百万）。从产业就业人员相对数角度而言，第一产业就业人员比重分别在 2012 年、2015 年被第三产业就业人员比重与第二产业就业人员比重超过，第一产业就业人员比重持续下降，第二、第三产业就业人员比重稳步上升，产业就业结构进一步优化。上述节点形成虽未受到"一带一路"倡议的直接影响，但不可否认的是，该倡议在产业就业结构优化转折点形成的过程中起到了一定"承上启下"的作用，顺利保持了产业就业结构优化的趋势、推进了产业就业结构的进一步优化。

(三)中国地区结构就业变化分析

1. 整体变化

整体来看,我国东中西部地区就业人员的文化水平在 2001—2018 年这 18 年都有所提高。受经济、社会等外在条件的影响,部分年份就业人员的文化水平有所下降,但整体上呈现波动增长的趋势。

据统计,我国就业人员中未上过学和小学文化程度就业人员在所有就业人员中的占比有明显的下降,初中文化程度和高中文化程度就业人员在所有就业人员中的占比变动不大,而大学专科文化程度、大学本科文化程度和研究生文化程度就业人员在所有就业人员中的占比有所提升。这说明我国就业人员中,低学历就业人员在逐渐减少,高学历就业人员在逐渐增加,这也从侧面反映了我国教育水平的提高及我国公民对于教育的重视度在逐步提高。

受地理位置、经济、教育、资源等的限制,我国西部地区就业人员中低学历人员的平均占比较高,虽然近些年随着西部地区经济的不断发展和教育资源的改善,低学历人员占比的下降幅度较大,就业人员的整体学历有所提高,但依然有改善的空间。西部就业人员中未上过学的就业人员平均占比从 2001 年的 16.92%降低到了 2018 年的 5.5%,而我国东部和中部地区未上过学的就业人员平均占比在 2001 年就已经低于这个水平,分别为 5.00%和 5.38%,经过 18 年的发展,到 2018 年,东部和中部地区的就业人员中未上过学的就业人员平均占比分别为 1.19%和 2.12%。在各个文化阶层中,小学文化程度就业人员占比的变化幅度最大。2001 年,西部地区就业人员中小学文化程度的就业人员占比最多,达到了 36.06%,到 2018 年,已经降低到了 23.33%,降低了 12.73%,而东、中部地区小学文化程度就业人员的占比也分别从 24.08%、28.85%降低到了 11.01%和 15.60%,分别降低了 13.07%和 13.25%。

从全国来看,我国就业人员中初、高中文化程度就业人员的平均占比变化不大。对于较为发达的东部来说,初、高中文化程度就业人员的占比都有一定程度的下降,初中文化程度就业人员占比从 2001 年的 44.07%降低到了 2018 年的 39.47%,高中文化程度就业人员占比从 2001 年的18.05%降低到了 2018 年的 12.54%;对于发展较为稳定的中部地区来说,初、高中文化程度就业人员的占比和全国初、高中文化程度就业人员占比的变化幅度相似,变化都不大;而对于发展相对落后,对人才需求较高的西部地区来说,初中文化程度就业人员的占比从 2001 年的 31.53%提高到2018 年的 39.01%,高中文化程度就业人员的占比从 18.05%降低到 2018年的 12.54%。中、东部地区初中文化程度就业人员的占比最多,分别在2001 年达到了 44.04%和 45.53%,在 2018 年达到了 39.47%和 46.48%。

由于我国东部地区的经济、教育等各方面的发展相对而言比中、西部地区发达,因此东部地区就业人员的教育水平整体比中、西部地区就业人员的教育水平高,且在 2001-2018 年这 18 年中,东部地区就业人员中大学专科文化程度、大学本科文化程度和研究生文化程度较中、西部提高更多。整体来看,中部地区大学专科及以上文化程度就业人员的平均占比从2001 年的 5.82%提高到 2018 年的 16.46%,提高了 10.64%;西部地区大学专科及以上文化程度就业人员的平均占比从 2001 年的 4.89%提高到2018 年的 17.39%,提高了 12.5%;而东部地区大学专科及以上文化程度就业人员的平均占比从 2001 年的 8.08%提高到 2018 年的 27.93%,提高了19.85%。由此可见,我国东部地区高学历就业人员相对较多,而中、西部地区高学历人员相对较少。

2."一带一路"倡议实施前后变化

我国各区域就业结构的演变符合低文化程度就业人员占比降低、高文化程度就业人员占比提升这一特征,不同文化程度就业人员的区域分布特点表现为西部集中了更多低学历群体而东部集中了更多的高学历群体。高学历就业人员地区结构在"一带一路"倡议提出前后有相对较大程度的调整,但在低学历群体中表现不明显。具体而言,"一带一路"倡议提出后研究生文化程度就业人员占比的地区差距越发显著,2013 年东部与西部地区研究生就业人员占比差为 0.93 个百分点,此后西部的研究生就业人员并未实现与东部地区研究生就业人员的同比增长，这导致 2018 年两者之差达到了 1.46 个百分点。2013—2018 年东西部研究生就业人员占比差扩大了 0.53 个百分点，而 2008—2013 年同样五年，该占比差仅扩大了 0.37 个百分点，这足以说明 2013 年后东部地区吸纳研究生学历劳动力的优势进一步扩大，中西部研究生学历就业人员占比虽有上涨，但因涨幅不及东部造成了高学历就业人员在地区结构的进一步不均衡。大学本科文化程度就业人员占比的分区域演变特征与研究生就业人员占比相似，"一带一路"倡议提出后该文化程度人员在东部地区就业占比的优势更加突出，东西部本科文化程度就业人员占比差距也进一步扩大，但差距涨幅略小于研究生学历群体。

（四）中国不同企业类型就业变化分析

总体而言，内资企业、外商投资企业和港澳台投资企业是居民就业的主要阵地，2001 年至 2018 年间，三种类型企业的全国年末就业人数都呈现先增加后趋于平缓的变化趋势。联营企业和股份合作企业的就业人数有限，且在过去 18 年间不断下降，如图 3-1 所示。具体情况主要从以下三个方面展开分析。

一是居民就业集中于内资企业且发展态势良好。2001 年内资企业就业人员数为 16063481 人，占总就业人数百分比 64.22%，至 2018 年人数攀升至 91042376，占比 78.79%。2001 年至 2013 年，受益于中国加入 WTO 后良好的国际经济环境，依托于内资企业所享有的税收优惠等政策支撑，内资企业在设备、资金、人员都处于起步阶段的情况下，找到适合中国国情的发展路径，保持不间断的快速增长，至 2013 年内资企业就业人数首次突破 10 亿。2013 年至 2018 年，全球经济下行，行业集中度越来越高，发展速度有所放缓，占总就业人数百分比却始终维持在 70% 以上，依然保持强劲态势。

二是外商投资企业和港澳台投资企业居民就业动力不足。改革开放 40 多年来，我国成为全球第二大外资流入国，外资企业遍布中国的各个地理

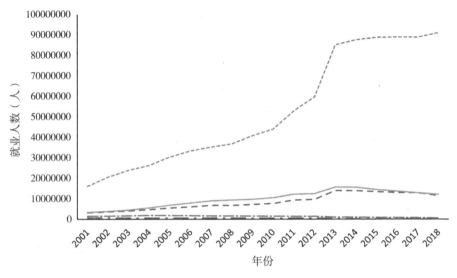

图 3-1　各类型企业全国年末就业人员总数

区域和行业领域。2013 年起两种类型企业全国年末就业人数均超过 1000
万，次年却首次出现负增长，并始终保持下降态势直至 2018 年都尚未扭
转。究其原因，初期两种类型企业投资领域多集中于价值链中下游行业，
充分利用中国"人口红利"优势获得较高收益率，随着中国人口金字塔结构
的新变化，企业不得不转而利用"人才优势"以保证在华投资利润可观，此
种需求的转变导致就业人口数量的持续减少，同时也带来就业人口质量的
提升。

　　三是股份合作企业和联营企业就业人数锐减。2001 年两种类型企业的
全国年末就业人数分别为 1532824 人和 707451 人，至 2018 年人数仅为
662651 人和 187468 人，锐减一倍不止，且有继续下降的趋势。事实上，
中国股份合作企业与联营企业自身不足较多，前者股权分配混乱、地方干
涉颇多，联营企业则是管理难度大、利润率低。正是由于两种类型企业的
特点制约了相关企业的发展，从而就业人数也受到较大约束。

第二节 "一带一路"沿线国家就业变化分析

一、"一带一路"沿线国家就业数量变化分析

(一)整体变化

从失业数据的时间演变趋势来看，2000—2018年，"一带一路"沿线区域平均失业率总体下降。七大区域中，东亚和南亚2018年的失业率较2000年分别上升了0.25和0.23个百分点，其余五个区域的失业率均下降，且下降幅度远超以上两区域的失业率上升幅度，将区域根据失业率下降百分点绝对值从大到小排列分别为：中东欧(6.27)、中亚(5.36)、独联体(2.33)、西亚(0.79)、东盟(0.36)。尽管南亚的失业率平均值有小幅上涨，但2018年的失业率位于低位，仅为3.17%，仅次于东盟；且南亚地区近19年来失业率的极差为0.55，这意味着南亚失业率的波动幅度长期控制在0.55个百分点以内。因此，不应仅以该区域失业率的上升定义该区域就业状况的恶化，将其理解为失业率在综合影响下合理范围内的波动更为恰当。中东欧地区的失业情况大有改善，2000年该区域失业率平均值达到了15.93%，远超其他六个区域，2018年的失业率已经下降到9.66%，这也是中东欧地区的失业率在2000年以来首次低于10%，但9.66%的失业率仍然在七大区域中居于首位。东盟地区的失业率下降了0.36个百分点，尽管数值较小，但结合东盟地区一贯的低失业率来看，能够在此基础上实现失业率的进一步下降也并非易事，2018年，东盟的失业率仅为2.89%，由此可知，长期以来东盟地区的就业状况良好且显示出进一步优化的趋势。

(二)"一带一路"倡议实施前后变化

沿线国家的失业率总体呈下降趋势，但部分区域国家在研究时间区间

内失业率变化仍存在较大的不稳定性，中东欧和西亚国家失业率变化尤为突出。2013 年中东欧失业人员占比为 15.45%，不管是相对于同一时点的其他地区或是同属中东欧的其他时间点，该值处于相当高的水平，但随后几年中东欧地区的失业人员占比持续下降，至 2018 年达到该值近年来的最低水平 9.66%；西亚的变化相对滞后，2014 年失业人数占比延续往年的演变趋势经小幅上涨达到了 8.57%，紧接着下一年出现了失业人数占比的显著减少，下降 1.58 个百分点当年失业率以 6.98% 收尾，此后几年表现平稳，失业率保持在 6.70% 左右。独联体与中亚在 2013 年后失业率也逐年小幅降低，但其变化在该时间点附近并不突出；南亚和东盟在 2000—2018 年的失业人数占比始终保持在 3.00% 左右的较低水平；东亚地区的失业人数占比数据的波动较大。

二、"一带一路"沿线国家就业质量变化分析

(一)整体变化

"一带一路"沿线涉及国家众多，经济发展水平各异，面临着更加复杂多样的国内和国际环境。从沿线国家私人转移支付和雇员工资变化情况来看，整体上呈上升趋势，但不同于我国的稳定持续上升，而是在波动中缓慢上升，2001 年至 2018 年间沿线国家总体工资年均增长率为 9.07%，其中经历了 2008—2009 年、2014—2016 年两个阶段的小幅下滑，就业质量整体趋好。

(二)"一带一路"倡议实施前后变化

根据沿线国家所属地理位置的不同划分为东亚、东南亚、西亚、南亚、中亚、独联体和中东欧国家，不同区域国家工资动态变化情况差异较大。中亚地区工资年均增长率最高为 26.55%，但其工资数额仍然偏低，其原因在于中亚地区 2001 年工资基数小，增长空间大；东亚地区仅有蒙古国一国，其工资在波动中增长，2013—2017 年工资较为平稳，2017—2018

年工资增长较快,年均增长率为 15.90%;独联体国家工资年均增长率同样处于较高水平,为 14.00%,除去 2008—2009 年、2013—2016 年的下滑,其余年份均保持工资的正向增长,就业质量改善趋势良好;东南亚是唯一一个工资持续正向增长的国家,其演进趋势与中国类似,但工资年均增长率略低于中国,为 9.74%;中东欧地区就业工资虽在总体趋势上为正,但 2008 年金融危机后,工资受挫较为明显,直到 2016 年才逐步恢复到 2008 年同等水平,2016—2018 年工资增速也相对较低;西亚地区工资年均增长率最低,约为 6.58%,但工资上涨趋势明显,无大幅工资下降情况,工资波动相对较小。

三、"一带一路"沿线国家就业结构变化分析

(一)"一带一路"沿线国家性别结构就业变化分析

1. 女性就业情况

(1)整体变化。

社会对女性进入劳动市场的认可度和地区经济发展程度、思维开放程度、历史文化以及宗教信仰等多方面的因素有关,女性失业率高的区域倾向于拥有更加保守和封闭的劳动力市场。

总体来看,"一带一路"沿线国家女性失业情况与总失业情况类似。从时间演变趋势来看,除去南亚和西亚以外,其余区域的女性失业率均有不同程度的下降;从地区差异来看,东盟的女性失业率最低,在 2018 年该值有 3.07%,中东欧的女性失业率最高,2018 年该值为 10.09%。以上考察角度无论是失业率的绝对数值还是七大区域和排序都与总失业情况基本一致,这说明女性在沿线国家的大部分就业市场中没有受到明显的就业歧视。

但女性在就业中的劣势地位也不能忽视,尤其是在西亚地区。通过对比 2018 年的分区域女性失业率和总体失业率可以发现,东亚、独联体以及中亚的女性失业率低于总体失业率,这说明以上区域女性在劳动市场中的

竞争力较男性有一定优势，这可能与当地的社会文化以及产业特点有关；东盟、南亚、西亚以及中东欧的女性失业率高于总体失业率，在这一点上西亚表现得尤为明显，2018年西亚女性失业率平均值比西亚总体失业率平均值整整高了 5.66 个百分点，可见在西亚地区性别是影响就业的十分重要的因素，而女性在其中处于绝对劣势地位，西亚主要为阿拉伯人，宗教对女性的限制很多，这阻碍了女性顺利进入劳动力市场。由于与西亚相似的原因，南亚的女性失业率同样显著高于总体失业率。由以上分析可知，在更多的地区，女性进入劳动力市场的难度更大，其中，宗教因素对女性就业起到了很大的阻碍作用。

（2）"一带一路"倡议实施前后变化。

"一带一路"倡议提出前后，沿线国家女性失业率的变化情况与沿线国家总体失业率变化情况相似，表现为除中东欧以外地区的失业率在该倡议提出前后无特征性变化。2013年中东欧地区的女性失业率为 14.91%，在研究时间区间内处于较高值，但 2014—2018 年该值持续下降并在 2018 年达到了近 19 年的女性失业率的最低水平 10.09%，这表明中东欧地区的女性就业状况在不断改善，"一带一路"倡议提出后，其改善效果更为持续和稳定。但相较于中东欧地区失业率降低的总体效果而言，女性失业率降低的成效偏低，同样以 2018 年失业率为例，中东欧的整体失业率为 9.55%，而女性失业率要超过这一水平，具体数值为 10.09%。

2. 男性就业情况

（1）整体变化。

"一带一路"沿线国家总失业情况是沿线国家的女性失业情况与男性失业情况的综合结果，前述两点已经对总失业情况与女性失业情况做了分析，男性失业情况能够在以上分析中部分体现，以下仅对已述信息进行简单总结，着重对新的信息点进行描述。

"一带一路"沿线国家男性失业情况与总失业情况类似。从时间演变趋势来看，除去东亚地区的失业率有 0.56 个百分比的上升以外，其余地区的失业率均有不同程度的下降，其中中东欧与中亚的失业率下降最为明显，失业率下降超过了 5 个百分点;从地区差异来看,南亚以及东盟的失业率位于低水平,分别为 2.68% 和 2.77%,中东欧和独联体失业率位于高水平,分别为 9.35% 和 9.11%。

通过对比各地区的女性失业率和男性失业率,可以发现男性在劳动力市场上具有较为普遍的性别优势。2018 年各地区男性失业率与女性失业率的差值从高到低排列分别为:西亚(6.88%)、南亚(1.63%)、中东欧(0.75%)、东盟(0.30%)、东亚(-0.84%)以及独联体(-1.05%),即除去东亚和独联体,男性劳动力在其他地区的失业率均低于女性。男性劳动力在西亚的优势表现得更为明显,这与上述提及的宗教因素有关,对女性进入劳动力市场的限制刺激了男性就业市场的繁荣。

(2)"一带一路"倡议实施前后动态变化。

中东欧与西亚仍是失业人数占比在"一带一路"倡议提出前后有差异性特征的两大区域。与前述分析类似,中东欧地区的男性失业率在 2013—2018 年同样实现了稳定下降,并在 2018 年达到了近 19 年来的最低水平 约为 9.35%,尽管如此该值在同一时间点下仍然为失业率最高的地区,可见中东欧地区失业问题的突出;西亚地区男性失业率的变化与总体失业率的变化存在较高的一致性,均在 2014—2015 年出现了一次失业率的大幅下降,并在此后一直保持着低失业率。上述两地区的男性失业率与女性失业率均在该倡议提出后有明显下降,但男性失业率仍普遍低于女性失业率,这在西亚地区表现得尤为明显,2014—2015 年,女性失业率降低了 1.29 个百分点后便维持在 12.50% 左右,而此时男性失业率在降低了 3.92% 个百分点后维持在了远低于女性失业率的 5.50%。2018 年,男性失业率与女性失业率在经过连续多年的下降后均达到了一个相对低的水平,但不同性别就业率仍差距悬殊,同年女性失业率高男性失业率约 6.87 个百分点。换句话说,总体失业率的降低主要得益于男性就业状况的改善,为实现总体失业率的进一步降低,女性在就业市场中的作用还需得到重视。

(二)"一带一路"沿线国家行业结构就业变化分析

"一带一路"倡议作为推动人类命运共同体的有效方案,近年来不仅在基础设施建设、国际贸易与对外投资领域卓有成效,更为沿线国家创造了大量的就业机会,而其为相关地区所带来的产业结构的演变更是直接影响到了就业结构。因此,分析"一带一路"沿线国家分行业的就业情况,对于反向促进地区产出和就业的均衡发展至关重要。

1. 农业就业情况

"一带一路"倡议提出以来,中国与沿线国家的合作发展已经取得了较为可观的成果,虽然彼此之间仍存在着资金不集中、农产品物流体系不完善、跨国合作难度大等问题,但分析"一带一路"沿线国家农业就业人员情况,总结双方的合作模式,可为中国进一步推动发展区域经济一体化提供宝贵的经验。

(1)分区域农业就业人员总体情况。

从"一带一路"沿线国家分区域农业就业人员占比情况来看,总体上说,从2000年至2018年共计19年间,各主要地区农业就业人员数占区域就业总数的分布状况不均,但占比均呈现下降趋势。具体来看,2000年各地区农业就业人数占比值较大,超过半数地区占比超过40%,总平均占比率为36.36%,其中南亚占比更是高达54.54%。而在随后的2000年至2018年的19年,各地区占比额均呈现稳步下降的趋势,平均下降率约为32%。至2018年,七个主要地区的农业就业人数总平均占比率为24.87%,西亚地区的占比率更是低至9.85%。而造成农业领域占比幅度下降的原因是多方面的,主要是资金不集中,无法形成规模化效益,并且农业企业跨国合作难度大,较难实现可持续发展。

在七个主要地区中,南亚和西亚地区表现最为显著,前者的平均占比值最大,而后者则是最小。南亚各国人口数约占世界总人口数的1/5,劳动力充裕,第一产业发展态势良好,中国在农业领域与其来往密切,19年间占比额始终超过40%,虽然多年来有所下降,但也仅从2000年的

54.54%下降至 2018 年的 40.75%，仍然占据重要地位。而西亚则是中国重要的原油进口基地，中国在"一带一路"倡议中与其贸易往来主要集中在石油、天然气等领域，双方在农业领域贸易往来始终不多并且近年来仍然不断下降，至 2018 年占比额仅为 9.85%。

（2）分区域分性别农业就业情况。

女性就业一直都是全球广泛关注的问题，从"一带一路"沿线国家分区域农业两性就业人员占比情况来看，女性和男性占比趋势均表现为在 2000 年至 2018 年间不断下降，且各地区占比额大致相同，但仍应重点关注一些性别歧视较为严重的地区如沿线南亚国家。对于女性来说，其在农业领域的就业率不断下降，总平均占比额由 2000 年的 38.99%减少至 2018 年的 26.58%，仅在 2006 年有少许上升，但仍然维持在较高的水平。而对于男性来说，其在时间序列上所呈现的变化趋势与女性相似，总平均占比额由 2000 年的 35.38%下降至 2018 年的 24.40%，而平均下降率则是略低于女性。由此可见，无论是男性还是女性，随着"一带一路"倡议的提出，沿线国家的地域布局和产业结构逐步优化，就业结构逐渐完善，尤其是一些含较多华人经济圈的中低收入国家，其就业领域不再限制于以农业为主的第一产业，而是更多地向制造业和服务业发展。

而在"一带一路"沿线七个主要地区中，南亚地区在农业领域女性与男性就业人员占比虽然从时间序列角度来看表现趋势相似，但是整体变化差异仍然较大。其中，19 年间的女性就业人员占比由 2000 年的 64.86%下降至 2018 年的 52.66%，所有年份的就业占比均超过 50%，大部分女性的就业依然集中在农业领域，平均下降率为 18.82%。而对于男性来说，其占比值则是由 2000 年的 50.20%减少至 2018 年的 35.12%，平均下降率为 30.04%，约为女性的 2 倍。由此可知，在以南亚为代表的一些女性就业受到诸多限制的地区，随着"一带一路"倡议的提出，虽然女性的就业结构有所优化，改善了其就业比例，但是其发展程度却仍然与男性存在差距。因此，中国企业在进入相关国家市场时，应更加积极发挥女性在某些特定区域的竞争力，从而更好地融入当地的市场和环境。

2. 工业就业情况

在"一带一路"倡议下，中国与沿线国家在工业领域合作发展势头良好，空间和潜力兼具。但同时也面临着许多困难，突出表现在中方进入海外市场仍处于成长期，竞争力相对较弱，同时投资主体在开展投资合作的过程中仍面临较大的风险和不确定性。分析"一带一路"沿线国家工业就业人员情况，有利于政府和企业从中吸取经验，从而实现双边合作的持续稳定向好发展。

（1）分区域工业就业人员总体情况。

从"一带一路"沿线国家分区域工业就业人员占比情况来看，各地区在2000年至2018年19年间占比份额除中东欧国家外均呈现上升趋势，工业部门对就业的吸纳作用卓有成效。具体来说，2000年"一带一路"沿线国家工业就业人员总平均占比率为20.34%，而至2018年其值为22.41%，相较之前略有上升，而所有地区的占比平均增长率为13.47%，总体来说变化幅度并不是很大。事实上，在"一带一路"倡议推动下的开放经济中，随着产业结构的调整，沿线相关国家劳动力也更多地由第一产业部门流向第二和第三产业部门，但是流动幅度并不是很大，有待进一步深化发展。

在相关资料所展示的七个主要地区中，除中东欧外其他地区均呈现轻微的上升态势。2000年至2018年共计19年间，中东欧区域的工业就业人员平均占比由30.20%下降至27.76%，平均下降率为8.06%。中东欧地区是打通"丝绸之路经济带"西进欧洲的重要桥梁，而近年来中国与其的合作主要集中在基础设施建设和绿色能源产业，在工业领域仍处于劣势，因此中国在与中东欧地区的贸易往来中应更注重投资产业的多样化和产业链的延伸。而在其余地区中，东亚地区工业就业人数占比由2000年的14.14%上升至2018年的19.08%，平均上升率为34.92%，上升幅度最大。东亚地区华人经济圈较多，是我国对外投资的主要区域，而跨国投资规模的扩大也进一步促进了沿线国家的工业化进程，因此对于工业领域有着较多的劳动需求。

（2）分区域分性别工业就业情况。

从"一带一路"沿线国家分区域工业的两性情况来看，总体来说在 2000 年至 2018 年女性和男性占比数值变化不大，其中女性更多地呈现下降的趋势，男性则相反。其中，女性总平均占比率由 2000 年的 13.96%下降至 2018 年的 13.52%，平均下降率为 2.34%。而男性总平均占比率则由 2000 年的 24.21%上升至 2018 年的 28.04%，平均增加率为 20%，与女性呈现出截然不同的趋势。由此可知，随着"一带一路"倡议的提出，女性在工业部门的就业变化不是非常明显，男性劳动力流向工业部门，因此男性在工业部门的就业弹性要大于女性。

在"一带一路"沿线七个主要地区中，对于女性来说，独联体、西亚和中东欧地区的占比份额呈现下降趋势，其余地区虽有上升但幅度不大。下降趋势最为显著的中东欧地区的占比值由 2000 年的 20.08%下降至 2018 年的 15.63%，平均下降率为 22.16%，而在其他四个主要地区，其中上升幅度最大的南亚地区的平均增长率也仅为 13.86%。而对于男性来说，其占比值仅在中东欧地区有轻微下降。在其余六个地区中以与中国相邻的东亚和南亚地区表现最为显著，平均增长率分别为 51.58%和 36.78%。"一带一路"倡议提出后，沿线国家的女性就业有所增长，但是由于相关国家大多处于工业化起步初期，基础较为薄弱，市场并不完善，并且各国在经济发展程度、文化传统和宗教信仰等方面差异较大，因此女性在沿线地区的工业部门劳动力市场中仍受到不同程度的歧视，在工业领域沿线国家的男性就业变化要大于女性。

3. 服务业就业情况

（1）服务业总体就业人员。

从"一带一路"沿线国家服务业就业人员占该区域就业总数的平均占比变化情况来看，各地区服务业就业人员的占比大体上呈逐年上升的趋势。相关数据显示，在 2000 年至 2018 年间，中东欧、独联体、东盟、中亚和南亚的服务业就业人员平均占比呈稳定且明显增长态势，而东亚和西亚的服务业就业人员平均占比的变化趋势却是波动的。南亚、东盟、中亚、中东欧和南亚的服务业就业人员平均占比增长都超过 10 个百分点：南亚的服务业就业人员平均占比由 30.33% 增长至约 40%；东盟的服务业就业人员平均占比由 39.32% 增长至 51.07%；中亚的服务业就业人员平均占比由 36.85% 增长为 45.42%；中东欧的服务业就业人员平均占比由 51.97% 增长至 61.17%；南亚的服务业就业人员平均占比由 37.22% 增长至 52.2%，但是南亚的服务业就业人员平均占比在 2010 年至 2012 年间和 2014 年至 2016 年间有所减少。独联体的服务业就业人员平均占比增长只有约 7 个百分点，在 2018 年的占比为 54.54%。而西亚的服务业就业人员平均占比却在 2013 年出现明显的减少，往后也没有恢复至原水平，但占比仍稳定在 60% 左右。

从"一带一路"沿线各地区的服务业就业人数平均占比的对比情况来看，西亚和中东欧地区的服务业就业人员平均占比最大，平均占比大多在 60% 以上，而南亚服务就业人员平均占比最小，平均占比也在 40% 以下。主要原因是南亚是我国主要的农作物进口地区，而西亚的部分国家旅游业比较发达。其他地区的服务业就业人数平均占比比较相似，占比也接近 50%。

（2）分区域分性别服务业就业情况。

从"一带一路"沿线国家服务业女性就业人员的平均占比变化情况来看，服务业女性就业人员平均占比总体上也是呈上升的趋势。数据显示，2000 年至 2018 年间，只有西亚地区服务业女性就业人员平均占比增长约为 8 个百分点，甚至在 2013 年后出现减少现象，并且无法回升，最终稳定在 73%，但是西亚地区的服务业女性就业人员平均占比一直高于"一带一路"沿线其他地区。其他地区的服务业女性就业人员平均占比增长都超过了 10 个百分点，在 2018 年，南亚服务业女性就业人员占比增长为 31.16%，中亚为 51.09%，东盟为 57.98%，中东欧为 72.93%，独联体和东亚均为约 63%。

从"一带一路"沿线国家的服务业女性就业人员平均占比的对比来看，服务业女性就业人员平均占比最低的是南亚地区，占比为 20% 至 30%，占比最高的是西亚地区，占比为 70% 至 76%。而中亚、东盟、东亚和独联体的服务业女性就业人员平均占比在40%至65%之间,中东欧的服务业女性人员平均占比在60%至73%之间,2014年开始,中东欧和西亚的服务业女性就业人员占比接近。

从"一带一路"沿线国家服务业男性就业人员的平均占比变化情况来看,服务业男性就业人员平均占比的变化趋势与女性相似,但是变化更为平缓。相关数据显示,在2000年至2018年间,除了西亚和中东欧以外,其他地区的服务业男性就业人员平均占比是低于50%的,西亚的服务业男性就业人员平均占比也未超过60%,中东欧的服务业男性就业人员平均占比从2012年开始超过50%,说明大多数女性从事服务业。像东盟、东亚、独联体、南亚和中亚地区服务业男性就业人员平均占比主要集中在32%至46%这个区间,仅有东亚地区的占比波动较为明显,2010年至2012年期间波动幅度最大,随后逐步回升。

从"一带一路"沿线各地区的服务业男性就业从业人员平均占比的情况来看,服务业男性就业人员平均占比最大的仍是西亚地区,在2018年的占比为55.06%,而占比最小的是中亚地区,在2000年和2001年,中亚的服务业男性从业人员平均占比是高于东亚和南亚的,但从2002年开始,中亚的占比一直最低,最终2018年约为40.76%。其他地区的服务业男性从业人员平均占比比较接近,占比集中。

4. "一带一路"倡议实施前后变化

总体来看,"一带一路"倡议提出前后,2000—2018年各地区农业就业人员占比持续下降、服务业就业人员占比持续上升,整体就业行业结构不断优化。"一带一路"倡议提出前后各行业就业人员占比均保持一贯的变化趋势。

农业就业人员占比变动幅度为三行业之最,东亚地区2018年农业就业占比较2000年下降了19.92个百分点,南亚地区2018年农业就业占比因其经济发展条件和地理气候特点高达40.75%,但这与2000年的54.54%相比变化仍十分显著。各地区工业就业人员占比变动不具备方向上的一致性,中东欧是唯一一个工业就业人员占比下降的地区,其余地区经济发展水平相对落后，仍处于工业产业上升期，工业就业人员占比也随之提高。服务业就业人员占比均在不同程度上提升，各地区行业就业结构不断优化，西亚、中东欧以超过60%的第三产业就业人员占比在各地区行业就业结构中保持着领先地位。

分行业就业性别结构在"一带一路"倡议提出前后同样无显著变化。女性在服务业领域的就业率要高于男性在服务业领域的就业率，而男性就业率则在工业领域更具优势，不同性别的优势就业行业差异与行业特点、性别条件有一定关系。

(三)"一带一路"沿线国家地区结构就业变化分析

1. 整体变化

从地区差异来看，东盟和南亚的失业情况要显著优于其他地区，中东欧地区的就业状况最差。2000年七大区域失业率从低到高排列分别为南亚(2.97%)、东盟(3.26%)、东亚(6.07%)、西亚(7.34%)、独联体(10.94%)、中亚(11.76%)以及中东欧(15.93%)，2018年各区域的失业率虽然总体下降，但在失业率的排序上基本不变，失业率由低到高分别为东盟(2.89%)、南亚(3.17%)、独联体(8.61%)以及中东欧(9.66%)。由以上排序及具体失业率数据可知，南亚和东盟两区域的失业率长期位于低位，失业率变化幅度也很小；中亚、东亚和西亚的失业率在2000年差距悬殊，至2018年以上三区域的失业率均在6.50%左右，这主要得益于中亚失业率的显著下降，使其由高失业率区域行列转到了中失业率区域行列；独联体以及中东欧的失业率尽管有所下降，但失业率仍然显著高于其他地区，要实现类似于南亚和东盟的低失业率水平仍然有很远的距离。

2. "一带一路"倡议实施前后变化

共建"一带一路"是中国与沿线国家的共同愿望，积极开展与沿线国家的经济合作，有利于密切中国与沿线国家的关系，实现双边共同发展。2013年，东盟失业率为2.64%，而中东欧失业率高达15.46%，两者相差12.82个百分点，沿线不同区域的就业水平差距悬殊；2018年时，东盟仍是失业率最低的区域，中东欧仍是失业率最高的区域，但两者失业率之差缩小到了 6.77 个百分点，其中，中东欧失业率的大幅降低是差距缩小的最主要因素，而中东欧失业率的降低正是始于"一带一路"倡议提出之年。鉴于此，可以肯定"一带一路"倡议在推动区域就业结构平衡上所起的关键作用，为共同打造利益共同体、命运共同体提供了就业层面的重要支撑。

本章主要从就业数量、就业质量和就业结构(性别结构、行业结构和地区结构)三个层面分析了中国与"一带一路"沿线国家的就业情况，重点解析了中国和"一带一路"沿线国家就业变化的特征，为实证分析部分计量模型的构建和相关变量的选择奠定了基础。

第四章　中国与"一带一路"沿线国家贸易的就业效应：基于中国就业效应的实证研究

第一节　模型的构建

"一带一路"倡议自2013年提出以来，得到了全球很多国家的支持和参与，中国与沿线国家的进出口贸易得到持续增长，也对中国和"一带一路"沿线国家的就业有着积极影响。本章所要研究的贸易的就业效应主要涉及"贸易"与"就业"两个重要变量，无论是贸易还是就业都是一个内涵丰富、层次众多的概念，根据前面章节的分析，在实证研究中，我们选用多个不同的变量从多维视角对中国与"一带一路"沿线国家贸易对中国就业的影响进行分析。依据贸易方向的不同，将贸易变量划分为出口贸易、进口贸易以及进出口贸易总额。就业变量从就业数量、就业质量和就业结构三个方面来表现，用就业率代表就业数量，用就业环境、就业报酬、就业能力和就业公平四个指标构成的就业质量综合指数代表就业质量，用性别结构、行业结构和地区结构来衡量就业结构。

本章研究的是贸易活动对中国就业的影响，但就业水平的高低同样有可能影响贸易活动。鉴于模型设定中可能存在的内生性问题，遂采用贸易变量的滞后一期和滞后两期变量作为工具变量，选用动态面板数据系统GMM估计方法进行回归。

一、贸易对中国就业数量影响模型

引入其他相关重要变量后，建立中国与"一带一路"沿线国家贸易对中国就业影响的动态面板数据系统 GMM 模型，选用被解释变量的滞后一期作为模型的解释变量。

$$rate_{it} = \alpha + \alpha_0\, rate_{it-1} + \alpha_1 \ln ex_{it} + control_{it} + \mu_{1it} \qquad (4\text{-}1)$$

式(4-1)反映的是我国与"一带一路"沿线国家的出口贸易对我国就业数量的影响。其中，$rate$ 表示年末城镇就业率；$rate(-1)$ 表示滞后一期年末城镇就业率；ex 表示我国各省市区对"一带一路"沿线国家的出口贸易额；$control$ 表示其他重要变量，具体包括我国各省市区的地区生产总值（gdp）、居民消费价格指数（cpi）、外商直接投资额（fdi），还包括政策（$policy$）虚拟变量，本章所指政策为 2013 年"一带一路"倡议的提出；t 表示时间，区间为 2001—2018 年；i 表示中国 31 个省市区；μ_{1it} 为残差项。

式(4-2)和式(4-3)为对应的进口模型和进出口模型，分别表示进口贸易、进出口贸易对就业数量的影响：

$$rate_{it} = \alpha + \alpha_0\, rate_{it-1} + \alpha_1 \ln im_{it} + control_{it} + \mu_{1it} \qquad (4\text{-}2)$$

$$rate_{it} = \alpha + \alpha_0\, rate_{it-1} + \alpha_1 \ln trade_{it} + control_{it} + \mu_{1it} \qquad (4\text{-}3)$$

二、贸易对中国就业质量影响模型

就业质量是一复杂的综合性概念，借鉴赖德胜等（2011）的就业质量测算做法，本研究用就业环境、就业报酬、就业能力和就业公平四个指标构成的就业质量综合指数作为就业质量的替代变量，根据该指数的测算方式，该指数值越高则就业质量越高，反之则就业质量越低。

$$quality_{it} = \alpha + \alpha_0\, quality_{it-1} + \alpha_1 \ln ex_{it} + control_{it} + \mu_{2it} \qquad (4\text{-}4)$$

式(4-4)反映的是我国与"一带一路"沿线国家的出口贸易对我国就业质量的影响。其中，$quality$ 和 $quality(-1)$ 分别表示当期和滞后一期的就业质量综合指数；ex、$control$、i 以及 t 的含义与式(4-1)相同；μ_{2it} 为残差项。

式(4-5)和式(4-6)为对应的进口模型和进出口模型，分别表示进口贸易、进出口贸易对就业质量的影响：

$$quality_{it} = \alpha + \alpha_0\, quality_{it-1} + \alpha_1 ln\, im_{it} + control_{it} + \mu_{2it} \qquad (4\text{-}5)$$

$$quality_{it} = \alpha + \alpha_0\, quality_{it-1} + \alpha_1 ln\, trade_{it} + control_{it} + \mu_{2it} \qquad (4\text{-}6)$$

三、贸易对中国就业结构影响模型

1. 性别结构

$$gender_{it} = \alpha + \alpha_0\, gender_{it-1} + \alpha_1 ln\, ex_{it} + control_{it} + \mu_{3it} \qquad (4\text{-}7)$$

式(4-7)反映的是我国与"一带一路"沿线国家的出口贸易对我国就业结构的影响。其中，gender 和 gender(-1) 分别表示当期和滞后一期就业人员中男性就业人员与女性就业人员之比，该比值越偏离 1 越表明就业性别结构失衡，反之则性别结构越协调，但鉴于男性就业人员占比数据在样本区间内始终占据优势地位(即 gender>1)，可以进一步将该变量解释为数值越大则就业性别结构失衡越严重。ex、i 以及 t 的含义与式(4-1)相同；由于"一带一路"倡议提出的年份为 2013 年，根据数据的可获得性，式(4-7)研究时间始于 2014 年，故不在模型中设置虚拟变量，除政策变量(policy)以外，其他重要变量均与式(4-1)一致；μ_{3it} 为残差项。

式(4-8)和式(4-9)为对应的进口模型和进出口模型，分别表示进口贸易、进出口贸易对就业性别结构的影响：

$$gender_{it} = \alpha + \alpha_0\, gender_{it-1} + \alpha_1 ln\, im_{it} + control_{it} + \mu_{3it} \qquad (4\text{-}8)$$

$$gender_{it} = \alpha + \alpha_0\, gender_{it-1} + \alpha_1 ln\, trade_{it} + control_{it} + \mu_{3it} \qquad (4\text{-}9)$$

2. 行业结构

$$industry_{it} = \alpha + \alpha_0\, industry_{it-1} + \alpha_1 ln\, ex_{it} + control_{it} + \mu_{4it} \qquad (4\text{-}10)$$

对就业行业结构的考察分别从农业、工业和服务业就业人员占总就业的比例展开，式(4-10)中 industry 和 industry(-1) 分别表示当期和滞后一期农业就业人员占总就业比例($industry_1$)、工业就业人员占总就业比例($industry_2$)和服务业就业人员占总就业比例($industry_3$)。ex、control、i 以

及 t 的含义与式(4-1)相同；μ_{4it} 为残差项。

式(4-11)和式(4-12)为对应的进口模型和进出口模型，分别表示进口贸易、进出口贸易对就业产业结构的影响：

$$industry_{it} = \alpha + \alpha_3 ln\, im_{it} + control_{it} + \mu_{4it} \qquad (4\text{-}11)$$

$$industry_{it} = \alpha + \alpha_3 ln\, trade_{it} + control_{it} + \mu_{4it} \qquad (4\text{-}12)$$

与式（4-10）中含义相同，$industry$ 变量下为 $industry_1$、$industry_2$、$industry_3$ 三个独立的变量。因此，上述三个模型中共包含九个模型。

3. 地区结构

考虑到我国东部与中西部在经济基础和发展水平上的差距可能会对贸易的就业效应作出不同反映，本研究将样本以是否为东部省区为界进行划分，探讨地区就业结构的差异。与就业质量和就业结构相比，就业数量指标能从整体角度反映就业水平，故分地区进行研究时，选择就业率（$rate$）作为被解释变量分别进行实证分析，实证模型与式(4-1)类似，区别在于探讨贸易对地区就业结构影响的差异时需将样本划分为东部地区和非东部地区（中西部地区），对应的进口模型和进出口模型可参考式(4-2)及式(4-3)。

第二节　变量的选择

一、变量的选择

为了更简洁明了地呈现出各个模型变量的构成，将变量信息整理成表4-1。

根据贸易方向将核心解释变量分解为出口贸易额（ex）、进口贸易额（im）以及进出口贸易额（$trade$），以上贸易额均由我国各省市区对"一带一路"沿线各个国家的贸易额加总得到，单位为美元。被解释变量划分为三个不同的部分，其中，就业数量用年末城镇就业率（$rate$）表示，就业率衡量的是整体的、相对的就业水平，单位为%；就业质量用就业质量综合指数($quality$)表示，更高的指数值代表更高的就业质量；就业结构从性别结构、产业结构和地区结构三个层面出发。性别结构($gender$)为就业人员中男性就业人员与女性就业人员之比，该比值越接近1则性别就业结构越均衡；行业结构包括农业就业人员占总就业比例($industry_1$)、工业就业人员占总就业比例($industry_2$)、服务业就业人员占总就业比例($industry_3$)，单位为%；地区结构的数据基础为年末城镇就业率($rate$)。

关于就业质量综合指数的测算，本书从就业环境、就业报酬、就业能力和就业公平四个维度进行量化，用人均区内生产总值($pgdp$)代表就业环境(经济发展与就业)、城镇单位就业人员平均工资($salary$)代表就业报酬、高等教育人员比例(edu)代表就业能力、城乡人均收入比值(gap)代表就业公平。$pgdp$、$salary$和edu均为正向指标，数值越高则就业质量越高，gap比值越大，说明城乡居民平均收入差距越大，是就业质量的逆向指标。对于缺失值采用线性插值法进行补全；对于逆向指标选择取倒数的方式进行正向化处理；由于四项指标数据的性质、单位各不相同，进一步利用Stata软件对其进行Z-score标准化处理，处理后的数据在数值0附近波动；最后对标准化的数据赋予权重计算得出就业质量综合指数。

其他重要变量($control$)作为除核心解释变量外影响就业的重要因素也被纳入模型，包括地区生产总值(gdp)，地区生产总值可以反映一省经济规模，经济规模越大提供的就业岗位就越多，就业人口数量就越多，单位为美元。同时，物价、工资、教育、政策也会对就业产生影响，物价用居民消费价格指数(cpi)衡量，物价上涨会刺激部分没有工作意愿的人群进入劳动力市场，可能会在一定程度上增加就业人数，但同时物价上涨带来的企业用工成本的增加也会起到抑制就业的作用；投资水平用外商直接投资额(fdi)衡量，外商投资额的增加意味着就业岗位的增加，对提升就业数量具有一定积极影响，但外商投资领域多集中在中高端产业，对就业的积极影响可能因产业不同而存在差异；由于本章研究的是中国与"一带一路"沿线国家贸易的就业效应，"一带一路"倡议的提出($policy$)是中国与沿线国家贸易关系转变的关键节点，因此，以2013年为界设置一个政策虚拟变量，2013 年以前该值为 0，表示"一带一路"倡议尚未提出，2013 年及以后该值为 1，表示该倡议提出，政策效应开始生效。

关于上述变量，需做如下两点说明：一是限于分性别就业数据的可获得性，贸易对就业性别结构的影响仅能对 2014—2018 年数据进行分析，该时间区间同时避开了"一带一路"倡议的提出年份，因此模型的其他重要变量不包含 policy；二是对地区结构进行考察时，为避免繁杂，仅选取了最具代表性的 rate 变量作为被解释变量进行实证分析，具体如表 4-1 所示。

表 4-1 变量信息表

变量性质	变量类别	变量划分依据		替代变量	符号	单位
核心解释变量	贸易	贸易方向	出口	出口贸易额	ex	美元
			进口	进口贸易额	im	美元
			进出口	进出口贸易额	trade	美元
被解释变量	就业	数量	就业率	年末城镇就业率	rate	%
		质量	质量指数	就业质量综合指数	quality	
		结构	性别结构	就业人员中男性就业人员与女性就业人员之比	gender	
			行业结构	农业就业人员占总就业比例	industry1	%
				工业就业人员占总就业比例	industry2	%
				服务业就业人员占总就业比例	industry3	%
			地区结构	对东部地区就业率的影响		
				对中西部地区就业率的影响		
其他重要变量		生产水平		地区生产总值	gdp	美元
		物价		居民消费价格指数	cpi	
		投资		外商直接投资	fdi	美元
		政策		以 2013 年为界"一带一路"倡议提出前后	policy	

为使数据更具平稳性，对部分变量做取对数处理，将经初步处理后的变量数据基本信息整理为表4-2，其中包括对观测值个数、均值、标准差、最大值及最小值的描述。

表4-2　变量描述性统计

变量	观测值	均值	标准差	最小值	最大值
lnex	558	21.9797	1.7722	16.9806	25.8966
lnim	558	21.5269	2.0715	15.3841	25.6490
lntrade	558	22.5751	1.7864	17.2292	26.3367
rate	558	96.4394	0.7276	98.8000	92.9000
quality	558	0.0000	0.7292	-1.5307	2.2623
gender	150	1.3322	0.1095	1.0619	1.6364
industry1	558	39.9044	15.9619	2.9680	81.8337
industry2	558	24.3603	9.7405	5.1701	50.9563
industry3	558	35.7353	10.3815	11.6924	81.6125
lngdp	558	25.4571	1.2776	21.2911	28.0172
cpi	558	102.3713	1.9257	97.6538	110.0865
lnfdi	558	21.3028	1.8888	13.8155	24.3001

注：表格内容经 stata 整理得到。

二、数据来源及处理

(一)数据来源

本章实证研究所需数据主要来源于中国国家统计局以及中国地区贸易数据库，部分来源于中国人力资源和社会保障部。我国各省市区对"一带一路"沿线国家的出口贸易额、进口贸易额以及进出口贸易额相关数据来源于中国地区贸易数据库；就业数据主要来源于中国国家统计局、中国人力资源和社会保障部及各省统计局；其他重要变量中，区内生产总值、居民消费价格指数以及就业人员平均工资来源于中国国家统计局，外商直接投资数据主要来源于国家统计局，部分来源于各省统计年鉴，政策虚拟变

量以 2013 年为界是基于中国"一带一路"网官方网站对该倡议的公开信息
(见表 4-3)。

表 4-3　各变量数据来源

变量类别	变量划分依据		替代变量	数据来源
贸易	贸易方向	出口	出口贸易额	EPS 全球统计分析平台中的中国地区贸易数据库
		进口	进口贸易额	
		进出口	进出口贸易额	
就业	数量	就业率	年末城镇就业率	EPS 全球统计分析平台中的中国劳动经济数据库
	质量	质量指数	就业质量综合指数	EPS 全球统计分析平台中的中国劳动经济数据库和中国宏观经济数据库
	结构	性别结构	就业人员中男性就业人员与女性就业人员之比	EPS 全球统计分析平台中的中国劳动经济数据库
		行业结构	农业就业人员占总就业比例	EPS 全球统计分析平台中的中国劳动经济数据库
			工业就业人员占总就业比例	
			服务业就业人员占总就业比例	2002—2019 年中国各省市区《统计年鉴》
		地区结构	对东部地区就业率的影响	
			对中西部地区就业率的影响	
其他重要变量	生产水平		地区生产总值	2002—2019 年《中国统计年鉴》
	物价		居民消费价格指数	
	投资		外商直接投资	2002—2019 年《中国统计年鉴》 2002—2019 年中国各省市区《统计年鉴》
	政策		以 2013 年为界"一带一路"倡议提出前后	中国"一带一路"网官方网站

（二）数据处理

从上述渠道获得的原始数据缺乏完整性和统一性，因此需要进一步处理，主要的处理包括以下几项：

1. 缺失值的处理

本实证研究所需大部分数据的时间区间为 2001—2018 年，数据总体上较为完整，但个别年份的个别指标仍有缺失，对于缺失数据位于中间年份的指标采用线性插值法进行补全，对于缺失数据位于边缘年份的指标利用邻近年份的数据进行线性趋势估计得到。需要重点说明的是，由于就业人员中男性就业人员与女性就业人员占比相关数据统计区间为 2014—2018 年，其他指标为与该项指标保持一致，统一截取 2014—2018 年的数据进行分析。

2. 数据的整理与计算

本研究所需贸易数据均来源于中国地区贸易数据库，该数据库提供了我国 31 个省市区对全球 200 多个国家的年度进出口数据，我国各省市区对 65 个"一带一路"沿线国家的贸易金额由上述原始数据整理与计算得到，具体操作如下：得到每一年每一个地区对"一带一路"沿线各个国家的贸易额后，将所有相关国家的贸易额加总得到该年度该地区对沿线国家的总贸易额（可分别得到出口贸易额、进口贸易额以及进出口贸易额）；重复以上操作得到 31 个省市区 2001—2018 年的对"一带一路"沿线 65 个国家的出口贸易额、进口贸易额以及进出口贸易额。

3. 其他处理

统一数据单位：将所有金额类数据统一为美元单位；本章实证研究的所有模型均依照我国东部以及中西部进行进一步的区域差异研究，分地区数据均可由全国 31 个省市区数据截取得到，地区划分如下：北京、天津、海南、河北、辽宁、山东、广东、上海、江苏、浙江和福建为东部省区，其余省区为中西部省区。

第三节 实证结果分析

为与前述模型框架保持一致，实证分析结果也以就业为基础划分依据，探讨出口贸易、进口贸易、进出口贸易分别对就业数量、就业质量和就业结构有何影响。

为避免出现伪回归，在进行面板数据回归分析前首先要对序列的平稳性进行检验，最常见的检验方法是单位根检验。简便起见，此处只采用同根检验中的 LLC 检验和异根检验中的 IPS 检验两种方法进行检验，当两种检验下序列均拒绝存在单位根的假设，则序列平稳。本章实证分析的模型虽然较多，但变量的选取有较大的重叠，故将所有变量的单位根检验结果统一整理如表 4-4。

表 4-4　面板数据序列平稳性检验结果

Variable	LLC Level		LLC One difference		IPS level		IPS one difference	
	p	t	p	t	p	t	p	t
ex	0.00	(−5.08)			0.00	(−4.98)		
im	0.00	(−5.96)			0.00	(−3.65)		
$trade$	0.00	(−5.38)			0.00	(−4.43)		
$rate$	0.00	(−4.03)			0.00	(−6.74)		
$quality$	0.00	(−9.53)			0.00	(−2.58)		
$industry_1$	0.70	(0.52)	0.00	(−4.04)	0.18	(−0.92)	0.00	(−9.94)
$industry_2$	0.66	(0.42)	0.01	(−2.34)	0.37	(−0.32)	0.00	(−5.77)
$industry_3$	0.43	(−0.19)	0.00	(−4.95)	0.71	(0.54)	0.00	(−8.88)
gdp	0.23	(−0.75)	0.00	(−8.48)	0.00	(−4.08)		
cpi	0.00	(−7.82)			0.00	(−9.63)		
fdi	0.38	(−0.30)	0.02	(−1.97)	0.03	(−1.92)		

　　根据表4-4可知，序列 ex、im、$trade$、$rate$ 以及 cpi 在水平条件下平稳，序列 $quality$、$industry_1$、$industry_2$、$industry_3$、gdp 以及 fdi 在一阶条件下平稳，对所有序列取一次差分可使序列同阶单整。$gender$ 序列因时间长度过短无须进行单位根检验，对虚拟变量 $policy$ 同样不做单位根检验。

　　本书研究的是贸易活动对就业的影响，但就业水平的高低同样有可能影响贸易活动。鉴于模型设定中可能存在的内生性问题，采用贸易变量的滞后一期和滞后两期变量作为工具变量，选用动态面板数据系统 GMM 估计方法进行回归。GMM(Generalized Method of Moments)是一种通过调整权重矩阵 W 寻找有效矩条件的参数估计方法。一般来说，动态面板模型的常用估计方法会面临内生性问题的困扰，Arellano 等人为解决该问题相继提出了差分 GMM、水平 GMM 和系统 GMM 的估计方法。水平 GMM 进行一阶差分后采用被解释变量的滞后项作为工具变量，差分 GMM 则采用水平值的滞后项作为工具变量，二者均适用于样本数量较大的情况，且可能存在弱工具变量的问题。系统 GMM 进一步采用差分变量的滞后项作为水平值的工具变量，对原水平模型和差分变换后的模型同时估计，解决了水平 GMM 和差分 GMM 的一些遗漏误差，并修正未观察到的异方差问题和潜在的内生性问题，得到更加有效的估计量。系统 GMM 的估计步骤如下：一是检验解释变量内生性，若拒绝原假设，则认为存在内生解释变量，使用工具变量法；二是进行异方差与自相关检验，若扰动项存在异方差或自相关，为解决过度识别问题采用 GMM 估计方法；三是检验工具变量的有效性，即要求其与内生解释变量相关，且与被解释变量的扰动项不相关；四是对面板数据进行 GMM 估计。在模型回归前，首先对变量进行内生性检验，检验结果显示 p 值均小于 0.05，即变量为内生变量；进一步进行 Sargan Basman 过度识别检验，p 值大于 0.05；最后进行弱工具变量检验，p 值恒小于 0.05，选用 GMM 方法进行实证分析。下文表格将直接对回归结果进行归纳和展示。

一、贸易对中国就业数量的影响

贸易对就业数量影响的回归结果如表4-5所示，列（1）表示出口贸易对就业数量（ rate ）的影响、列（2）表示进口贸易对就业数量的影响、列（3）表示进出口贸易对就业数量的影响。

表 4-5　不同贸易方向对就业数量的影响

	（1） ex	（2） im	（3） trade
rate(− 1)	0.907***	0.900***	0.900***
	(44.216)	(43.967)	(43.027)
lnex	0.077***		
	(4.912)		
lnim		0.070***	
		(4.649)	
lntrade			0.090***
			(5.725)
lngdp	0.027	0.162	0.143
	(0.040)	(0.233)	(0.208)
cpi	0.012	0.010	0.010
	(0.520)	(0.430)	(0.414)
policy	0.412***	0.452***	0.420***
	(4.239)	(4.690)	(4.356)
lnfdi	−0.050	−0.019	−0.036
	(−0.587)	(−0.226)	(−0.423)
_cons	93.411***	93.773***	93.294***
	(41.237)	(40.909)	(40.840)
Obs	3906	3906	3906
R^2	0.8671	0.8670	0.8676

注：***、**、*分别表示该系数在1%、5%和10%水平下显著，括号内数值为 t 统计量。

由表4-5可知，核心解释变量出口贸易额（ ex ）、进口贸易额（ im ）和进出口贸易额（ $trade$ ）系数显著为正，这说明我国对"一带一路"沿线国家的出口贸易额能够显著提升国内各省市区的就业率。出口贸易额的增加意味着有了更加广阔的国外市场，反映了需求的增加，为了满足更大的需求，国内则需要进行更多的生产活动，这必然会创造出更多的就业岗位，进而提升就业率。进口贸易对就业率的影响系数为0.070，略小于出口的影响系数0.077，这说明与进口贸易相比，出口贸易对就业的积极影响更显著。在进口和出口对就业的双重影响下，列（3）显示进出口贸易总额的增加能显著提升就业率，且影响系数为0.090，为三者最高。由上述分析可知，无论是出口还是进口，均对就业数量有积极影响，但出口贸易的作用效果更大。

其他重要变量中，"一带一路"倡议的提出（ $policy$ ）的回归效果最好，该变量在出口模型（0.412）、进口模型（0.452）以及进出口模型（0.420）中均表现出了提升就业率这一正向影响，影响系数有细微差别，但远高于其他变量的影响系数值，由此可知，"一带一路"倡议的提出是改善我国就业现状十分重要的因素。滞后一期就业率的提升对当期就业率有积极的促进作用；区内生产总值（ gdp ）和物价（ cpi ）变量虽未通过显著性检验，但在三种模型中系数均为正，可初步判断生产总值的提高和物价的上升会更倾向于提高就业率；外商直接投资（ fdi ）变量系数为负，但并未通过显著性检验，说明投资并非影响整体就业率的重要因素。

总的来说，贸易和"一带一路"倡议的提出是提升我国就业率的重要因素，深入推进与"一带一路"沿线国家的经贸关系，加强贸易合作，尤其是出口贸易，将对进一步改善我国就业现状有重要作用。

二、贸易对中国就业质量的影响

贸易对就业质量影响的回归结果如表4-6所示，列（1）表示出口贸易对就业质量（ $quality$ ）的影响、列（2）表示进口贸易对就业质量的影响、列

(3)表示进出口贸易对就业质量的影响。

表 4-6　不同贸易方向对就业质量的影响

	(1) *ex*	(2) *im*	(3) *trade*
quality(-1)	0.983 ***	0.982 ***	0.981 ***
	(142.036)	(146.671)	(140.706)
lnex	0.005 ***		
	(2.973)		
lnim		0.006 ***	
		(2.719)	
lntrade			0.007 ***
			(3.353)
lngdp	0.464 ***	0.494 ***	0.467 ***
	(7.787)	(8.372)	(7.963)
cpi	0.010 ***	0.010 ***	0.010 ***
	(5.170)	(5.045)	(4.192)
policy	0.007 ***	0.014 ***	0.009 ***
	(4.798)	(4.497)	(3.964)
lnfdi	0.003	-0.004	0.004
	(0.401)	(-0.372)	(0.511)
_cons	-0.105	-0.086	-0.141
	(-0.498)	(-0.411)	(-0.668)
Obs	3906	3906	3906
R^2	0.9926	0.9927	0.9926

注：***、**、*分别表示该系数在 1%、5% 和 10% 水平下显著，括号内数值为 *t* 统计量。

整体而言，三种贸易模型的拟合系数高，这说明模型的拟合效果较好，所选变量能较好地解释就业人员平均工资的变量。就业质量综合指数为就业质量的替代变量，就业经济环境的改善、就业报酬的上涨、就业能力的提升和就业公平的实现均是就业质量提升的体现。根据表4-6回归结果可知，贸易对提升就业质量均有显著的微弱正向影响，且影响系数相当，具体而言，出口贸易模型中的影响系数为 0.005，进口额（im）的影响系数为 0.006，进出口总额（$trade$）的系数值在出口变量和进口变量的双重正向影响下略有上升，为 0.007。由此可知，贸易对就业质量的积极作用较为稳健，以就业质量综合指数中占比最大的工资为例进行解释可知，出口贸易额的增加对企业创收的作用显著，企业收益增加对企业员工工资的提升有直接作用，仅从工资角度而言贸易对就业质量的提升有益。与表4-5所示的贸易对就业率的影响系数相比，贸易对就业质量的影响强度偏小，即贸易会提升就业率和就业质量，但对就业率的影响更大。

其他重要变量中，物价（cpi）、政策（$policy$）和地区生产总值（gdp）变量显著影响就业质量，在三种贸易模型中的回归系数符号相同，数值接近，这说明了模型设定较为稳健。具体而言，物价上涨有利于就业质量的提升，物价上涨会使得生活成本增加，原有的工资等就业质量变量将会贬值，为使得购买力达到物价上涨前的水平，工资等就业质量变量需相应的上涨；经济增长显著提升就业质量，就业是民生之本，随着中国经济转型发展和产业结构的调整，党和国家在经济发展背景下，高度重视民生问题，民众的工资水平和教育水平普遍提高；"一带一路"倡议的提出也有利于就业质量提升，该倡议提升我国产业和商品的国际化水平，参与国际经贸合作有利于提升企业的整体经济实力，这为就业人员工资的上涨、教育水平的提升、收入差距的缩小等提供了经济基础。与上述两变量不同，外商直接投资变量对就业质量的影响不显著；滞后一期就业质量的提高对当期就业质量也有积极的促进作用。

根据回归结果可知，贸易对就业质量有积极作用，且积极影响主要来源于出口贸易。物价和政策同样有利于就业质量的提升，但外商直接投资的增加对就业质量影响不明显。

三、贸易对中国就业结构的影响

(一) 贸易对性别就业结构的影响

贸易对就业性别结构影响的回归结果如表 4-7 所示，列(1)表示出口贸易对就业性别结构(gender)的影响、列(2)表示进口贸易对就业性别结构的影响、列(3)表示进出口贸易对就业性别结构的影响。gender 变量为就业人员中男性就业人员与女性就业人员之比，在男性就业率普遍高于女性就业率的情况下，gender 数值降低表示就业性别结构的优化。

根据表 4-7 的回归结果可知，贸易对就业结构的影响较为微弱，不论是出口模型、进口模型和进出口模型，贸易对就业结构的影响系数均为负数，但仅在进口模型中通过了显著性检验，其影响系数为-0.011。im 变量含义为中国各省(市、区)对"一带一路"沿线国家的进口额，即为沿线国家对中国各省(市、区)的出口额，im 增加意味有更多的产品需求，这为女性劳动力进入劳动市场提供了条件，同时，沿线国家产品在中国竞争力的增强往往与国内技术创新相联系，更加开放创新的社会氛围有利于推动女性在社会生产中发挥更大作用。与进口模型相比，出口模型中 ex 变量对改善就业结构无显著影响，即中国对沿线国家的出口贸易对提升女性就业率作用甚微；由于中国各省(市、区)在与沿线国家中总体处于贸易顺差地位，进出口贸易总额对性别就业结构的影响受 ex 变量的影响更大，未能显著改善性别就业结构。与其他就业指标(rate 、salary)相比，贸易对就业性别结构的影响相对局限，影响力度也更弱。

其他重要变量中，地区生产总值(gdp)和物价(cpi)在所有模型下均能改善性别就业结构。当经济规模增加时，就业人员中男性就业人员与女性就业人员之比(gender)下降，这一结论反映到现实就是随着经济的发展，女性在劳动力市场的作用、对经济增长的贡献将日益显现，而在当前阶段，女性的劳动力价值得到充分重视，随着经济的发展，女性在劳动市场发挥的作用倾向于将与男性持平，gender 变量的下降实际上是性别平等

表 4-7 不同贸易方向对就业性别结构的影响

	（1） ex	（2） im	（3） trade
gender(−1)	0.544***	0.555***	0.533***
	(7.617)	(8.107)	(7.570)
lnex	−0.011		
	(−1.538)		
lnim		−0.011*	
		(−1.960)	
lntrade			−0.012
			(−1.611)
lngdp	−0.384*	−0.374**	−0.380*
	(−1.940)	(−1.987)	(−1.958)
cpi	−0.046**	−0.051**	−0.046**
	(−2.167)	(−2.319)	(−2.163)
lnfdi	0.012*	0.011**	0.012*
	(1.790)	(2.126)	(1.864)
_cons	6.039***	6.520***	6.060***
	(2.754)	(2.915)	(2.761)
Obs	930	930	930
R^2	0.6233	0.6214	0.6235

注：***、**、*分别表示该系数在1%、5%和10%水平下显著，括号内数值为 t 统计量。

在劳动力市场上的体现。此外，物价(cpi)对就业人员中男性就业人员与女性就业人员之比(gender)的影响系数为负数，从系数值来讲，物价对就业率之比的影响在进口模型中更为明显(−0.051)，在出口模型和进出口模型中的影响系数略低(−0.046)。物价变量对就业性别结构的影响为负原因可能有二：一是对于企业而言，物价上涨会给工资上涨施加压力，企业转而雇佣价格相对男性更为低廉的女性员工进行生产;二是对于劳动者而言,物价上涨会使生活成本增加,不工作的女性会主动寻求工作岗位,进而增加女性就业人数在全体就业人数中的占比。外商直接投资额(fdi)的增加对就业性别结构的改善有不利影响,这可能与外商投资的主要领域对男性劳动力需求更大有关。滞后一期性别结构变量的提升对当期有积极促进作用。

总的来说,贸易对就业性别结构的解释程度要低于对就业率以及工资的解释程度,核心解释变量中仅有进口贸易(im)对就业性别结构优化有利,但所有其他重要变量均能显著影响就业性别结构,地区生产总值(gdp)和物价指数(cpi)的系数呈现出的特征却反映了当前女性在劳动力市场中的相对劣势地位,并得出当经济发展时女性当前的就业状况有可能会得到改善这一结论。

(二)贸易对行业就业结构的影响

贸易对就业行业影响的回归结果如表4-8所示,列(1)、(2)、(3)表示贸易对农业就业人员占比($industry_1$)的影响、列(4)、(5)、(6)表示贸易对工业就业人员占比($industry_2$)的影响、列(7)、(8)、(9)表示贸易对服务业就业人员占比($industry_3$)的影响。需要强调的是,农业、工业、服务业就业人员占比之和为100%,某一行业就业人员占比的提升必然带来其他产业就业占比的下降,应综合理解贸易对某一行业就业人员占比的影响,更多地考察行业结构在贸易活动中的变化。

观察表4-8结果可知,绝大多数变量对三大行业就业人员占比的影响呈现"此消彼长"的趋势,具体表现为对服务业就业人员占比($industry_3$)的显著正向影响、对农业就业人员占比($industry_1$)的显著负向影响以及对工业就业人员占比($industry_2$)的正负影响。结果总体上可以反映行业结构随贸易额的增加逐步优化的特征事实。

贸易变量(ex 、 im 、 $trade$)对三大行业就业结构的影响表现为降低农业就业人员占比,提升工业和服务业就业人员占比。贸易额增加说明产品

表 4-8　不同贸易方向对就业产业结构的影响

	$industry_1$			$industry_2$			$industry_3$		
	(1) ex	(2) im	(3) trade	(4) ex	(5) im	(6) trade	(7) ex	(8) im	(9) trade
$industry_1(-1)$	0.979*** (241.593)	0.981*** (230.156)	0.980*** (231.940)						
$industry_2(-1)$				0.984*** (113.624)	0.988*** (127.270)	0.985*** (117.519)			
$industry_3(-1)$							1.009*** (160.354)	1.008*** (158.317)	1.008*** (165.314)
$lnex$	-3.193*** (-7.203)			2.792*** (7.615)			0.371 (1.240)		
$lnim$		-1.850*** (-5.411)			0.948*** (4.699)			0.928*** (3.353)	
$lntrade$			-3.194*** (-7.136)			2.070*** (6.491)			1.126*** (3.477)
$lngdp$	7.899 (0.775)	5.760 (0.545)	5.543 (0.535)	6.322 (1.051)	6.940 (1.055)	7.935 (1.246)	-13.529 (-1.504)	-11.104 (-1.379)	-11.991 (-1.500)

续表

	industry₁			industry₂			industry₃		
	(1) ex	(2) im	(3) trade	(4) ex	(5) im	(6) trade	(7) ex	(8) im	(9) trade
cpi	0.109	0.140	0.163	-0.289	-0.320	-0.336	0.181	0.158	0.172
	(0.277)	(0.352)	(0.410)	(-1.335)	(-1.437)	(-1.520)	(0.558)	(0.482)	(0.524)
policy	-2.009	-2.993*	-2.297	-1.949**	-1.155	-1.459	4.190***	4.475***	4.164***
	(-1.282)	(-1.901)	(-1.482)	(-2.133)	(-1.164)	(-1.530)	(3.158)	(3.425)	(3.181)
lnfdi	-3.175***	-3.971***	-3.176***	1.678***	2.945***	2.215***	1.516***	1.009***	0.951***
	(-7.398)	(-10.212)	(-7.643)	(5.380)	(12.640)	(8.366)	(5.066)	(3.958)	(3.459)
_cons	166.022***	149.837***	162.820***	-43.812**	-26.842	-36.113	-22.196	-21.271	-26.681
	(4.229)	(3.746)	(4.113)	(-2.013)	(-1.189)	(-1.620)	(-0.675)	(-0.646)	(-0.810)
Obs	3906	3906	3906	3906	3906	3906	3906	3906	3906
R^2	0.9931	0.9932	0.9931	0.9859	0.9860	0.9859	0.9871	0.9871	0.9871

注：***、**、*分别表示该系数在1%、5%和10%水平下显著，括号内数值为t统计量。

127

竞争力或购买外国产品的经济实力增强，随着经济实力的增强，附加值低、技术难度低、经济贡献度低的农业行业比例必然会降低，相关从业人员占比也有所下降；农业流失的劳动力将转移到附加值高、技术门槛高、经济贡献度高的工业，尤其是服务业中。从影响强度而言，农业就业占比通过贸易活动变化的幅度最大，其次是工业，最后是服务业，且服务业就业占比并未受到出口贸易的影响。从不同贸易模型的影响角度而言，出口模型对服务业就业人员占比无显著影响，可能的原因在于沿线国家从中国进口的增加更多的是需求的增加，并非与自身服务业实力的增加相关，故对服务业就业人员占比的影响有限；进口及进出口对三大行业就业人员占比的影响力度依次下降，这说明贸易对低端产业产生影响要更容易，而服务业就业人员占比要实现同等强度的变化需要除贸易外其他因素的支持。

其他重要变量中政策（ policy ）和投资（ fdi ）也是影响三大行业就业人员占比的重要因素。外商直接投资的回归结果与贸易变量的回归结果有相似之处，即表现为有利于农业就业人员占比的降低与工业和服务业就业人员比例的上升，其原因在于外商直接投资鲜涉及农业行业，即使有就业岗位的增加也对农业就业人数占比增加十分有限，且外商涌入会促进工业和服务业的发展，农业就业人员可能会转移到其他行业。政策变量在进口模型下有利于降低农业就业人员比例，在出口模型下对工业就业人员占比降低有正向影响，但在所有贸易模型下能显著提升服务业就业人员占比，且影响系数分别达到了4.19、4.475和4.164，这表明"一带一路"倡议对能有效优化就业产业结构。

（三）贸易对地区就业结构的影响

贸易对就业地区结构影响的回归结果如表4-9所示，列（1）、（2）、（3）表示贸易对东部地区就业率（ rate ）的影响，列（4）、（5）、（6）表示贸易对中西部地区就业率（ rate ）的影响。

表 4-9　不同贸易方向对就业地区结构的影响

	east			Non-east		
	(1)	(2)	(3)	(4)	(5)	(6)
	ex	im	trade	ex	im	trade
rate(−1)	0.922***	0.926***	0.923***	0.839***	0.835***	0.833***
	(39.003)	(38.089)	(37.543)	(19.691)	(19.892)	(19.533)
lnex	0.032			0.112***		
	(0.346)			(4.459)		
lnim		0.308***			0.039**	
		(3.130)			(1.962)	
lntrade			0.231**			0.104***
			(2.155)			(4.356)
lngdp	0.909	0.897	1.079	−0.446	−0.332	−0.269
	(0.661)	(0.643)	(0.783)	(−0.802)	(−0.567)	(−0.471)
cpi	0.003	0.010	0.006	0.028	0.025	0.023
	(0.057)	(0.190)	(0.121)	(1.638)	(1.449)	(1.362)
policy	0.424**	0.427**	0.420**	0.518***	0.562***	0.533***
	(2.035)	(2.027)	(2.016)	(6.387)	(6.705)	(6.477)
lnfdi	0.034	0.238	−0.181	−0.117***	−0.081***	−0.111***
	(0.280)	(1.072)	(−1.373)	(−5.552)	(−4.156)	(−5.390)
_cons	94.625***	93.650***	94.309***	93.405***	94.549***	93.861***
	(17.691)	(17.539)	(17.600)	(53.448)	(55.545)	(54.153)
Obs	1386	1386	1386	2520	2520	2520
R^2	0.6437	0.6863	0.6657	0.7825	0.7537	0.7745

注：***、**、*分别表示该系数在1%、5%和10%水平下显著，括号内数值为 t 统计量。

根据表 4-9 回归结果可知，中国各省市区与"一带一路"沿线国家的贸易对东部与中西部省市区的就业均有显著正向影响，对东部地区的影响力度更大，但对中西部地区的影响受贸易方向的限制更小。对东部地区而言，从沿线国家进口额的增加并不会显著提升其就业率，但对沿线国家的出口却对改善就业有利，其影响系数为 0.308，为所有模型中通过显著性检验变量影响系数的最高值，受 im 变量影响，贸易总额同样对就业有正向作用。对中西部而言，无论是对沿线国家出口额的增加还是进口额的增加，均能显著提升就业率，出口、进口、进出口模型下的影响系数分别为 0.112、0.039 和 0.104，小于东部地区模型的系数值，这说明贸易对东部地区就业状况改善的效用更大，这可能与东部地区贸易活动更频繁、贸易额更大有关，贸易的就业效应也因此更易显现，此外，中西部地区的贸易基础差，进口、出口和进出口贸易额的增加均对提升就业率有利，但贸易的就业效应受贸易实力所限。

政策变量（$policy$）对地区就业结构的影响与表 4-5 类似，结果显示该变量能显著提升就业率（$rate$），且影响系数均为 0.5 左右，这为该模型设定的稳定性提供了一定支撑。从地区差异角度而言，政策变量对促进中西部地区就业的作用要略强于东部，一方面，这与"一带一路"倡议涵盖的重点省市区有关，与东部地区相比，中西部地区与沿线国家的地理距离更近，部分省区直接与部分沿线国家接壤，这为中西部地区积极开展与沿线国家的经贸合作提供了便利；另一方面，东部省市区经济发展水平高，沿线国家并非其重点经贸合作伙伴，因此对"一带一路"倡议的依赖度相对较低。投资变量显示并非影响就业率的因素，但在分样本模型中显示出了对中西部地区就业的显著不利影响，这可能是因为外商直接投资的主要地区为东部，总体回归结果受东部地区回归结果影响更大。投资对就业率的负面作用在中西部地区表现得更为明显，这可能与中西部地区初级产业比例高，而外资进入会对原有初级产业造成冲击而对相关就业人员造成不利影响有关；滞后一期就业率对当期东部和中西部就业率具有积极促进作用。

四、稳健性检验

为考察前述回归结果的稳健性，现选取部分样本就贸易对出口的影响进行实证检验。在"一带一路"沿线国家中，东盟国家与中国地理位置邻近、贸易往来频繁，且东盟成员国内部间的经济发展水平和历史文化背景也较为相似，选择东盟国家作为稳健性检验样本相对科学。出于数据可获得性和与前述分析变量选取的一致性两方面考虑，最终选择了柬埔寨、印度尼西亚、马来西亚、菲律宾、泰国、越南、缅甸和老挝八个东盟样本国家。研究贸易对中国就业的影响问题时，出口额(ex)、进口额(im)、进出口总额($trade$)由以上八国与中国各省市区的贸易额加总得到；研究贸易对沿线国家就业的影响时，只需从原有数据中截取所需八国的数据即可。同时，为简化检验流程，仅对就业数量指标进行检验。

表 4-10 所示为以东盟八国为样本，不同贸易方向对中国就业数量影响的检验结果，且其核心结果与表 4-5 较为相似，贸易仍然是影响就业率的显著因素，由此可知，模型设定基本稳健，回归结果可靠。具体而言，出口模型中出口贸易额(ex)对就业率的影响系数为 0.025，进口模型和进出口模型中系数均为 0.001，进口、出口和进出口总额的增加显著改善中国就业状况。与全样本结果一致，在三种贸易模型下的影响方向相同，"一带一路"倡议($policy$)的提出同样显著促进中国的就业数量。

表 4-10　不同贸易方向对中国就业数量的影响——以东盟为例

	(1)	(2)	(3)
	ex	im	$trade$
$rate(-1)$	0.716 ***	0.711 ***	0.712 ***
	(36.527)	(32.269)	(32.037)
$lnex$	0.025 *		
	(1.728)		
$lnim$		0.001 ***	
		(3.916)	
$lntrade$			0.001 ***
			(3.541)

续表

	（1） ex	（2） im	（3） trade
lngdp	0.170***	0.170***	0.168***
	（3.502）	（3.544）	（3.492）
cpi	0.005	0.002	0.003
	（0.343）	（0.149）	（0.184）
policy	0.318***	0.300***	0.289***
	（4.081）	（3.908）	（3.728）
lnfdi	−0.073**	−0.087***	−0.086***
	（−2.430）	（−2.902）	（−2.859）
_cons	92.496***	93.427***	93.415***
	（55.003）	（55.599）	（55.335）
Obs	3906	3906	3906
R^2	0.1305	0.1505	0.1460

注：***、**、*分别表示该系数在1%、5%和10%水平下显著，括号内数值为 t 统计量。

除此之外，地区生产总值（gdp）和外商直接投资（fdi）也在东盟样本回归中对就业有显著影响，前者对就业数量有正向作用而后者则不利于就业。不同贸易方向下回归系数的显著水平相同，系数值相同或相近，这同样可表明模型回归结果较为稳健。

第四节　实证分析小结

第一，中国与"一带一路"沿线国家贸易对中国就业数量（$rate$）的提升有显著成效。从贸易方向来看，贸易对中国的就业效应主要来源于中国对沿线国家的出口，进口贸易亦能提高中国各省市区就业率，但作用相对微弱(0.070)，进出口贸易总额对就业数量的影响则综合了出口贸易与进口贸易对就业的正向作用，影响系数达到了 0.090。

第二，中国与"一带一路"沿线国家贸易能有效提升中国的就业质量（ quality ）。三种不同方向的贸易模型下核心解释变量的影响系数接近，约为 0.06，这充分肯定了贸易对提升就业质量的积极作用，佐证了回归结果的稳健性。

第三，中国与"一带一路"沿线国家贸易对就业结构影响呈差异化结果。中国与"一带一路"沿线国家贸易对就业性别结构优化作用较为微弱，对就业产业结构优化效果显著，对东部省市区的影响力度更大，但对中西部省市区的影响受贸易方向限制更小。

第四，其他重要变量是影响就业的重要因素。"一带一路"倡议提出对就业数量、就业质量、就业结构均有积极影响；地区生产总值的作用突出体现在就业性别结构的优化上；物价是影响就业质量的重要原因，对就业性别结构优化也有一定作用；就业产业结构优化从外商直接投资增加中受益最大；滞后一期就业变量均对当期就业有着积极促进作用。

第五章　中国与"一带一路"沿线国家贸易的就业效应：基于沿线国家就业效应的实证研究

上一章已经对中国与"一带一路"沿线国家贸易对中国就业的影响进行了详细分析与说明，本章将重点考察其对"一带一路"沿线国家就业的影响。

第一节　模型的构建

本章模型设定与上一章相似，依据贸易方向的不同，将贸易变量划分为出口贸易、进口贸易以及进出口贸易总额。对于被解释变量——就业，本节同样用就业率衡量就业相对数量、用就业质量综合指数衡量就业质量、用就业性别结构、产业结构和地区结构来衡量就业结构，其中，地区结构以是否为亚洲国家为划分依据。

本章研究的是贸易活动对沿线国家就业的影响，但就业水平的高低同样有可能影响贸易活动。鉴于模型设定中可能存在的内生性问题，本章同样采用贸易变量的滞后一期和滞后两期变量作为工具变量，选用动态面板数据系统 GMM 估计方法进行回归。

一、贸易对沿线国家就业数量影响模型

引入相关其他重要变量后，建立中国与"一带一路"沿线国家贸易对中国就业影响的动态面板数据系统 GMM 模型，选用被解释变量的滞后一期

作为模型的解释变量。

$$rate'_{it} = a + \alpha_0 rate'_{it-1} + \alpha_1 ln\, ex'_{it} + control'_{it} + \mu_1'_{it} \qquad (5\text{-}1)$$

式(5-1)反映的是我国与"一带一路"沿线国家的出口贸易对沿线国家就业数量的影响。其中，$rate'$ 和 $rate'(-1)$ 分别表示当期和滞后一期沿线国家就业率；ex' 表示中国对"一带一路"沿线国家出口贸易额；$control'$ 表示其他重要变量，具体包括沿线国家的国内生产总值（gdp'）、居民消费价格指数百分比变化（cpi'）、外商直接投资额（fdi'），还包括政策（$policy'$）虚拟变量，本章所指政策为 2013 年"一带一路"倡议的提出；t 表示时间，区间为 2001—2018 年；i 表示"一带一路"沿线 59 个样本国家；$\mu_1'_{it}$ 为残差项。

式(5-2)和式(5-3)为对应的进口模型和进出口模型，分别表示进口贸易、进出口贸易对就业数量的影响：

$$rate'_{it} = a + \alpha_0 rate'_{it-1} + \alpha_1 ln\, im'_{it} + control'_{it} + \mu_1'_{it} \qquad (5\text{-}2)$$

$$rate'_{it} = a + \alpha_0 rate'_{it-1} + \alpha_1 ln\, trade'_{it} + control'_{it} + \mu_1'_{it} \qquad (5\text{-}3)$$

二、贸易对沿线国家就业质量影响模型

式(5-4)、式(5-5)和式(5-6)为对应的出口模型、进口模型和进出口模型，分别表示出口贸易、进口贸易、进出口贸易对就业质量的影响。其中，$quality'$ 表示沿线各国的就业质量综合指数；ex'、i 以及 t 的含义与式(5-1)相同；$\mu_2'_{it}$ 为残差项。

$$quality'_{it} = a + \alpha_0 quality'_{it-1} + \alpha_1 ln\, ex'_{it} + control'_{it} + \mu_2'_{it} \qquad (5\text{-}4)$$

$$quality'_{it} = a + \alpha_0 quality'_{it-1} + \alpha_1 ln\, im'_{it} + control'_{it} + \mu_2'_{it} \qquad (5\text{-}5)$$

$$quality'_{it} = a + \alpha_0 quality'_{it-1} + \alpha_1 ln\, trade'_{it} + control'_{it} + \mu_2'_{it} \qquad (5\text{-}6)$$

三、贸易对沿线国家就业结构影响模型

1. 性别结构

式(5-7)、式(5-8)和式(5-9)为对应的出口模型、进口模型和进出口模型，分别表示出口贸易、进口贸易、进出口贸易对就业质量的影响。其

中，$gender'$ 表示男性失业率与女性失业率之比；ex'、i 以及 t 的含义与式(5-1)相同；$\mu_3{}'_{it}$ 为残差项。

$$gender'_{it} = a + \alpha_0 gender'_{it-1} + \alpha_1 ln\ ex'_{it} + control'_{it} + \mu_3{}'_{it} \qquad (5\text{-}7)$$

$$gender'_{it} = a + \alpha_0 gender'_{it-1} + \alpha_1 ln\ im'_{it} + control'_{it} + \mu_3{}'_{it} \qquad (5\text{-}8)$$

$$gender'_{it} = a + \alpha_0 gender'_{it-1} + \alpha_1 ln\ trade'_{it} + control'_{it} + \mu_3{}'_{it} \qquad (5\text{-}9)$$

2. 行业结构

式(5-10)、式(5-11)和式(5-12)为对应的出口模型、进口模型和进出口模型，分别表示出口贸易、进口贸易、进出口贸易对就业质量的影响。其中，$industry'$ 表示某一行业就业人员占总就业比例，包括农业（$industry_1'$）、工业（$industry_2'$）和服务业（$industry_3'$）；ex'、i 以及 t 的含义与式(5-1)相同；$\mu_4{}'_{it}$ 为残差项。

$$industry'_{it} = a + \alpha_0 industry'_{it-1} + \alpha_1 ln\ ex'_{it} + control'_{it} + \mu_4{}'_{it} \quad (5\text{-}10)$$

$$industry'_{it} = a + \alpha_0 industry'_{it-1} + \alpha_1 ln\ im'_{it} + control'_{it} + \mu_4{}'_{it} \quad (5\text{-}11)$$

$$industry'_{it} = a + \alpha_0 industry'_{it-1} + \alpha_1 ln\ trade'_{it} + control'_{it} + \mu_4{}'_{it}$$

$$(5\text{-}12)$$

3. 地区结构

本节将样本以是否为亚洲国家为界进行划分，探讨地区就业结构的差异。具体选择就业率（$rate'$）作为被解释变量进行实证分析，在模型式(5-1)、式(5-2)以及式(5-3)基础上分样本进行回归。

第二节　变量的选择

一、变量的选择

核心解释变量为贸易，根据贸易方向的不同分为中国对"一带一路"沿线国家出口贸易额（ex'）、中国对"一带一路"沿线国家进口贸易额（im'）以及中国对"一带一路"沿线国家进出口贸易额（$trade'$），以上变量均为美元单位。

与上一章相似，被解释变量为就业，分为就业数量、就业质量和就业结构，本章将所有模型涉及的变量信息整理如表 5-1。

表 5-1　变量信息表

变量性质	变量类别	变量划分依据		替代变量	符号	单位
核心解释变量	贸易	贸易方向	出口	中国对"一带一路"沿线国家出口贸易额	ex'	美元
			进口	中国对"一带一路"沿线国家进口贸易额	im'	美元
			进出口	中国对"一带一路"沿线国家进出口贸易额	$trade'$	美元
被解释变量	就业	就业数量	就业率	"一带一路"沿线各国家就业率	$rate'$	%
		就业质量	质量指数	就业质量综合指数	$quality'$	
		就业结构	性别结构	"一带一路"沿线各国家女性与男性失业率之比	$gender'$	
			行业结构	农业就业人员占总就业比例	$industry_1'$	%
				工业就业人员占总就业比例	$industry_2'$	%
				服务业就业人员占总就业比例	$industry_3'$	%
			地区结构	对亚洲地区就业率的影响		
				对非亚洲地区就业率的影响		
其他重要变量		生产水平		"一带一路"沿线各国家国内生产总值	gdp'	美元
		物价		"一带一路"沿线各国家居民消费价格指数	cpi'	
		投资		"一带一路"沿线各国家外商直接投资额	fdi'	美元
		政策		以 2013 年为界"一带一路"倡议提出前后	$policy'$	

(一)就业数量

就业率($rate'$)用以衡量相对的就业数量,此处为沿线各国家就业率,反映一国整体就业相对数量水平的高低。

(二)就业质量

与上一章类似,本章就业质量变量同样采用就业质量综合指数来衡量,数据均来源于世界银行数据库。就业报酬选择"私人转移支付和雇员工资"($salary'$)替代,工资是企业运营成本的主要构成部分,一般来说,工资的上涨会给企业经营施压,可能会裁员以降低成本。需要说明的是,限于纯粹的"雇员工资"变量数据的可获得性,此处选择的工资变量包括了"私人转移支付",转移支付是一种收入再分配的手段,从行为主体上来说,私人转移支付区别于政府转移支付,是富裕人口以私人形式对贫困人口现金、礼物等的捐赠,但私人转移支付又与公共转移支付相同,是改善贫困人口生活状况、缩小收入差距的重要手段。"私人转移支付"和"雇员工资"的支付主体(前者为私人,后者为企业)和支付性质(前者为捐赠,后者为劳动报酬)虽有差别,但是对就业的影响存在某种一致性,"私人转移支付"越多,越意味着接受私人转移支付的人无需工作便可维持生活,这会降低这类人群的工作意愿,而"雇员工资"的增加会使得企业经营成本增加进而减少员工数量,以上两类工资变量的构成在更大程度上会不利于就业水平的提升。用人均国内生产总值($avegdp'$)代表就业环境(经济发展与就业)。就业能力用"平均受教育年限"(edu')替代,受教育年限越长则就业能力越强,这和"高等教育人员占比"的解释方向一致。就业公平用"基尼系数"(gap')代替,该指标与"城乡人均收入比值"均为逆向指标,数值越大则越偏离就业公平,是就业质量较低的表现。就业指标综合指数的计算同样遵循以下四个步骤:①缺失值的处理;②逆向指标正向化;③Z-score归一化处理;④赋予权重求得就业质量指数值。

(三) 就业结构

性别结构($gender'$) 用女性失业率与男性失业率之比表示。该值越接近1，则就业性别结构越均衡，但样本区间内女性失业率始终高于男性失业率(即 $gender>1$)，可以进一步将该变量解释为数值越大则就业性别结构失衡越严重，该比值的下降能反映就业性别结构的优化。

行业结构($industry'$) 分别以农业就业人员占总就业比例($industry_1'$)、工业就业人员占总就业比例($industry_2'$) 和服务业就业人员占总就业比例($industry_3'$) 为被解释变量进行实证分析。由于三大行业就业人员占总就业人数比例之和等于100%，因此，同一标准下的三大行业就业人员占比一定会出现"此消彼长"的现象，当某一行业就业人员占比发生显著变化时，更多地应将其视为行业结构的调整而不是就业数量的调整。

地区结构以就业率($rate'$) 为数据基础，将沿线 59 个国家以是否为亚洲国家为界进行样本划分，分别考察贸易对亚洲国家和非亚洲国家就业率的影响。

其他重要变量包括衡量生产水平的国内生产总值(gdp')、衡量物价变化的居民消费价格指数百分比变化(cpi')、衡量投资水平的外商直接投资额(fdi')、就业变量滞后一期以及反映政策的"一带一路"倡议的提出($policy'$)。国内生产总值(gdp') 是反映经济规模的变量，在一国之内，经济规模的增加有利于整体就业情况的改善；居民消费价格指数百分比变化(cpi') 反映的是物价的变动幅度，一般来说，物价的上涨会增加企业用工成本，出于企业角度会削减用工数量，从而不利于就业率的提升，但同时物价的上涨会增加居民的生活成本，出于居民角度，部分没有工作意愿的劳动力可能会进入劳动市场；外商直接投资(fdi') 反映一国吸收投资的水平，对就业具有重要影响，具体作用方向因性别、行业、地区可能有所不同。

将变量数据基本信息整理为表 5-2，其中包括对观测值个数、均值、标准差、最大值及最小值的描述。

表 5-2 变量描述性统计

变量	观测值	均值	标准差	最小值	最大值
$lnex'$	1056	20.8536	2.0894	11.9916	25.1543
$lnim'$	1056	19.4058	3.2274	5.3982	24.8835
$lntrade'$	1056	21.3114	2.2090	11.9929	25.7212
$rate'$	1062	91.9726	6.0692	99.8600	62.7500
$quality'$	1001	0.000	0.5681	−2.6338	1.2120
$gender'$	1062	2.1010	1.6286	1.0197	13.8171
$industry_1'$	1062	25.9201	19.2485	0.9850	81.1930
$industry_2'$	1062	23.5866	8.2074	4.8720	59.5760
$industry_3'$	1062	50.4934	14.8061	13.9340	81.6810
$lngdp'$	1054	24.5281	1.6840	19.9817	28.7203
cpi'	1050	5.8499	7.0384	−19.3310	61.1330
$lnfdi'$	1024	20.8853	1.8840	13.4299	25.0521

二、数据来源及处理

(一)数据来源

本章实证研究各变量数据来源具体如表 5-3 所示。

(二)数据处理

1. 样本的选取

"一带一路"沿线国家总计 65 个，由于巴勒斯坦、文莱、巴林、新加坡、阿联酋以及波黑 6 个国家的数据缺失严重，故在模型中剔除了以上 6 个国家，本章实证分析的研究对象为其余 59 个国家，以上 59 个国家的详细名单以及地区划分见表 5-4；研究的时间区间为 2001 年至 2018 年，时间跨度为 18 年。

表 5-3　各变量数据来源

变量类别	变量划分依据		替代变量	数据来源
贸易	贸易方向	出口	中国对"一带一路"沿线国家出口贸易额	EPS 全球统计分析平台中的世界贸易数据库
		进口	中国对"一带一路"沿线国家进口贸易额	
		进出口	中国对"一带一路"沿线国家进出口贸易额	
就业	数量	就业率	"一带一路"沿线各国家就业率	EPS 全球统计分析平台中的世界宏观经济数据库和世界经济发展数据库
	质量	质量指数	就业质量综合指数	世界银行
	结构	性别结构	"一带一路"沿线各国家女性失业率与男性失业率之比	国际劳工组织官网统计数据库
		行业结构	农业就业人员占总就业比例	国际劳工组织官网统计数据库
			工业就业人员占总就业比例	
			服务业就业人员占总就业比例	
		地区结构	对亚洲地区就业率的影响	
			对非亚洲地区就业率的影响	
其他重要变量	生产水平		地区生产总值	世界银行官网统计数据库
	物价		居民消费价格指数	
	投资		外商直接投资	联合国贸易与发展会议（UNCATD）网站统计数据库
	政策		以 2013 年为界"一带一路"倡议提出前后	中国一带一路网官方网站

2. 数据的整理与计算

缺失值的处理：本章实证分析涉及的国家众多，且部分国家的数据获取难度大，数据完整度欠佳，但基于样本数量较多，从总体上看，极少部分数据的缺失对实证分析结果无太大影响。部分缺失值采取线性插值法或根据临近点的线性趋势进行了补全。单位的统一：所有涉及金额的变量统一为美元单位，所有涉及比例的变量以及居民消费价格指数百分比变化统一为%单位，政策变量没有单位。取对数处理：为使序列更为平稳，对部分变量做取对数处理，取对数的变量包括出口金额（$lnex'$）、进口金额（$lnim'$）、进出口总额（$lntrade'$）、就业质量综合指数（$quality'$）以及国内生产总值（$lngdp'$）。

表 5-4 "一带一路"沿线样本国家及区域划分

地区	国　　　家
亚洲国家 （36）	蒙古国、柬埔寨、印度尼西亚、马来西亚、菲律宾、泰国、越南、缅甸、老挝、伊朗、土耳其、约旦、黎巴嫩、以色列、沙特阿拉伯、也门、阿曼、卡塔尔、科威特、塞浦路斯、伊拉克、叙利亚、埃及、印度、巴基斯坦、孟加拉国、斯里兰卡、尼泊尔、阿富汗、马尔代夫、不丹、哈萨克斯坦、吉尔吉斯斯坦、塔吉克斯坦、乌兹别克斯坦、土库曼斯坦
非亚洲国家 （23）	俄罗斯、乌克兰、格鲁吉亚、阿塞拜疆、亚美尼亚、摩尔多瓦、白俄罗斯、波兰、立陶宛、爱沙尼亚、拉脱维亚、捷克、斯洛伐克、匈牙利、斯洛文尼亚、克罗地亚、黑山、塞尔维亚、阿尔巴尼亚、罗马尼亚、保加利亚、马其顿、希腊

注：以上共计有 59 个"一带一路"沿线国家，根据是否为亚洲国家分为两大区域，每一区域括号内数字为该区域的国家数。

第三节　实证结果分析

在对模型进行回归前需先对序列进行平稳性检验，这里采用的是同根检验中的 LLC 检验和异根检验中的 IPS 检验，具体检验结果见表 5-5，由

表 5-5 可知，所有序列均在水平条件下平稳，无需对序列进行差分处理。

表 5-5　序列平稳性检验结果

Variable	LLC Level		IPS level	
	p	t	p	t
$lnex'$	0.00	(−8.30)	0.00	(−5.13)
$lnim'$	0.00	(−8.70)	0.00	(−2.59)
$lntrade'$	0.00	(−14.63)	0.00	(−4.16)
$rate'$	0.00	(−9.60)	0.00	(−2.72)
$quality'$	0.00	(−14.16)	0.00	(−4.25)
$gender'$	0.00	(−3.52)	0.02	(−2.12)
$industry_1'$	0.00	(−3.05)	0.01	(−2.39)
$industry_2'$	0.00	(−8.30)	0.00	(−6.59)
$industry_3'$	0.00	(−5.42)	0.00	(−3.01)
$lngdp'$	0.01	(−2.47)	0.00	(−4.73)
cpi'	0.00	(−10.34)	0.00	(−7.43)
fdi'	0.00	(−4.27)	0.00	(−3.76)

与上一章相似，在进行变量内生性检验、过度识别检验和弱工具变量检验后，选择动态面板数据系统 GMM 估计作为本章的实证研究方法。

一、贸易对"一带一路"沿线国家就业数量的影响

贸易对就业数量影响的回归结果如表 5-6 所示，列（1）表示出口贸易对就业数量（$rate'$）的影响、列（2）表示进口贸易对就业数量的影响、列（3）表示进出口贸易对就业数量的影响。

表 5-6 不同贸易方向对就业数量的影响

	（1） ex'	（2） im'	（3） $trade'$
$rate'(-1)$	0.972***	0.970***	0.972***
	（111.066）	（113.728）	（112.961）
$lnex'$	1.287***		
	（6.533）		
$lnim'$		0.406***	
		（3.945）	
$lntrade'$			1.469***
			（8.048）
$lngdp'$	0.321	0.982***	−0.013
	（1.440）	（3.920）	（−0.057）
cpi'	0.071***	0.078***	0.070***
	（2.712）	（2.735）	（2.642）
$policy'$	−0.406	0.002	−0.480
	（−1.096）	（0.006）	（−1.321）
$lnfdi'$	−1.425***	−1.390***	−1.369***
	（−9.179）	（−8.488）	（−8.759）
$\_cons'$	87.035***	88.992***	89.630***
	（32.352）	（28.339）	（32.648）
obs	7434	7434	7434
R^2	0.7027	0.6584	0.7208

注：***、**、*分别表示该系数在1%、5%和10%水平下显著，括号内数值为 t 统计量。

由表5-6可知，中国对"一带一路"沿线国家的贸易对提升沿线国家就业率具有积极作用，出口贸易在其中的作用更为深刻，影响系数达到了1.287，这也是进出口贸易（1.469）改善就业状况的重要动力源，相比之下，进口贸易影响强度(0.406)略显微弱。与上一章对中国就业率影响结果相比，贸易虽均能提升我国以及沿线国家的就业率，但贸易对提升沿线各国家就业率的促进作用远高于对提升中国就业率的影响，这一结果充分肯定了中国积极开展与"一带一路"沿线国家间经贸合作对双方就业，尤其是沿线国家的积极影响。

国内生产总值(gdp')、物价(cpi')和外商直接投资额(fdi')同样是影响沿线国家就业率的重要因素。在进口模型中，国内生产总值对失业率的影响系数为0.982且在通过了显著性检验，这肯定了经济规模的增加对就业的积极作用，但这一正向影响在出口模型和进出口模型中表现得不明显。物价上涨同样对提升就业率有积极作用，其原因可能在于适度的物价上涨是经济发展状况良好的体现，失业率的降低能与物价上涨建立一定联系；从影响强度角度来看变量系数在三种贸易模型中较为均衡，约为0.075，但从绝对值上来讲，远低于其他通过显著性检验的变量，可以说物价能影响失业率但不是主要影响因素。与前两者相反，外商直接投资可能会对沿线国家的就业带来不利影响，且这种不利影响较为强烈，影响系数约为-1.400，这可能与投资对本国企业生存空间的挤兑有关。滞后一期就业率对当期沿线各国家就业率具有积极推动作用。

以上结果证实了中国与沿线国家的贸易能有效提升沿线国家的就业率，充分肯定了中国积极开展与沿线国家的贸易活动对双边就业的积极影响，深化与沿线国家的合作能实现就业领域的双边共赢。

二、贸易对"一带一路"沿线国家就业质量的影响

贸易对就业质量影响的回归结果如表5-7所示，列(1)表示出口贸易对就业质量($quality'$)的影响、列(2)表示进口贸易对就业质量的影响、列(3)表示进出口贸易对就业质量的影响。

中国与沿线国家的贸易对沿线国家就业质量($quality'$)的影响总体为正。由表5-7结果可知，出口贸易对就业质量的影响系数为0.012；进口模型中贸易变量并未显著影响就业质量；进出口模型中$trade$的影响系数为0.011，与出口模型中的系数值极为接近，这说明中国开展与沿线国家的贸易有益于促进沿线国家就业质量的提升，且这种正向影响主要得益于出口

贸易额的增加。与此同时,表 5-6 结果显示中国与沿线国家贸易额的增加有利于中国各省市区就业质量的提升。综合以上结论可知,贸易能改善中国、沿线国家双边就业质量。

表 5-7　不同贸易方向对就业质量的影响

	（1） ex	（2） im	（3） trade
quality'(−1)	0.909***	0.903***	0.907***
	(44.142)	(43.633)	(43.582)
lnex'	0.012*		
	(1.885)		
lnim'		0.004	
		(1.049)	
lntrade'			0.011*
			(1.712)
lngdp'	0.019**	0.012	0.017*
	(2.096)	(1.478)	(1.871)
cpi'	−0.001	−0.000	−0.001
	(−0.872)	(−0.548)	(−0.775)
policy'	0.019*	0.027**	0.022**
	(1.750)	(2.498)	(1.995)
lnfdi'	0.022***	0.022***	0.022***
	(2.824)	(2.892)	(2.889)
_cons'	−0.131	−0.139	−0.123
	(−1.123)	(−0.998)	(−0.999)
obs	3906	3906	3906
R^2	0.9346	0.9353	0.9349

注:***、**、*分别表示该系数在1%、5%和10%水平下显著,括号内数值为 t 统计量。

绝大多数其他重要变量在不同的贸易模型下对就业质量有正向影响。其中，国内生产总值（gdp'）是对提升沿线国家就业质量的重要因素，经济规模的扩大意味着生产活动更加频繁，这尤其有利于就业报酬（$salary'$）的上涨，其影响系数在出口模型和进出口模型中分别为 0.019 和 0.017，但该变量在进口模型中并未通过显著性检验。回归模型中政策变量（$policy'$）和外商直接投资（fdi'）的作用效果较为相似，上述两变量在不同贸易方向的模型中均显著影响了就业质量。从影响强度来看，政策（$policy'$）对就业质量的影响与国内生产总值相同，是促进工资提升十分重要的因素；对比前文结果可知，政策对降低失业率并无显著作用，即"一带一路"倡议的提出对沿线国家就业的作用主要体现在质量的提升而不是数量的增加上。外商直接投资同样能促进工资的上涨，外资涌入通常伴随着先进的技术和管理经验，这将促进相关行业内生产技术水平、生产效率的提高，从而有利于该行业就业质量的提升。滞后一期工资水平对当期沿线国家就业质量具有积极推动作用。

三、贸易对"一带一路"沿线国家就业结构的影响

（一）贸易对性别就业结构的影响

贸易对性别就业结构影响的回归结果如表 5-8 所示，列（1）表示出口贸易对就业性别结构（$gender'$）的影响、列（2）表示进口贸易对就业性别结构的影响、列（3）表示进出口贸易对就业性别结构的影响。$gender'$ 变量为女性失业率与男性失业率之比，由表 5-2 可知该变量最小值为 1.0197，即"一带一路"沿线国家也存在女性失业率普遍高于男性失业率这一现状。在 $gender'$ 大于 1 的情况下，该变量数值下降则表示女性失业率的相对减少，此为性别就业结构的优化。

贸易对"一带一路"沿线国家就业性别结构优化作用较为微弱。在三种贸易模型中，仅有贸易变量的增加能显著降低女性相对失业率，且系数值偏低，为-0.096，其他贸易变量在模型中的回归结果均显示对就业性别结构调整无显著影响。考虑到前述研究充分肯定了各贸易变量对降低失业率

的显著作用，贸易对改善就业性别结构效果不佳的原因可能在于，在沿线地区贸易增加倾向于降低男性失业率而不是女性，所以在总体失业率显著受贸易的就业效应影响而下降时，就业性别结构仅在特定情况下有微弱优化效果。

表5-8　不同贸易方向对就业性别结构的影响

	（1）ex'	（2）im'	（3）trade'
gender'(-1)	1.003***	1.002***	1.003***
	(125.536)	(130.044)	(127.471)
lnex'	-0.044		
	(-1.441)		
lnim'		0.010	
		(0.464)	
lntrade'			-0.096***
			(-3.154)
lngdp'	-0.171***	-0.232***	-0.109**
	(-3.654)	(-5.514)	(-2.372)
cpi'	-0.016*	-0.017*	-0.016*
	(-1.769)	(-1.874)	(-1.756)
policy'	-0.301***	-0.269***	-0.324***
	(-3.700)	(-3.296)	(-3.911)
lnfdi'	0.049**	0.049**	0.045*
	(2.086)	(2.144)	(1.898)
_cons'	2.160***	2.533***	1.836***
	(3.980)	(3.859)	(3.351)
obs	7434	7434	7434
R²	0.7783	0.7775	0.7834

注：***、**、*分别表示该系数在1%、5%和10%水平下显著，括号内数值为t统计量。

其他重要变量对"一带一路"沿线国家就业性别结构的影响与对中国各省市区就业性别结构的影响有相似之处，表现为国内生产总值、物价对就业性别结构的优化和投资对就业性别结构的恶化。政策变量是改善就业性别结构的关键因素，在进出口模型中表现得最为明显，影响系数达到了 −0.324，为所有通过显著性检验变量系数的最大值，这反映出该倡议对提升沿线国家女性相对就业率具有重要意义；经济规模增加同样也能优化就业性别结构，从回归系数值来看，国内生产总值是影响就业性别结构的第二大因素，随着经济发展，女性劳动价值进一步得到肯定，女性就业歧视相对减少，女性失业状况能得到一定改善；物价上涨是推动性别就业结构优化的另一因素，但其作用力度要小得多，影响系数约为 0.016，适度的物价上涨是经济充满活力的标志，此时劳动力需求增加，有利于女性员工就业，同时，物价上涨的经济压力可能会促使无工作意愿的女性进入劳动市场，企业在一定情况下也会倾向于用价格更低廉的女性员工取代男性员工；投资是其他重要变量中唯一对性别就业结构调整有负面影响的变量，可能限于外商直接投资领域的局限性，投资增加对男性就业的积极作用远超女性，这将进一步加大就业性别结构的不平等。

总体而言，进出口总额的增加能在一定程度上改善沿线国家的就业性别结构，此外，推动中国与沿线国家的交流与合作、扩大经济规模、保持物价的小幅稳定上涨能进一步优化就业性别结构，同时，外商直接投资应关注其对女性就业问题的相对不利影响，以防就业性别结构不平衡状况加剧。

（二）贸易对行业就业结构的影响

贸易对就业行业结构影响的回归结果整理如表 5-9 所示，列（1）、列（2）、列（3）表示贸易对第一产业就业人员占比（$industry_1'$）的影响、列（4）、列（5）、列（6）表示贸易对第二产业就业人员占比（$industry_2'$）的影响、列（7）、列（8）、列（9）表示贸易对第三产业就业人员占比（$industry_3'$）的影响。

表5-9　不同贸易方向对就业产业结构的影响

| | $industry_1{}'$ | | | $industry_2{}'$ | | | $industry_3{}'$ | | |
	(1) ex'	(2) im'	(3) $trade'$	(4) ex'	(5) im'	(6) $trade'$	(7) ex'	(8) im'	(9) $trade'$
$industry_1{}'(-1)$	0.984*** (551.648)	0.984*** (569.005)	0.984*** (576.745)						
$industry_2{}'(-1)$				0.982*** (156.273)	0.982*** (155.604)	0.987*** (153.569)			
$industry_3{}'(-1)$							0.990*** (439.063)	0.988*** (445.532)	0.989*** (431.033)
$lnex'$	-3.836*** (-6.377)			-1.502*** (-5.584)			2.337*** (5.338)		
$lnim'$		0.300 (0.920)			0.224* (1.777)			0.520** (2.015)	
$lntrade'$			-2.054*** (-3.853)			-0.720*** (-3.197)			1.338*** (3.412)
$lngdp'$	-5.411*** (-6.781)	-1.961*** (-2.860)	-3.818*** (-4.889)	2.703*** (7.794)	0.835*** (3.149)	1.978*** (6.321)	2.729*** (4.231)	1.132*** (2.024)	1.850*** (2.935)

续表

	industry₁'			industry₂'			industry₃'		
	(1) ex'	(2) im'	(3) trade'	(4) ex'	(5) im'	(6) trade'	(7) ex'	(8) im'	(9) trade'
cpi'	-0.513***	-0.544***	-0.528***	-0.039	-0.055	-0.043	0.475***	0.486***	0.481***
	(-4.291)	(-4.159)	(-4.192)	(-1.058)	(-1.392)	(-1.129)	(4.755)	(4.576)	(4.665)
policy'	-2.982**	-1.202	-2.076*	0.253	-0.621	-0.120	2.750***	1.857*	2.255**
	(-2.450)	(-0.963)	(-1.677)	(0.477)	(-1.198)	(-0.229)	(2.769)	(1.817)	(2.229)
lnfdi'	-2.931***	-2.947***	-2.868***	0.918***	0.945***	0.903***	1.996***	1.998***	1.959***
	(-7.073)	(-7.044)	(-6.786)	(5.212)	(5.472)	(5.083)	(5.662)	(5.598)	(5.476)
_cons'	138.039***	127.454***	133.670***	-30.404***	-20.562***	-28.224***	-7.750	-7.047	-5.543
	(13.267)	(11.090)	(12.826)	(-8.426)	(-5.354)	(-8.210)	(-0.939)	(-0.760)	(-0.661)
obs	7434	7434	7434	7434	7434	7434	7434	7434	7434
R^2	0.8244	0.7812	0.7950	0.7921	0.7640	0.7664	0.7597	0.7340	0.7423

注：***、**、*分别表示该系数在1%、5%和10%水平下显著，括号内数值为t统计量。

　　贸易对"一带一路"沿线国家三大行业就业结构的影响同样表现为农业就业人员占比的降低与服务业就业人员占比的提升。进出口贸易的增加显著降低农业就业人员占比($industry_1'$)，主要来源于中国对沿线国家出口贸易额的增加，出口模型中贸易对第一产业就业占比的影响系数达到了-3.836；不同贸易模型对第二产业就业人员占比($industry_2'$)的影响具有不确定性，其中，出口贸易会降低该占比，而进口贸易的影响则与之相反，进出口贸易总额更多地受出口贸易额的影响对工业就业人员的作用方向为负；由于三大行业就业人员占比存在"此消彼长"的关系，在农业工业就业人员占比总体受贸易负向影响的前提下，服务业就业人员占比($industry_3'$)将随着贸易额的增加而增加。列(1)、列(4)和列(7)反映的是出口贸易三大行业就业结构的影响，结果表明出口增加将使得农业和工业就业人员转移到服务业；列(3)、列(6)和列(9)所示的进出口贸易总额对三大行业结构变动的影响大致相同；进口对行业结构影响的范围略小，只对工业和服务业就业人员占比增加有显著作用，对农业就业人员占比无明显降低作用。

　　模型中其他重要变量对同一行业就业人员占比的影响呈现作用方向相同、强度各异这一特征。对农业就业人员占比($industry_1'$)而言，经济规模扩大、物价上涨、"一带一路"倡议提出、外商直接投资额增加均能显著降低该占比，农业比重下降为就业结构优化的表现；对工业就业人员占比($industry_2'$)而言，国内生产总值和投资的增加有利于该占比的提升，但影响强度低于其对农业就业人员占比的影响，物价和政策对该占比无显著作用；对服务业就业人员占比($industry_3'$)而言，其他重要变量对提升该占比具有重要正向影响，根据影响强度排序为：政策、国内生产总值、外商直接投资、滞后一期就业占比和物价水平。

(三)贸易对地区就业结构的影响

　　总体而言，贸易额增加有利于农业就业人员占比下降，服务业就业人员占比提升，此为就业行业结构优化的体现；其他重要变量虽未在每一模型下通过显著性检验，但仍基本符合与农业就业人员占比反向变化、与服务业就业人员占比正向变化这一特征。

贸易对就业地区结构影响的回归结果如表 5-10 所示，列（1）、列（2）、列（3）表示贸易对亚洲国家就业率的影响，列（4）、列（5）、列（6）表示贸易对非亚洲国家就业率的影响。"一带一路"沿线涉及亚洲、中东欧等地区众多国家，历史背景和风俗习惯各异，贸易活动的就业效应不可避免地受地域文化因素的影响，65 个"一带一路"沿线国家中亚洲国家占一半以上，且中国与沿线国家的贸易额主要集中在亚洲国家，因此以是否为亚洲国家为界进行划分是相对合理的分类方式。

表 5-10　不同贸易方向对就业地区结构的影响

	Asia			Non-Asia		
	(1)	(2)	(3)	(4)	(5)	(6)
	ex'	im'	$trade'$	ex'	im'	$trade'$
$rate'(-1)$	0.972***	0.976***	0.973***	0.986***	0.967***	0.979***
	(110.016)	(110.862)	(110.168)	(57.543)	(57.302)	(58.624)
$lnex'$	−0.102			1.842***		
	(−0.767)			(3.500)		
$lnim'$		0.108*			0.695*	
		(1.651)			(1.895)	
$lntrade'$			0.106			1.930***
			(0.828)			(3.174)
$lngdp'$	0.655***	0.388**	0.461**	0.351	1.604***	0.279
	(3.521)	(2.159)	(2.393)	(0.613)	(2.925)	(0.412)
cpi'	−0.073***	−0.078***	−0.075***	0.266***	0.221***	0.234***
	(−2.739)	(−2.949)	(−2.845)	(3.863)	(3.599)	(3.752)
$policy'$	0.366	0.283	0.255	−0.051	−0.008	−0.327
	(1.085)	(0.853)	(0.756)	(−0.077)	(−0.010)	(−0.445)

续表

	Asia			Non-Asia		
	(1)	(2)	(3)	(4)	(5)	(6)
	ex'	im'	$trade'$	ex'	im'	$trade'$
$lnfdi'$	-0.730***	-0.735***	-0.747***	-1.318***	-1.402***	-1.381***
	(-8.018)	(-8.022)	(-8.181)	(-3.991)	(-3.872)	(-4.050)
$\_cons'$	96.242***	98.637***	97.424***	69.258***	64.995***	70.209***
	(42.211)	(33.747)	(40.258)	(12.538)	(9.384)	(11.266)
obs	4536	4536	4536	2898	2898	2898
R^2	0.8814	0.8853	0.8887	0.8932	0.8466	0.8826

注：***、**、*分别表示该系数在1%、5%和10%水平下显著，括号内数值为 t 统计量。

由表5-10可知，贸易能显著提升就业率，但其作用效果在亚洲国家和非亚洲国家差异明显。仅有中国对沿线亚洲国家的进口，即沿线亚洲国家对中国的出口能有效促进沿线亚洲国家的就业，其影响系数为0.108，在所有通过显著性检验的变量中系数值偏小，这说明出口贸易并非沿线亚洲国家改善就业的最重要方式。贸易对非亚洲国家的影响不以贸易方向为限，具体表现在出口额、进口额、进出口额均能显著提升就业率，但进出口额的就业效应强度更大(1.930)，其次是出口贸易(1.842)，最后是进口贸易(0.695)。贸易变量对降低非亚洲国家失业率更有效的原因可能在于，亚洲国家与中国的贸易额很大程度上得益于彼此地理位置的邻近，而非亚洲国家与中国贸易额的增长受限于距离却更多地依赖于对产品的切实需求，基于优质产品的贸易额的增加对提升就业率更有效。

其他重要变量中，国内生产总值（ gdp' ）、物价（ cpi' ）和外商直接投资（ fdi' ）能较好地解释就业率的变化，分样本回归结果与表5-6所示结果基本一致。经济规模的增加有利于就业率的提升，这一结论在亚洲国家表现得更明显，对非亚洲国家就业的积极影响仅体现在进口模型中。物价对就业率的影响在两地区呈现相反的特征，具体表现为物价上涨对亚洲国家就业状况有微弱不利影响，但有利于提升非亚洲国家的就业率；滞后一期就业率在所有模型中对当期就业率均具有积极促进作用；由菲利普斯曲线可知，失业率与物价呈反向变动关系，但由于亚洲国家经济实力相对落后，物价上涨带来的生产生活成本增加对部分脆弱企业造成冲击，不利于相关企业员工的就业。外商直接投资对分地区与对全部地区就业率的影响方向均为负，影响强度相似，区别在于，投资对非亚洲国家失业率的影响更大，影响系数为-1.318、-1.402和-1.381，这一数值与表5-6结果较为接近，投资对亚洲国家的影响系数略低于该值。

四、稳健性检验

本章同样选取与中国贸易往来较为频繁的柬埔寨、印度尼西亚、马来西亚、菲律宾、泰国、越南、缅甸和老挝等东盟八个国家作为研究样本进行稳健性检验。表5-11显示了中国与东盟国家间的贸易额对东盟国家就业数量的影响。根据回归结果可知，中国与东盟国家贸易额的增加能显著改善东盟国家的就业状况，且不同的贸易方向对就业的改善力度存在差异，具体而言，出口增加（ ex ）是促进就业的关键，进口（ im ）增加对就业数量增加的作用则相对较小，三种模型下的影响系数分别为0.991、0.556和1.083。上述差异在表5-6中有相似的表现，模型（1）、（2）、（3）的影响系数分别为1.287、0.406和1.469。不管是从不同样本角度还是从不同贸易方向角度，贸易对就业的作用方向相同且影响系数值相似，回归结果可信度较高。

表 5-11　不同贸易方向对沿线国家就业数量的影响——以东盟为例

	（1） ex'	（2） im'	（3） trade'
rate'(−1)	0.816***	0.814***	0.817***
	(90.258)	(92.356)	(92.043)
lnex'	0.991***		
	(5.491)		
lnim'		0.556***	
		(3.992)	
lntrade'			1.083***
			(5.794)
lngdp'	1.513***	1.392***	1.760***
	(8.336)	(6.585)	(8.284)
cpi'	−0.014	0.011	−0.001
	(−0.831)	(0.615)	(−0.062)
policy'	0.265	0.698***	0.387
	(0.983)	(2.705)	(1.512)
lnfdi'	0.017	0.086	0.049
	(0.303)	(1.451)	(0.892)
_cons'	112.989***	118.350***	115.722***
	(69.628)	(51.071)	(67.268)
Obs	1008	1008	1008
R^2	0.4624	0.4118	0.4733

注：***、**、*分别表示该系数在1%、5%和10%水平下显著，括号内数值为 t 统计量。

其他重要变量中，政策（policy）仅在进口模型中显著，在出口模型和进出口模型中虽未通过显著性检验但系数值均为正，可以在一定程度上肯定"一带一路"倡议的提出对东盟国家就业的积极影响。国内生产总值

（gdp）是影响东盟国家就业的重要因素，但该变量在全样本回归中并无显著影响，可能的原因在于所选择的八个东盟国家经济发展水平普遍较低，因此更高的国内生产总值的优势会更加凸显，对就业的影响进而更加重要。物价（cpi）和外商直接投资（fdi）并不是影响东盟国家就业的重要因素。

尽管全样本和东盟国家样本的回归结果存在差异，但核心解释变量和关键变量对就业数量的影响方向一致、影响强度相似。基本可以肯定贸易对沿线国家就业数量的积极影响，且依据影响系数值大小可知，出口、进口贸易均能促进就业但出口贸易的正向影响更强，积极开展与"一带一路"沿线国家的贸易合作，对改善其就业确有积极作用。

第四节　实证分析小结

第一，中国与"一带一路"沿线国家的贸易对沿线国家就业数量（$rate'$）有显著正向影响。出口贸易在其中发挥了更大作用（1.278），进口贸易的作用相对较小（0.406），进出口贸易综合了两者的作用效果并实现了对就业率更大程度的正向影响（1.469）。

第二，中国与"一带一路"沿线国家的贸易能提升沿线国家就业质量（$quality'$）。但其受贸易方向的限制较贸易对就业数量的影响更大，仅在出口和进出口模型中显著影响就业质量，且作用力度小，影响系数值仅为0.012。

第三，中国与"一带一路"沿线国家的贸易对各就业结构影响程度不一。中国与"一带一路"沿线国家的贸易能显著降低农业就业人员占比，并提升服务业就业人员占比以优化就业产业结构；地区结构对降低非亚洲国家失业率更为有效；从性别结构看，进出口总额的增加能在一定程度上改善沿线国家的就业性别结构。

第四，国内生产总值、物价、政策以及投资对就业有重要影响。就业数量会受到国内生产总值和物价的正向影响；就业质量能从除物价（cpi'）

以外的上述其他重要变量中得到提升，其中在出口模型中的提升效果最佳；投资对就业性别结构调整具有不利影响；绝大多数其他重要变量能降低第一产业就业人员占比并提升二三产业就业人员占比以优化就业产业结构；贸易对就业地区结构影响存在差异，非亚洲国家在所有贸易模型下均能实现就业率的提升，但亚洲国家就业数量的改善仅在中国从沿线国家进口增多时实现。

第六章　主要结论和对策建议

根据前面章节的分析研究，本书总结归纳中国与"一带一路"沿线国家对外贸易的双边就业效应，分析影响就业数量、质量、结构的原因，在此基础上，从不断扩大双边贸易规模、稳步提高双边地区生产总值、合理控制物价水平、科学布局投资领域、充分用好"一带一路"政策等五个方面，提出进一步增加就业数量、提升就业质量、优化就业结构的对策建议，并对下一步的研究提出展望。

第一节　主要结论

"一带一路"倡议背景下，中国与沿线国家开展出口贸易、进口贸易和进出口贸易，对双边就业带来了积极影响，有利于中国和沿线国家增加就业数量、提升就业质量、优化就业结构，促进了双边劳动者稳定高质量就业。其中，生产水平、居民消费价格指数、外商直接投资和"一带一路"倡议在一定条件下能促进双边就业。当生产规模稳步扩大、物价水平合理增长、投资领域科学分布、"一带一路"政策充分利用时，这些积极因素就能在出口贸易、进口贸易和进出口贸易对就业的影响中产生积极的正向促进作用。

一、出口是双边就业数量提升的主要贸易方式

中国与"一带一路"沿线国家贸易对中国就业数量均能带来积极影响。中国与"一带一路"沿线国家贸易对中国就业数量的提升有显著成效。从贸

易方向来看，贸易对中国的就业效应主要来源于中国对沿线国家的出口，进口贸易亦能提高中国各省市区就业率，进出口贸易总额对就业数量也呈现显著正向作用。研究发现，中国与"一带一路"沿线国家贸易对沿线国家就业同样也能带来积极影响。中国与"一带一路"沿线国家的贸易对沿线国家就业数量有显著正向影响。出口贸易在其中发挥了更大作用，进口贸易的作用相对较小。

二、贸易对双边就业质量的提升程度略有差异

中国与"一带一路"沿线国家贸易能有效提升中国的就业质量。三种不同方向的贸易模型下核心解释变量的影响系数接近，约为 0.06，这充分肯定了贸易对提升就业质量的积极作用，佐证了回归结果的稳健性。中国与"一带一路"沿线国家的贸易能提升沿线国家就业质量。但其受贸易方向的限制较贸易对就业数量的影响更大，仅在出口和进出口模型中显著影响就业质量，且作用力度小，影响系数值仅为 0.012。

三、进出口贸易显著改善沿线国家的性别结构

中国与"一带一路"沿线国家贸易对中国就业结构影响呈差异化结果。中国与"一带一路"沿线国家贸易对就业性别结构优化作用较为微弱，对就业行业结构优化效果显著，对东部省市区的影响力度更大，但对中西部省市区的影响受贸易方向限制更小。中国与"一带一路"沿线国家的贸易对沿线国家各就业结构影响程度不一。中国与"一带一路"沿线国家的贸易能显著降低农业就业人员占比，并提升服务业就业人员占比以优化就业产业结构；地区结构对降低非亚洲国家失业率更为有效；从性别结构看，进出口总额的增加能在一定程度上改善沿线国家的就业性别结构。

四、其他重要变量是影响双边就业的重要因素

从中国就业效应来看，"一带一路"倡议提出对就业数量、就业质量、就业结构均有积极影响；地区生产总值的作用突出体现在就业性别结构的

优化上；居民消费价格指数是影响工资的重要原因，对就业性别结构优化也有一定作用；就业行业结构优化从外商直接投资增加中受益最大；滞后一期就业变量均对当期就业有着积极促进作用。从沿线国家就业效应来看，国内生产总值、物价、政策以及投资对就业有重要影响。就业数量会受到国内生产总值和物价的正向影响；大部分其他重要变量显著提升就业质量，并能降低农业就业人员占比，提升工业和服务业就业人员占比；贸易对就业地区结构影响存在差异，非亚洲国家在所有贸易模型下均能实现就业率的提升，中国从沿线国家的进口能提升亚洲国家的就业数量。

第二节　对策建议

实证研究表明，中国与"一带一路"沿线国家对外贸易的双边就业效应是多种因素共同作用的结果。核心解释变量出口贸易、进口贸易、进出口贸易和其他重要变量地区生产总值、物价、投资、政策，在出口模型、进口模型、进出口模型下，对双边就业数量、就业质量、就业结构（性别结构、行业结构和地区结构）的作用方向和影响强度各不相同。从有利于中国和"一带一路"沿线国家就业的角度出发，对能给双边就业带来正向影响的因素，则需要进一步加强；对会给双边就业带来负向影响的因素，则需要进一步改进。基于此，本书在把握"一带一路"倡议背景下中国与沿线国家对外贸易的双边就业效应，从贸易、生产水平、物价、投资和政策的视角，提出进一步促进中国和"一带一路"沿线国家增加就业数量、提升就业质量、优化就业结构的对策建议。

一、不断扩大贸易规模

对于中国来说，从就业数量看，出口贸易额、进口贸易额和进出口贸易额都能够显著提升国内各省市区的就业数量，其中出口贸易的作用更大。这可能是因为出口贸易额的增加不仅开拓了沿线国家市场，同时促进了国内生产活动的增多，从而提供更多的就业岗位。从就业质量看，贸易对提升就业质量具有显著正向影响，而且出口贸易在所有模型中作用最为显著，这可能是因为出口贸易额的增加对提高企业的营业收入有很大帮助作用，有利于增加企业的利润，可以直接提高工人工资。从就业结构看，贸易对就业性别结构的影响不明显，只在进口模型中可以较微弱改善女性就业，这可能由于沿线国家产品在中国竞争力的增强与国内技术创新相联系，更加开放创新的社会氛围有利于推动女性在社会生产中发挥更大作用。对三大行业就业结构来说，贸易可以降低农业就业人员占比，提升工业和服务业就业人员占比，可能的原因是随着经济实力的增强，附加值低、技术难度低、经济贡献度低的农业行业比例必然会降低，相关从业人员占比也有下降；农业流失的劳动力将转移到附加值高、技术门槛高、经济贡献度高的工业，尤其是服务业中。中国各省市区与"一带一路"沿线国家的贸易对东部与中西部省市区的就业均有显著正向影响，对东部地区的影响力度更大，但对中西部地区的影响受贸易方向的限制更小。对于沿线国家来说，从就业数量看，贸易对提升沿线国家就业率具有积极作用，且促进作用远高于对提升中国就业率的影响。从就业质量看，中国与沿线国家的贸易对沿线国家就业质量有正向影响。从就业结构看，贸易对沿线国家就业性别结构优化作用较为微弱，可能的原因是在沿线国家贸易增加倾向于降低男性失业率而不是女性。贸易对"一带一路"沿线国家三大行业就业结构的影响同样表现为农业就业人员占比的降低与服务业就业人员占比的提升。贸易能显著提升亚洲国家和非亚洲国家就业率，但其作用效果在亚洲国家和非亚洲国家差异明显，仅有中国对沿线亚洲国家的进口，即沿线亚洲国家对中国的出口能有效促进沿线亚洲国家的就业，这说明出口贸易并非沿线亚洲国家改善就业的最重要方式。贸易对非亚洲国家的影响不以贸易方向为限，具体表现在出口额、进口额、进出口额均能显著提升就业率，但进出口额的就业效应强度更大。贸易变量对降低非亚洲国家失业率更有效的原因可能在于，亚洲国家与中国的贸易额很大程度上得益于彼此地理位置的邻近，而非亚洲国家与中国贸易额的增长受限于距离却更多地依赖于对产品的切实需求，基于优质产品的贸易额的增加对提升就业率更有效。基于以上分析，提出以下建议。对于中国和"一带一路"沿线国家来说，都要通过多种方式大力发展贸易，扩大市场规模，增加贸易份额，提高企业利润，从而提供更多就业岗位和提高工人工资。我国各省市区要统筹农业、工业、服务业均衡协调发展，可以利用国家实施乡村振兴战略的重要机遇，提高农产品技术含量和附加值，创造更多的就业岗位，让更多的就业人员留在农业领域，特别是吸引更多的农民工在当地就业。我国中西部地区可以利用与中亚地区地理位置相近的优势，吸引更多的市场主体参与"一带一路"倡议，拓宽与沿线国家的贸易领域，不断扩大贸易规模，为劳动者提供更多的工作岗位和就业机会。

二、发展高质量经济

对中国来说，地区生产总值在所有模型下均能改善性别就业结构，这一结论反映到现实就是随着经济的发展，女性在劳动力市场的作用、对经济增长的贡献将日益显现。对沿线国家来说，国内生产总值同样是影响沿线国家就业率的重要因素。在进口模型中，国内生产总值增加对就业有积极作用，但这一正向影响在出口模型和进出口模型中表现得不明显。其他重要变量均在不同的贸易模型下对工资有正向影响，其中，国内生产总值是对提升沿线国家工资水平最重要的因素，经济规模的扩大意味着生产活动更加频繁，这将有利于工资的上涨。经济规模增加同样也能优化就业性别结构，从回归系数值来看，国内生产总值是影响就业性别结构的第二大因素，随着经济发展，女性劳动价值进一步得到肯定，女性就业歧视相对减少，女性失业状况能得到一定改善。经济规模的增加有利于就业率的提升，这一结论在亚洲国家表现得更明显，对非亚洲国家就业的积极影响仅体现在进口模型中。基于以上分析，提出以下建议：中国和沿线国家都要通过发展本国经济，发挥资源、技术、资本、区位、人才等优势，推进供给侧结构性改革，提升各自产品在对方市场的核心竞争力，为对方提供更高质量的产品、更有效率的服务，不断扩大双边的贸易规模和市场份额，让双边的贸易更加健康、更可持续，从而为双边就业市场提供稳定的工作机会和就业岗位，提高就业数量，促进劳动者高质量就业。中国要通过发展"一带一路"双边贸易，不断实现产业转型升级和产品更新换代，从扩大贸易规模向提升贸易质量转变，为更多高素质劳动者提供就业岗位。大部分沿线国家可以利用自身作为发展中国家，能够生产更多的劳动密集型产品和拥有丰富自然资源等优势，不断扩大出口贸易生产规模，同时要发挥双边贸易产生的技术溢出效应，促进本国技术进步和产品创新，从而稳定和扩大劳动者就业规模。

三、合理控制物价水平

对中国来说，物价上涨有利于就业人员平均工资的提升，物价上涨会使得生活成本增加，原有的工资将会贬值，为使工资的购买力达到物价上涨前的水平，工资需相应地上涨。物价在所有模型下均能改善性别就业结构，当经济规模增加时，就业人员中男性就业人员与女性就业人员之比下降。这表明，随着经济的发展，女性在劳动力市场的作用、对经济增长的贡献将日益显现。此外，物价对就业率之比的影响在进口模型中更为明显，在出口模型和进出口模型中的影响略低。这可能有两个方面的原因，对于企业而言，物价上涨会给工资上涨带来压力，企业更愿意雇佣相对低廉的女性员工进行生产；对于劳动者而言，物价上涨会使生活成本增加，不工作的女性会主动寻求工作岗位，促使她们进入劳动力市场就业。对于沿线国家来说，物价也是影响沿线国家就业率的重要因素，物价上涨对提升就业率有积极作用，可能因为适度的物价上涨是经济发展状况良好的体现，但物价不是影响就业率的主要因素。同时，物价上涨能显著降低农业就业人员占比。物价对就业率的影响在亚洲地区国家和非亚洲地区国家呈现相反的特征，具体表现为物价上涨对亚洲国家就业状况有微弱不利影响，但有利于提升非亚洲国家的就业率，失业率与物价呈反向变动关系，但由于亚洲国家经济实力相对落后，物价上涨带来的生产生活成本增加对部分脆弱企业造成冲击，不利于相关企业员工的就业。基于以上分析，提出以下建议：中国和沿线国家都要密切关注和科学控制本国物价水平，让物价在合理区间波动，让物价上涨既能促进经济社会发展，激发劳动者特别是女性劳动者进入就业市场工作，让他们在合理工资水平下有很强的获得感，稳步提高就业质量；又要防止物价过快上涨导致通货膨胀或过快下跌导致通货紧缩，给经济发展和就业市场带来的不利影响，从而冲击劳动力市场，降低就业质量。

四、科学布局投资领域

对中国来说，外商直接投资对工资的影响在出口模型和进出口模型中为负，这说明外商直接投资不利于就业人员平均工资的提升，可能的原因在于外商投资多集中于制造业、矿业等领域，这部分就业人员的工资处于中等水平，提升全体就业人员平均工资的作用有限，而外商直接投资可能挤压原有竞争力较弱企业的生存空间，竞争压力的增大可能会对整体平均工资上涨带来不利影响。投资也是影响三大行业就业人员占比的重要因素。外商直接投资的回归结果与贸易变量的回归结果有相似之处，即表现为有利于农业就业人员占比的降低与工业和服务业就业人员比例的上升，其原因在于外商直接投资很少涉及农业领域，即使有就业岗位的增加也对农业就业人数占比增加十分有限，且外商涌入会促进工业和服务业的发展，农业就业人员可能会转移到其他行业。对沿线国家来说，外商直接投资额也是影响沿线国家就业率的重要因素。外商直接投资可能会对沿线国家的就业带来不利影响，且这种不利影响较为强烈，这可能与投资对本国企业生存空间的挤兑有关。投资在所有模型中均显示对工资提升有积极影响，外资涌入通常伴随先进的技术和管理经验，这将促进相关行业内生产技术水平、生产效率的提高，从而有利于该行业工资的上涨。投资是其他重要变量中唯一对性别就业结构调整有负面影响的变量，可能限于外商直接投资领域的局限性，投资增加对男性就业的积极作用远超女性，这将进一步加大就业性别结构的不平等。外商直接投资额增加能显著降低农业就业人员占比，有利于工业就业人员占比的提升，但影响强度低于其对农业就业人员占比的影响。基于以上分析，提出以下建议：中国和沿线国家要充分意识到外来投资对就业市场的影响是一把"双刃剑",要改变过去外来投资往往聚焦于传统行业和高精尖行业的做法,要科学合理布局投资领域、行业和方式,既要统筹考虑农业、工业、服务业和区域的发展需要和就业需求,又要合理兼顾劳动密集型产业、资本密集型产业、技术密集型产业、知识密集型产业提供就业岗位和吸纳就业人员的能力,让外来投资既能促进当地经济的快速发展,又能很好解决就业民生问题,实现经济效益与社会效益双促进。

五、充分用好"一带一路"政策

对于中国来说,"一带一路"倡议提出的回归效果最好,该变量在出口模型、进口模型和进出口模型中均表现出提升就业率这一正向影响,且远高于其他变量的影响系数值,由此可知,"一带一路"倡议的提出是改善我国就业现状十分重要的因素。总的来说,"一带一路"倡议的提出是提升我国就业率的重要因素,深入推进与"一带一路"沿线国家的经贸关系,加强贸易合作,尤其是出口贸易,将对进一步改善我国就业现状有重要作用。"一带一路"倡议的提出也有利于工资提升,且大于物价对工资的影响,该倡议有利于提升我国产业和商品的国际化水平,参与国际经贸合作有利于提升企业的整体经济实力,这为就业人员工资的上涨提供了经济基础。"一带一路"倡议提出也是影响三大行业就业人员占比的重要因素。在进口模型下,"一带一路"倡议提出有利于降低农业就业人员比例,在出口模型下对工业就业人员占比降低有正向影响,但在所有贸易模型下能显著提升服务业就业人员占比,这表明"一带一路"倡议能有效优化就业产业结构。从地区差异角度而言,"一带一路"倡议提出对促进中西部地区就业的作用要略强于东部,一方面,这与"一带一路"倡议涵盖的重点省市区有关,与东部地区相比,中西部地区与沿线国家的地理距离更近,部分省区直接与部分沿线国家接壤,这为中西部地区积极开展与沿线国家的经贸合作提供了便利;另一方面,东部省市经济发展水平高,沿线国家并非其重点经贸合作伙伴,因此对"一带一路"倡议的依赖度相对较低。对于沿线国家来说，"一带一路"倡议的提出是改善就业性别结构的关键因素，在进出口模型中表现得最为明显，这反映出该倡议对提升沿线国家女性相对就业率具有重要意义。基于以上分析，提出以下建议：中国和沿线国家都要充分认识"一带一路"倡议通过贸易都能给双边就业带来实实在在的好处，能够创造更多就业岗位，促进双边劳动者稳定高质量就业。中国和沿线国家都要通过多种方式和途径全面准确宣传和阐释"一带一路"倡议，持续为政策的落地见效、为倡议的行稳致远营造更加公平、友好、便利、和谐的发展环境，让"源于中国、属于世界"的"一带一路"倡议能够带来源源不断的政策红利。中国要更加主动、积极作为，充分利用多种形式和各类平台，持续加大对"一带一路"政策的宣传和阐释工作，向沿线国家和世界讲清楚"一带一路"倡议为什么行、"五通"政策为什么能、双边贸易为什么好，用事实和数据及时回应和消除各种杂音，让更多的国家更容易接受"一带一路"倡议，使"一带一路"倡议这一原创的中国方案产生更强大的世界意义，为构建人类命运共同体作出应有贡献。

第三节 研究展望

本书主要从国家、地区和大类行业的宏观视角分析了中国与"一带一路"沿线国家对外贸易的双边就业效应，从细分行业、企业的微观视角分析中国与"一带一路"沿线国家对外贸易的双边就业效应仍可以进行深入研究。就本书而言，还可以从以下方面继续开展研究。

一、就业变量的内涵还有待进一步丰富

参考以往的研究，限于目前能够掌握的数据，本书在选择变量时，中国方面，用年末城镇就业率衡量就业数量，用城镇单位就业人员平均工资衡量就业质量，用就业人员中男性就业人员与女性就业人员之比衡量性别结构，用农业、工业、服务业就业人员分别占总就业的比例衡量行业结构，用对东部地区和对中西部地区就业率的影响衡量地区结构。"一带一

路"沿线国家方面,用沿线各国家就业率衡量就业率,用沿线各国家私人转移支付和雇员工资衡量就业质量,用沿线各国家女性失业率与男性失业率之比衡量性别结构,用农业、工业、服务业就业人员分别占总就业比例衡量行业结构,用对亚洲地区和对非亚洲地区就业率的影响衡量地区结构。衡量就业数量的变量,除了就业率外,还有登记失业率和调查失业率;衡量就业质量的变量,除工资外,还有技能水平和工作岗位等;衡量就业结构的变量除了性别结构、行业结构、地区结构外,还有学历结构、城乡结构等,今后根据数据的可获得性,可以引入这些变量,做进一步的深入研究。

二、地区结构的分析还有待进一步探讨

鉴于目前已有数据的丰富程度,考虑到贸易对不同地区就业是否都能产生显著的效应,本书在分析贸易对就业结构中地区结构的影响时,中国方面,将中国只分成东部地区和中西部地区;沿线国家方面,将65个国家只分成亚洲地区国家和非亚洲地区国家,没有再进行细分。从已有数据分析可知,对中国来说,全国31个省(市、区)大部分地区与沿线国家有着贸易往来;对沿线国家来说,除了将65个国家分为亚洲地区国家和非亚洲地区国家外,还可以分为东盟、东亚、独联体、南亚、西亚、中亚、中东欧地区。将来,随着中国与"一带一路"沿线国家贸易规模的持续扩大,加入"一带一路"倡议的国家会越来越多,必定对上述地区就业带来更加显著的影响,从学术上进一步探讨将有更重要的研究价值。

三、其他变量的选择还有待进一步拓展

新冠肺炎疫情给全球经济带来了很大的不确定性,世界局势加速演进。从当前"一带一路"倡议在新形势下发挥的作用来看,中国与"一带一路"沿线国家对外贸易呈现稳步恢复和持续增长态势,对推动双边就业市场建设起到了稳定器和加速器的重要作用。随着"一带一路"倡议的行稳致远,"一带一路"倡议对中国和沿线国家就业的影响将发生更大的变化。除

了生产水平、居民消费价格指数、外商直接投资等其他重要变量会影响贸易对就业的效应外，教育、卫生、医疗、环境等诸多因素也将会成为重要影响因素，在更多其他重要变量条件下研究中国与"一带一路"沿线国家对外贸易的双边就业效应，将具有重要的理论和现实意义。

参 考 文 献

[1]陈昊. 出口贸易如何影响高学历劳动力就业——兼论出口贸易就业筛选机制的实现[J]. 产业经济评论, 2016(7).

[2]陈昊, 刘骞文. 中国出口贸易的女性就业效应: 基于筛选—匹配模型的再检验[J]. 经济评论, 2014(1).

[3]陈昊, 谢超峰. 中国对外贸易就业效应的逆转——倒 U 型曲线是否存在? [J]. 人口与经济, 2012(2).

[4]陈健, 余翠萍. 中国服务进口技术外溢的就业效应及其就业增长技能偏向性研究[J]. 世界经济研究, 2014(11).

[5]陈心颖. 中美贸易逆差对美国就业影响的动态分析[J]. 经济社会体制比较, 2012(5).

[6]程大中. 服务业就业与服务贸易出口: 关于中国和美国的对比分析[J]. 世界经济, 2010(11).

[7]崔日明, 张志明. 服务贸易与中国服务业技术效率提升——基于行业面板数据的实证研究[J]. 国际贸易问题, 2013(10).

[8]戴枫, 陈百助. 全球价值链分工视角下中美贸易对美国就业的影响: 基于 WIOT 的结构性分解[J]. 国际贸易问题, 2016(10).

[9]段炳德. 中美贸易摩擦对我国制造业就业的潜在影响分析[J]. 中国劳动关系学院学报, 2018(3).

[10]段玉婉, 蒋雪梅, 祝坤福, 陈锡康, 杨翠红. 出口对中国就业的影响分析——欧美日对比分析[J]. 数学的实践与认识, 2012(16).

[11]樊娜娜, 李荣林. 贸易自由化与企业性别就业差距——基于中国微观

企业数据的分析[J]. 国际经贸探索，2017(9).

[12]范爱军，李菲菲. 服务贸易对我国就业的影响研究——基于 1982—2010 年数据的协整分析[J]. 福建论坛(人文社会科学版)，2011(9).

[13]范芹. 两岸贸易对台湾劳动力就业效应的研究[J]. 台湾研究，2015(3).

[14]范芹，武力超. 两岸贸易对台湾劳动力就业的影响效应——基于台湾 25 个制造业面板数据的实证分析[J]. 人口与经济，2014(3).

[15]冯其云. 贸易开放、技术进步对中国就业变动的影响[D]. 天津：南开大学，2014.

[16]高文书. 中国对外贸易就业效应的系统广义矩估计——基于省级动态面板数据的实证研究[J]. 云南财经大学学报，2009(6).

[17]耿晔强，闫思萌. 开放经济条件下进出口贸易对劳动力就业的影响——基于中国制造业省级面板数据的实证研究[J]. 国际商务——对外经济贸易大学学报，2016(3).

[18]何冰，周申. 贸易自由化与就业调整空间差异：中国地级市的经验证据[J]. 世界经济，2019(6).

[19]胡昭玲，刘旭. 中国工业品贸易的就业效应——基于 32 个行业面板数据的实证分析[J]. 财贸经济，2007(8).

[20]黄灿. 垂直专业化贸易对我国就业结构的影响——基于省际面板数据的分析[J]. 南开经济研究，2014(4).

[21]姬超. 中国对外直接投资的所有制差异及其东道国效应——以"一带一路"沿线国家为例[J]. 投资研究，2018(8).

[22]康妮，刘乾，陈林. 自由贸易协定与劳动人口就业——基于"中国—东盟自贸区"的公共政策准实验[J]. 国际贸易问题，2018(10).

[23]雷文妮，张山. 贸易开放降低了就业性别歧视吗？——基于跨国面板数据的研究[J]. 浙江社会科学，2016(2).

[24]李冰晖，唐宜红. 资本品贸易对我国性别就业与工资差距影响的实证研究[J]. 华侨大学学报(哲学社会科学版)，2017(2).

[25] 李宏兵，郭界秀，翟瑞瑞. 中国企业对外直接投资影响了劳动力市场的就业极化吗？[J]. 财经研究，2017(6).

[26] 李金玲，宋世琳. 西部地区对外贸易发展对就业影响的实证分析[J]. 财经理论研究，2015(5).

[27] 李娟，万璐. 贸易自由化加剧就业市场波动了吗？——基于劳动需求弹性角度的实证检验[J]. 世界经济研究，2014(6).

[28] 李娟，万璐，唐珮菡. 产业转型升级、贸易开放与中国劳动市场波动[J]. 中国人口·资源与环境，2014(1).

[29] 李长安. 中美贸易摩擦对就业的影响及对策[J]. 中国劳动关系学院学报，2018(3).

[30] 李振等. 贸易开放与劳动力迁移对中国劳动者个体就业的影响研究[J]. 宏观经济研究，2016(3).

[31] 李小萌，陈建先，师磊. 进出口贸易对中国就业结构的影响[J]. 国际商务——对外经济贸易大学学报，2016(3).

[32] 梁平，梁彭勇，黄金. 我国对外贸易就业效应的区域差异分析——基于省级面板数据的检验[J]. 世界经济研究，2008(1).

[33] 刘红英. 我国工业品贸易就业效应的实证研究[J]. 兰州学刊，2012(1).

[34] 刘军，杨浩昌，崔维军. 出口贸易对就业的影响及其地区差异——基于我国省级面板数据的实证研究[J]. 世界经济与政治论坛，2016(1).

[35] 隆国强，王伶俐. 对中美贸易失衡及其就业影响的测度与分析[J]. 国际贸易，2018(5).

[36] 陆文聪，李元龙. 中国出口增长的就业效应：基于 CGE 模型的分析[J]. 国际贸易问题，2011(9).

[37] 罗军，陈建国. 中间产品贸易、技术进步与制造业劳动力就业[J]. 亚太经济，2014(6).

[38] 吕延方，宇超逸，王冬. 服务贸易如何影响就业——行业产出与技术

效率双重视角的分析[J]. 财贸经济，2017(4).

[39]马光明，等. 中国贸易方式转型与制造业就业结构关联性研究[J]. 财经研究，2016(3).

[40]毛其淋，许家云. 中间品贸易自由化与制造业就业变动——来自中国加入WTO的微观证据[J]. 经济研究，2016(1).

[41]毛日昇. 贸易开放、外资渗透对就业转换的影响研究[J]. 劳动经济研究，2016(3).

[42]毛日昇. 出口、外商直接投资与中国制造业就业[J]. 经济研究，2009(11).

[43]明娟，邢孝兵，张建武. 国际贸易对制造业行业就业的影响效应研究——基于动态面板数据模型的实证分析[J]. 财贸研究，2010(6).

[44]乔晶，刘星. 中国加工贸易就业效应的实证研究[J]. 当代财经，2011(2).

[45]邵敏，武鹏. 出口贸易、人力资本与农民工的就业稳定性——兼议我国产业和贸易的升级[J]. 管理世界，2019(3).

[46]盛斌，马涛. 中间产品贸易对中国劳动力需求变化的影响：基于工业部门动态面板数据的分析[J]. 世界经济，2008(3).

[47]盛斌，牛蕊. 贸易、劳动力需求弹性与就业风险：中国工业的经验研究[J]. 世界经济，2009(6).

[48]宋文飞，等. 贸易自由化、行业结构与就业门槛效应[J]. 中国人口科学，2014(1).

[49]唐东波. 垂直专业化贸易如何影响了中国的就业结构？[J]. 经济研究，2012(8).

[50]唐宜红，马风涛. 国际垂直专业化对中国劳动力就业结构的影响[J]. 财贸经济，2009(4).

[51]王云凤，郑雁升. FDI、出口贸易与农村劳动力非农就业[J]. 税务与经济，2015(4).

[52]王中华，梁俊伟. 中国参与国际垂直专业化分工的收入差距效应[J].

经济评论，2008(7).

[53]卫瑞，庄宗明.生产国际化与中国就业波动：基于贸易自由化和外包视角[J].世界经济，2015(1).

[54]魏浩.我国纺织品对外贸易出口的就业效应研究：1980—2007年[J].国际贸易问题，2011(1).

[55]魏浩，刘士彬.对外贸易与国内就业：基于中国机电产业的实证分析[J].中央财经大学学报，2012(9).

[56]魏浩，王浙鑫，惠巧玲.中国工业部门进出口贸易的就业效应及其差异性研究[J].国际商务——对外经济贸易大学学报，2013(2).

[57]魏浩，对外贸易、国内就业和中国的战略选择[J].经济学家，2013(1).

[58]魏浩，张宇鹏，连慧君.中国出口对目的地企业就业技能结构的影响——基于出口目的地企业样本的分析[J].中国人口科学，2019(2).

[59]温怀德，谭晶荣.中国对外贸易、FDI对就业影响的实证研究——基于加入世贸组织前后东、中、西部数据的比较[J].国际贸易问题，2010(8).

[60]吴国锋，王跃生.贸易自由化与中国制造业就业——基于海关与地级城市匹配数据的研究[J].河北经贸大学学报，2018(9).

[61]席艳乐，陈小鸿.贸易自由化与中国性别就业差异[J].现代财经(天津财经大学学报)，2014(6).

[62]席艳乐，王开玉.企业异质性、贸易自由化与就业变动——基于中国制造业企业的实证分析[J].财贸研究，2015(1).

[63]席艳乐，于江曼.出口贸易对企业就业规模的影响——基于2000—2007年中国企业微观数据的实证检验[J].山西财经大学学报，2016(2).

[64]夏先良.追求最大限度充分就业——中国进口贸易宏观分析与政策选择[J].中国贸易，2002(3).

[65]解垩. 贸易中国进口对工业就业和工资的影响[J]. 统计与信息论坛, 2007(4).

[66]熊伟. 试析我国的劳动就业与对外贸易的相关性[J]. 银行家, 1999 (6).

[67]杨浩昌,刘军,张芊芊. 中国制造业就业的影响因素研究——基于省级面板数据的实证分析[J]. 经济问题探索, 2014(12).

[68]杨全发. 中国对外贸易与经济增长[M]. 北京:中国经济出版社, 1999.

[69]杨玉华. 工业品贸易影响就业的路径分析与理论解释[J]. 生产力研究, 2008(2).

[70]于换军,毛日昇. 中美贸易摩擦对两国就业的影响[J]. 东北师大学报(哲学社会科学版), 2019(6).

[71]俞会新,薛敬孝. 中国贸易自由化对工业就业的影响[J]. 世界经济, 2002(11).

[72]喻美辞. 工业品贸易对中国工业行业人口就业的影响——基于 34 个工业行业面板数据的实证分析[J]. 中国人口科学, 2008(4).

[73]喻美辞. 进口贸易、R&D 溢出与中国制造业的就业变动[J]. 国际商务研究, 2010(2).

[74]原磊,邹宗森. 企业异质性、出口决策与就业效应——兼论中美贸易战的应对[J]. 经济学动态, 2018(9).

[75]臧旭恒、赵明亮. 垂直专业化分工与劳动力市场就业结构——基于中国工业行业面板数据的分析[J]. 中国工业经济, 2011(6).

[76]曾国平,刘娟,曹跃群. 我国对外贸易对就业水平影响的 VAR 动态效应分析——基于 1980 年至 2006 年相关数据再检验[J]. 当代财经, 2008(12).

[77]张川川. 出口对就业、工资和收入不平等的影响——基于微观数据的证据[J]. 经济学, 2015(7).

[78]张红等. 贸易自由化、生产率"饱和"与就业[J]. 软科学, 2015(1).

[79]张艺影，姜鸿.中美贸易、就业创造与要素报酬[J].世界经济与政治论坛，2015(9).

[80]张原，刘丽."一带一路"沿线国家劳动力市场比较及启示[J].西部论坛，2017(11).

[81]张原.中国 OFDI 能实现母国与东道国就业双赢吗？——基于投资与就业产业结构视角的研究[J].金融与经济，2018(10).

[82]张志明.中国服务贸易的异质劳动力就业效应——基于行业面板数据的经验研究[J].世界经济研究，2014(11).

[83]张志明.中国服务贸易的服务业就业效应研究[D].沈阳：辽宁大学，2014.

[84]赵瑾.贸易与就业：国际研究的最新进展与政策导向——兼论化解中美贸易冲突对我国就业影响的政策选择[J].财贸经济，2019(3).

[85]周禄松，郑亚莉.出口技术复杂度升级对工资差距的影响：基于我国省级动态面板数据的系统 GMM 分析[J].国际贸易问题，2014(11).

[86]周申.贸易自由化对中国工业劳动需求弹性影响的经验研究[J].世界经济，2006(2).

[87]周申，何冰.贸易自由化对中国非正规就业的地区效应及动态影响——基于微观数据的经验研究[J].国际贸易问题，2017(11).

[88]周申，廖伟兵.服务贸易对我国就业影响的经验研究[J].财贸研究，2006(11).

[89]周申，武汉祥.贸易开放对就业结构影响的研究述评[J].现代管理科学，2014(10).

[90]朱金生，周凡，解青云.对外贸易、经济增长与就业增长的耦合模式研究[J].广义虚拟经济研究，2015(4).

[91]AlAzzawi S. Trade liberalization, industry concentration and female workers：The case of Egypt[J]. IZA Journal of Labor Policy，2014(3).

[92] Alessia Lo Turco, Daniela Maggioni. Does trade foster employment growth in emerging markets? Evidence from Turkey[J]. World Develop-

ment, 2012, 40(6).

[93] Sasahara A. Explaining the employment effect of exports: Value-added content matters[J]. Journal of The Japanese and International Economies, 2019(52).

[94] Autor D H, Dorn D, Hanson G H. The China syndrome: local labor market effects of import competition in the United States[J]. American Economic Review, 2013(6).

[95] Ebenstein Avraham. Estimating the impact of trade and offshoring on American workers using the current Population surveys[R]. Economics Department Working Paper, 2009.

[96] Berman E, Bound J, Machin S. Implications of skill-biased technological change: International evidence [J]. Quarterly Journal of Economics, 1998(4).

[97] Bernard A B, Jensen J B. Exporters, skill upgrading, and the wage gap[J]. Journal of International Economics, 1997, 42(1-2).

[98] Burstein A, Vogel J. Globalization, technology, and the skill premium: A quantitative analysis[R]. NBER Working Paper, 2010(16459).

[99] Cardebat. The impact of trade on the relative wages and employment of low skill workers in France[J]. Applied Economics, 2001(6).

[100] Charfeddine L, Mrabet Z. Trade liberalization and relative employment: Further evidence from Tunisia [J]. Eurasian Business Review, 2015 (5).

[101] Tombazos Christis G. The impact of imports on the demand for labor in Australia[J]. Economics Letters, 1999, 62(3).

[102] Christine Greenhalgh, Mary Gregory. Structural change and the emergence of the new service economy[J]. Oxford Bulletin of Economics and Statistics, 2001, 63(S1).

[103] Li C, Whalley J. Trade protectionism and US manufacturing employ-

ment[J]. Economic Modelling, 2020(96).

[104]Daniel A. Trade liberalization, labor mobility and wages[J]. Journal of International Trade and Economic Development, 2004, 13(2).

[105]Kucera D, Roncolato L, Uexkull E V. Trade Contraction and Employment in India and South Africa during the Global Crisis[J]. World Development, 2011.

[106]Kucera D, Jiang X. China and the great trade collapse: Employment effects of falling exports to the EU and US[J]. International Economics and Economic Policy, 2018, 15(2).

[107]Kucera D, Milberg W. Trade and the loss of manufacturing jobs in the OECD: New factor content calculations for 1978—1995[J]. SSRN Electronic Journal, 2012(2).

[108]Greenaway D, Hine R C, Wright P. An empirical assessment of the impact of trade on employment in the United Kingdom[J]. European Journal of Political Economy, 1999, 15(3).

[109]Driver C, Kipatrick A, Naisbitt B. The employment effects of UK manufacturing trade expansion with the EEC and the newly industrializing countries[J]. European Economic Review, 1986, 30(2).

[110]Dutt P, Mitra D, Ranjan P. International trade and unemployment: Theory and cross-national evidence[J]. Journal of International Economics, 2009, 78(1).

[111]Tomiura E. The impact of import competition on Japanese manufacturing employment[J]. Journal of The Japanese and International Economies, 2003, 17(2).

[112]Webster E, et al. The case state-level export promotion assistance: A comparison of foreign and domestic export employment multipliers[J]. Economic Development Quarterly, 1990, 4(3).

[113]Feenstra R C, Hanson G H. Foreign direct investment and relative wa-

ges: Evidence from Mexico's maquiladoras[J]. Journal of International Economics, 1997, 42(3-4).

[114]Feenstra R C, Chang H. China's export and employment[R]. NBER Working Paper No. 13552, 2007

[115]Folawewo A, Olakojo S. Trade policy reforms and sectoral employment in nigeria[J]. African Journal of Economic Policy, 2012, 19(1).

[116]Fu X L, Balasubramanyam V N. Export, foreign direct investment and employment: The case of china[J]. World Economy, 2005, 28(4).

[117]Fajnzylber P, Maloney F W. Labor demand and trade reform in Latin America[J]. Journal of International Economics, 2009, 66(2).

[118]Gaston N. The impact of international trade and protection on australian manufacturing employment [J]. Australian Economics Papers, 1998, 37(2).

[119]Ghose A K. Trade liberalization and manufacturing employment[J]. Geneva, ILO Employment Paper, 2000(March).

[120]Hao Chen, Chunming Zhao, Wence Yu. Continued export trade, screening-matching and gender discrimination in employment[J]. China Economic Review, 2017, 42(C).

[121]Egger H, Etzel D. The impact of trade on employment, welfare, and income distribution in unionized general oligopolistic equilibrium [J]. European Economic Review, 2012, 56(6).

[122]Helpman E. Labour market rigidities, trade and unemployment[J]. Cepr Discussion Papers, 2007(2).

[123]Hine R, Wright P. Trade with low wage economies, employment and productivity in UK manufacturing [J]. The Economic Journal, 1998 (108).

[124]Hoang T X, Nguyen H M. Impact of US market access on local labour markets in Vietnam [J]. Economics of Transition and Institutional

Change, 2020, 28(2).

[125] Jaan Masso, Urmas Varblane, Priit Vahter. The effect of outward foreign direct investment on home-country employment in a low-cost transition economy[J]. Eastern European Economics, 2008, 46(6).

[126] Kim M, Sun H. Does trade liberalization affect labor market churning? [R]. Working Paper, 2009.

[127] Krugman P. New theories of trade among industrial countries[J]. The American Economic Review, 1983, 73(2).

[128] Krugman P, Lawrence R. Trade, jobs and wages[J]. Scientific American, 1993(April).

[129] Brülhart M, Carrère C, Trionfetti F. How wages and employment adjust to trade liberalization: Quasi-experimentalevidence from Austria[J]. Journal of International Economics, 2012, 86(1).

[130] Maryke dessing PHD. The impact of trade on employment in eighteen less-industrialized countries: An econometric analysis [J]. Canadian Journal of Development Studies, 2002(4).

[131] Milner C, Wright P. Modeling labor market adjustment to trade liberalization in an industrializing economy[J]. The Economic Journal, 1998 (108).

[132] Pageorgiou D, Michaely M, Choksi A M. Liberalizing foreign trade[R]. Washington, DC: World Bank, 1991.

[133] Pierre Biscourp, Francis Kramarz. Employment, skill structure and international trade: Firm-level evidence for France[J]. Journal of Intemational Economics, 2007, 72(1).

[134] Peter S Eppinger. Service off shoring and firm employment[J]. Journal of International Economic, 2019(117).

[135] Jenkins P. Vietnam in the global economy: Trade, employment and poverty[J]. Journal of International Development, 2004(16).

［136］Rhys Jenkins. Trade, technology and employment in South Africa［J］. Journal of Development Studies, 2008, 44(1).

［137］Banga R. Impact of liberalization on wages and employment in Indian manufacturing industries［R］. Working Paper, 2005(153).

［138］Sachs J, Shatz H. Trade and jobs in U. S. manufacturing［M］. Brookings Papers in Economic Activity. Washington, DC: Brookings Institution Press, 1996.

［139］Sen K. Globalization and employment in Bangladesh and Kenya［R］. Discussion Paper7. Projection Globalization. Production and Poverty. Overseas Development Group, 2001.

［140］Ghosh Sucharita. The casual relationship between international trade and employment in the manufacturing Sector of the united states［J］. The International Trade Journal, 2000, 14(4).

［141］Strauss-Kahn V. The role of globalization in the within-industry shift away from un-skilled workers in france［R］. NBER Working Paper, 2003(9716).

［142］Wood A. North-South trade and female labour in manufacturing: An asymmetry［J］. Journal of Development Studies, 1991, 27(2).

［143］Wood A. How trade hurts unskilled workers［J］. Journal of Economic Perspectives, 1995, 9(3).

表 A1 中国与"一带一路"沿线国家进出口贸易年度总表（2001—2018）

单位：亿美元；%

年份 项目	2001	2002	2003	2004	2005	2006	2007	2008	2009	2010	2011	2012	2013	2014	2015	2016	2017	2018
			"十五"					"十一五"					"十二五"				"十三五"	
进口总额	455.839	559.366	825.669	1125.896	1410.925	1699.421	2080.734	2621.357	2192.494	3224.441	4395.675	4588.799	4717.033	4832.243	3834.210	3665.798	4548.460	5638.716
进口增长率		22.711	47.608	36.362	25.316	20.447	22.438	25.982	-16.360	47.067	36.324	4.393	2.795	2.442	-20.654	-4.392	24.078	23.970
出口总额	393.197	512.919	721.003	997.839	1346.005	1868.302	2670.731	3376.131	2837.187	3717.470	4550.438	5054.399	5728.836	6420.307	6204.934	5862.876	6407.053	7141.944
出口增长率		30.448	40.569	38.396	34.892	38.804	42.950	26.412	-15.963	31.027	22.407	11.075	13.344	12.070	-3.355	-5.513	9.282	11.470
进出口总额	849.036	1072.285	1546.672	2123.735	2756.930	3567.723	4751.465	5997.488	5029.680	6941.912	8946.113	9643.198	10445.870	11252.550	10039.143	9528.674	10955.513	12780.660
进出口增长率		26.294	44.241	37.310	29.815	29.409	33.179	26.224	-16.137	38.019	28.871	7.792	8.324	7.722	-10.783	-5.085	14.974	16.660
进口占比	18.716	18.951	20.004	20.061	21.379	21.472	21.762	23.145	21.796	23.094	25.212	25.235	24.190	24.664	22.829	23.085	24.669	26.402
出口占比	14.776	15.753	16.453	16.818	17.665	19.281	21.890	23.598	23.612	23.562	23.970	24.671	25.934	27.410	27.293	27.950	28.308	28.721
进出口占比	16.659	17.273	18.175	18.394	19.389	20.266	21.834	23.398	22.784	23.342	24.565	24.936	25.116	26.159	25.396	25.854	26.674	27.649

表 A2　中国各区域（东部）与"一带一路"沿线国家进出口贸易年度总表（2002—2019）　　　　单位：亿美元；%

年份 项目	"十五"				2006	2007	"十一五"		2010	2011	"十二五"				"十三五"				
	2002	2003	2004	2005	2006	2007	2008	2009	2010	2011	2012	2013	2014	2015	2016	2017	2018	2019
东部进口总额	492.047	734.427	1004.021	1266.616	1513.908	1813.445	2280.921	1940.315	2811.235	3745.408	3834.542	3917.343	3913.597	3136.783	2941.235	3752.717	4682.118	4764.965
东部进口增长率		49.260	36.708	26.154	19.524	19.786	25.778	-14.933	44.886	33.230	2.380	2.159	-0.096	-19.849	-6.234	27.590	24.766	1.769
东部出口总额	427.554	596.576	834.266	1117.516	1557.069	2228.907	2728.616	2388.744	3137.564	3851.200	4182.381	4705.323	5247.413	5152.818	5030.023	5078.785	5512.543	5843.627
东部出口增长率		39.532	39.842	33.952	39.333	43.148	22.419	-12.456	31.348	22.745	8.599	12.503	11.521	-1.803	-2.383	0.969	8.541	6.006
东部进出口总额	919.601	1331.003	1845.615	2394.643	3086.654	4029.652	5040.873	4330.090	5949.938	7602.524	8019.761	8632.800	9166.837	8288.352	7978.003	8835.631	10182.754	10617.286
东部进出口增长率		44.737	38.663	29.748	28.898	30.551	25.094	-14.100	37.409	27.775	5.488	7.644	6.186	-9.583	-3.744	10.750	15.246	4.267
东部进口占比	87.965	88.949	89.175	89.772	89.084	87.154	87.013	88.498	87.185	85.207	83.563	83.047	80.989	81.810	80.235	82.505	83.035	
东部出口占比	83.357	82.743	83.607	83.025	83.341	83.457	80.821	84.194	84.401	84.634	82.747	82.134	81.731	83.044	85.794	79.269	77.185	
东部进出口占比	85.761	86.056	86.904	86.859	86.516	84.809	84.050	86.091	85.710	84.981	83.165	82.643	81.465	82.560	83.726	80.650	79.673	

表 A3　中国各区域(中部)与"一带一路"沿线国家进出口贸易年度总表(2002—2019)　　单位:亿美元;%

项目＼年份	"十五"				"十一五"					"十二五"					"十三五"			
	2002	2003	2004	2005	2006	2007	2008	2009	2010	2011	2012	2013	2014	2015	2016	2017	2018	2019
中部进口总额	27.463	39.606	53.119	68.757	96.277	130.287	164.528	108.694	173.180	270.687	294.589	269.229	307.563	237.666	210.803	274.994	408.203	430.249
中部进口增长率		44.219	34.116	29.441	40.024	35.325	26.281	-33.936	59.327	56.304	8.830	-8.609	14.239	-22.726	-11.303	30.451	48.440	5.401
中部出口总额	40.870	60.267	75.109	107.509	140.963	217.259	256.478	193.636	277.756	355.969	403.313	476.921	545.738	524.995	494.190	550.689	635.269	741.582
中部出口增长率		47.462	24.626	43.138	31.118	54.125	18.052	-24.502	43.443	28.159	13.300	18.251	14.429	-3.801	-5.868	11.433	15.359	16.735
中部进出口总额	68.332	99.873	128.227	176.266	237.240	347.546	421.006	302.330	450.936	626.656	697.902	746.150	853.301	762.662	704.993	825.683	1043.471	1171.832
中部进出口增长率		46.159	28.390	37.464	34.592	46.496	21.137	-28.189	49.154	38.968	11.369	6.913	14.361	-10.622	-7.561	17.119	26.377	12.301
中部进口占比	4.910	4.797	4.718	4.873	5.665	6.262	6.276	4.958	5.371	6.158	6.420	5.708	6.365	6.199	5.751	6.046	7.239	
中部出口占比	7.968	8.359	7.527	7.987	7.545	8.135	7.597	6.825	7.472	7.823	7.979	8.325	8.500	8.461	8.429	8.595	8.895	
中部进出口占比	6.373	6.457	6.038	6.394	6.650	7.314	7.020	6.011	6.496	7.005	7.237	7.143	7.583	7.597	7.399	7.537	8.164	

表 A4　中国各区域（西部）与"一带一路"沿线国家进出口贸易年度总表（2002—2019）　单位：亿美元；%

年份 项目	"十五"				"十一五"					"十二五"					"十三五"			
	2002	2003	2004	2005	2006	2007	2008	2009	2010	2011	2012	2013	2014	2015	2016	2017	2018	2019
西部进口总额	34.133	48.426	66.570	76.312	92.907	134.421	175.742	143.087	245.244	370.245	460.242	526.950	618.641	441.711	389.758	466.751	527.969	611.917
西部进口增长率		41.875	37.468	14.634	21.747	44.683	30.740	-18.581	71.395	50.970	24.307	14.494	17.400	-28.600	-11.762	19.754	13.116	15.900
西部出口总额	33.178	61.353	79.229	109.418	154.940	225.824	342.395	252.502	297.439	364.234	469.294	539.317	620.159	524.971	459.412	764.966	860.240	931.105
西部出口增长率		84.920	29.138	38.103	41.604	45.749	51.621	-26.254	17.797	22.457	28.844	14.921	14.990	-15.349	-12.488	66.510	12.455	8.238
西部进出口总额	67.311	109.778	145.799	185.730	247.847	360.245	518.137	395.589	542.683	734.479	929.536	1066.267	1238.800	966.682	849.170	1231.717	1388.209	1543.021
西部进出口增长率		63.092	32.812	27.387	33.445	45.349	43.829	-23.652	37.184	35.342	26.557	14.710	16.181	-21.966	-12.156	45.050	12.705	11.152
西部进口占比	6.102	5.865	5.913	5.409	5.467	6.460	6.704	6.526	7.606	8.423	10.030	11.171	12.802	11.520	10.632	10.262	9.363	
西部出口占比	6.468	8.509	7.940	8.129	8.293	8.455	10.142	8.900	8.001	8.004	9.285	9.414	9.659	8.461	7.836	11.939	12.045	
西部进出口占比	6.277	7.098	6.865	6.737	6.947	7.582	8.639	7.865	7.817	8.210	9.639	10.208	11.009	9.629	8.912	11.243	10.862	

表 A5 分时间段中国与"一带一路"沿线国家各区域进出口贸易占比情况

单位:%

时期	项目	东盟	东亚	独联体	南亚	西亚	中东欧	中亚
"十五"	进口占比	54.755	0.400	13.600	6.663	20.351	1.764	2.467
	出口占比	43.101	0.245	10.406	11.093	23.365	8.832	2.957
	进出口占比	49.212	0.326	12.081	8.770	21.785	5.126	2.700
"十一五"	进口占比	48.761	0.667	9.973	7.357	27.406	2.457	3.378
	出口占比	36.275	0.313	10.879	13.993	23.594	9.677	5.268
	进出口占比	41.889	0.472	10.472	11.010	25.308	6.431	4.418
"十二五"	进口占比	44.036	0.896	9.884	4.778	32.371	3.176	4.859
	出口占比	41.734	0.415	9.470	14.196	23.125	7.333	3.727
	进出口占比	42.757	0.628	9.654	10.010	27.234	5.486	4.230
"十三五"	进口占比	50.628	1.092	10.400	4.089	26.413	4.076	3.302
	出口占比	44.105	0.199	7.850	16.548	20.253	7.858	3.186
	进出口占比	46.821	0.571	8.912	11.359	22.818	6.283	3.234
2001—2018	进口占比	47.739	0.855	10.351	5.335	28.673	3.134	3.914
	出口占比	41.316	0.319	9.359	14.658	22.396	8.094	3.860
	进出口占比	44.163	0.556	9.798	10.525	25.179	5.895	3.884

单位:亿美元

表 A6 中国与东盟分行业进口贸易现状 (2007—2018)

行业	2007年	2008年	2009年	2010年	2011年	2012年	2013年	2014年	2015年	2016年	2017年	2018年
a1	17.15	23.40	36.45	69.58	111.73	109.34	93.03	70.48	35.74	47.05	64.40	76.65
a2	27.76	33.20	39.85	39.34	44.20	38.38	35.53	53.77	65.61	95.52	133.02	114.94
a3	8.19	12.56	6.85	11.61	22.30	19.41	28.20	13.05	13.32	11.92	16.24	2.67
a4	30.35	22.68	27.64	47.23	83.02	77.10	81.44	70.82	40.70	40.93	51.29	66.16
a5	0.76	1.22	0.81	0.90	1.48	1.29	1.84	1.25	0.97	0.97	1.19	0.99
a6	11.80	10.72	10.92	13.02	21.24	20.38	28.54	37.36	22.38	21.17	20.32	8.41
b1	16.19	15.01	20.08	13.10	19.31	27.54	27.11	29.07	31.25	31.72	40.03	41.59
b2	0.02	0.02	0.02	0.11	0.07	0.12	0.14	0.17	0.12	0.08	0.08	0.10
b3	0.29	0.38	0.47	0.43	0.42	0.29	0.46	0.90	0.03	0.10	0.27	1.25
b4	7.10	7.95	8.95	9.60	11.89	14.18	18.58	23.06	22.70	25.42	31.68	9.13
b5	1.04	1.68	1.71	2.04	4.27	5.81	8.68	10.73	11.57	13.29	17.42	11.00
b6	4.59	6.52	5.00	4.64	6.72	8.35	9.65	13.70	18.27	21.57	27.46	12.22
b7	3.00	2.72	1.78	1.41	1.55	2.61	5.11	7.39	7.18	6.96	6.50	4.58
b8	0.60	0.77	1.02	1.21	1.36	1.46	2.29	3.00	2.54	2.92	3.36	1.63

续表

行业	2007年	2008年	2009年	2010年	2011年	2012年	2013年	2014年	2015年	2016年	2017年	2018年
b9	12.09	13.23	9.30	11.62	14.69	13.44	14.68	14.41	15.54	13.90	25.97	32.32
b10	0.27	0.34	0.46	0.51	0.74	1.69	4.76	5.02	2.13	2.32	2.32	3.24
b11	16.49	14.84	14.30	17.92	22.42	20.51	12.97	15.71	11.98	10.83	10.77	11.71
b12	40.07	67.96	54.17	82.19	93.53	104.41	108.85	102.21	96.61	71.33	111.87	100.70
b13	103.05	99.21	101.51	98.88	123.90	118.74	136.87	153.28	142.50	148.64	196.82	177.38
b14	0.14	0.48	0.88	1.11	1.12	1.28	1.05	1.10	3.36	2.25	2.92	1.67
b15	1.17	0.85	0.82	0.71	1.23	0.90	0.76	0.58	0.73	0.41	0.58	0.47
b16	11.97	15.75	20.48	18.10	22.82	25.11	22.73	17.95	12.64	3.26	3.37	2.69
b17	3.71	4.00	3.85	4.07	5.06	4.79	5.50	5.14	4.96	4.44	5.08	5.27
b18	3.00	4.02	4.54	4.22	11.34	5.68	12.95	121.02	2.12	2.09	2.63	2.80
b19	2.31	2.13	2.02	2.90	3.93	2.34	1.85	4.91	7.41	12.52	26.92	33.88
b20	14.43	11.81	13.23	15.03	20.03	18.89	17.41	15.39	25.68	24.66	30.21	22.11
b21	4.61	5.25	3.38	3.21	3.66	4.51	4.85	8.55	6.32	3.60	3.47	2.53
b22	26.02	28.49	23.76	22.30	26.98	29.14	30.47	30.46	31.97	29.12	27.49	21.36

续表

行业	2007年	2008年	2009年	2010年	2011年	2012年	2013年	2014年	2015年	2016年	2017年	2018年
b23	21.12	21.82	19.74	34.80	36.07	21.38	23.47	23.06	19.18	19.90	37.16	38.06
b24	2.38	2.30	8.92	2.89	7.02	5.12	4.85	9.33	10.95	12.59	21.33	6.47
b25	423.31	392.79	325.70	427.96	495.34	509.10	538.20	515.94	389.37	348.10	393.13	528.14
b26	133.76	168.15	160.43	104.29	112.65	144.21	125.36	127.00	75.73	97.73	126.63	86.67
b27	41.08	45.87	38.17	34.27	43.92	68.61	63.34	70.57	47.86	49.65	56.81	60.31
b28	1.09	1.26	1.19	1.26	1.16	1.64	2.55	6.71	7.44	5.74	5.55	2.65
c1	0.00	0.00	0.39	0.45	0.69	0.63	0.61	0.48	0.51	0.43	0.40	0.38
c2	0.01	0.15	0.24	0.42	0.13	1.06	1.08	1.04	0.54	0.97	1.37	1.27

注:a 表示采矿业,a1 煤炭采选业,a2 石油和天然气开采业,a3 黑色金属矿采选业,a4 有色金属矿采选业,a5 非金属矿采选业,a6 木材及竹材采运业;b 表示制造业,b1 食品加工和制造业,b2 饮料制造业,b3 烟草加工业,b4 纺织业,b5 服装及其他纤维制品制造业,b6 皮革毛皮羽绒及其制品业,b7 木材加工及竹藤棕草制品业,b8 家具制造业,b9 造纸及纸制品业,b10 印刷业记录媒介物的复印,b11 文教体育用品制造业,b12 石油加工及炼焦业,b13 化学原料及化学制品制造业,b14 医药制造业,b15 化学纤维制造业,b16 橡胶制品业,b17 塑料制品业,b18 非金属矿物制品业,b19 黑色金属冶炼及延压加工业,b20 有色金属冶炼及延压加工业,b21 金属制品业,b22 普通机械制造业,b23 专用设备制造业,b24 交通运输设备制造业,b25 电气机械及器材制造业,b26 电子及通信设备制造业,b27 仪器仪表及文化办公用机械,b28 其他制造业;c 表示电力、热力、燃气及水生产和供应业,c1 电力及水生产和供应业,c2 煤气的生产和供应。

单位:亿美元

表 A7 中国与东盟分行业出口贸易现状(2007—2018)

行业	2007年	2008年	2009年	2010年	2011年	2012年	2013年	2014年	2015年	2016年	2017年	2018年
a1	0.00	0.00	0.01	0.00	0.02	0.04	0.04	0.07	0.01	0.00	0.01	0.02
a2	0.01	0.07	0.05	0.04	0.10	0.05	0.08	0.20	0.16	0.02	0.02	1.34
a3	0.00	0.00	0.00	0.00	0.00	0.00	0.00	0.00	0.00	0.00	0.00	0.00
a4	0.00	0.00	0.00	0.00	0.00	0.00	0.00	0.00	0.00	0.00	0.00	0.00
a5	0.03	0.04	0.06	0.05	0.06	0.06	0.03	0.05	0.07	0.04	0.03	0.07
a6	0.00	0.00	0.00	0.00	0.01	0.05	0.00	0.01	0.00	0.00	0.02	0.02
b1	0.46	0.44	0.36	0.56	0.80	0.80	1.38	1.37	1.50	1.30	1.89	2.29
b2	0.01	0.03	0.05	0.08	0.08	0.12	0.13	0.21	0.29	0.38	0.38	0.44
b3	0.13	0.09	0.10	0.14	0.20	0.20	0.21	0.24	0.27	0.23	0.12	0.22
b4	7.44	8.10	7.85	11.98	17.54	19.41	26.94	28.68	28.76	31.65	38.91	50.24
b5	0.42	0.64	0.43	0.60	1.22	2.32	3.77	3.72	2.08	2.04	2.66	3.32
b6	0.22	0.29	0.25	0.45	1.19	2.22	3.77	3.27	2.15	1.47	1.57	2.09
b7	0.03	0.04	0.02	0.05	0.18	0.26	0.18	0.30	0.56	0.72	1.31	1.68
b8	0.06	0.10	0.31	2.34	5.08	6.42	4.85	5.36	2.54	1.04	1.09	1.46
b9	0.17	0.22	0.16	0.24	0.37	0.57	0.98	1.10	1.59	1.50	1.33	1.65
b10	0.10	0.04	0.05	0.06	0.09	0.16	0.25	0.28	0.34	0.43	0.57	0.72
b11	0.19	0.26	0.27	0.37	0.74	0.62	0.81	0.86	0.87	0.58	0.62	0.68
b12	0.99	0.83	0.82	1.57	1.52	1.94	2.16	2.71	1.86	1.10	1.50	2.09
b13	1.39	1.31	1.48	1.94	2.45	2.54	3.14	3.98	3.92	5.21	5.81	7.83

续表

行业	2007年	2008年	2009年	2010年	2011年	2012年	2013年	2014年	2015年	2016年	2017年	2018年
b14	0.27	0.31	0.30	0.34	0.37	0.41	0.53	0.65	0.56	0.59	0.72	1.20
b15	0.01	0.02	0.02	0.03	0.03	0.04	0.04	0.05	0.06	0.07	0.22	0.27
b16	0.50	0.57	0.69	0.86	1.15	1.35	1.47	1.41	1.38	1.39	1.49	1.73
b17	0.35	0.37	0.36	0.67	0.87	1.46	2.39	2.62	2.65	2.48	2.79	3.23
b18	0.73	0.92	0.96	1.40	1.63	2.43	8.28	10.31	4.78	4.24	4.06	4.62
b19	2.57	2.39	2.19	3.34	7.55	9.84	8.19	12.16	11.18	9.98	11.69	15.66
b20	0.12	0.12	0.16	0.24	0.33	0.40	0.52	0.65	0.92	1.21	1.15	1.41
b21	1.38	1.76	1.59	2.87	2.87	3.39	4.40	5.40	8.05	4.82	5.40	8.92
b22	2.53	3.46	4.69	6.36	6.62	8.43	9.85	9.10	9.85	9.66	9.84	14.37
b23	1.27	2.23	1.94	3.08	4.83	4.71	5.53	5.66	5.75	5.04	5.73	7.44
b24	2.21	3.22	3.09	6.15	10.84	11.85	14.58	12.16	23.62	10.64	11.03	9.85
b25	1.02	1.62	1.65	2.16	2.96	4.32	6.41	6.99	8.45	6.80	6.87	8.47
b26	1.43	1.40	1.97	2.33	4.93	5.39	8.46	13.31	11.22	11.10	13.12	15.26
b27	0.18	0.28	0.25	0.37	0.48	2.20	1.84	0.96	0.86	0.58	0.68	1.05
b28	0.20	0.27	0.24	0.37	0.68	0.92	1.12	5.82	4.17	2.00	1.64	2.17
c1	0.05	0.06	0.06	0.05	0.05	0.05	0.06	0.16	0.17	0.26	0.23	0.38
c2	0.00	0.00	0.00	0.00	0.00	0.00	0.00	0.02	0.02	0.01	0.01	0.00

注:表中行业代码内容同表 A6。

表A8 中国与东盟分行业进出口贸易现状(2007—2018)

单位:亿美元

行业	2007年	2008年	2009年	2010年	2011年	2012年	2013年	2014年	2015年	2016年	2017年	2018年
a1	17.15	23.41	36.45	69.58	111.75	109.38	93.07	70.55	35.75	47.06	64.41	76.67
a2	27.76	33.26	39.90	39.38	44.30	38.44	35.61	53.97	65.77	95.54	133.04	116.28
a3	8.19	12.56	6.85	11.61	22.30	19.41	28.20	13.05	13.32	11.92	16.24	2.67
a4	30.35	22.68	27.64	47.23	83.02	77.10	81.44	70.82	40.70	40.93	51.29	66.16
a5	0.79	1.27	0.86	0.95	1.53	1.36	1.87	1.30	1.04	1.00	1.23	1.05
a6	11.80	10.72	10.92	13.02	21.25	20.43	28.54	37.36	22.38	21.17	20.34	8.43
b1	16.65	15.45	20.44	13.66	20.10	28.34	28.48	30.44	32.75	33.02	41.92	43.89
b2	0.03	0.04	0.07	0.19	0.15	0.24	0.27	0.39	0.40	0.46	0.46	0.55
b3	0.42	0.46	0.57	0.56	0.62	0.49	0.67	1.14	0.30	0.33	0.39	1.48
b4	14.54	16.05	16.80	21.58	29.43	33.60	45.52	51.74	51.46	57.07	70.60	59.37
b5	1.46	2.32	2.14	2.63	5.49	8.13	12.45	14.44	13.65	15.33	20.09	14.32
b6	4.81	6.81	5.25	5.09	7.91	10.57	13.42	16.98	20.43	23.04	29.03	14.31
b7	3.03	2.75	1.80	1.46	1.73	2.88	5.29	7.69	7.74	7.67	7.81	6.26
b8	0.66	0.87	1.33	3.55	6.43	7.89	7.14	8.36	5.08	3.96	4.45	3.09
b9	12.26	13.44	9.46	11.87	15.07	14.01	15.67	15.51	17.13	15.40	27.30	33.96
b10	0.37	0.38	0.51	0.57	0.83	1.85	5.00	5.30	2.47	2.75	2.89	3.95
b11	16.67	15.10	14.57	18.30	23.16	21.13	13.78	16.57	12.86	11.41	11.39	12.39
b12	41.06	68.80	54.99	83.76	95.06	106.35	111.01	104.92	98.47	72.43	113.37	102.79
b13	104.44	100.51	102.99	100.83	126.35	121.28	140.01	157.26	146.42	153.85	202.63	185.21

续表

行业	2007 年	2008 年	2009 年	2010 年	2011 年	2012 年	2013 年	2014 年	2015 年	2016 年	2017 年	2018 年
b14	0.41	0.79	1.18	1.45	1.48	1.69	1.58	1.75	3.92	2.84	3.64	2.87
b15	1.18	0.86	0.85	0.74	1.26	0.93	0.80	0.63	0.80	0.48	0.81	0.74
b16	12.47	16.32	21.17	18.96	23.97	26.45	24.20	19.36	14.02	4.65	4.86	4.42
b17	4.06	4.37	4.21	4.74	5.94	6.25	7.89	7.76	7.61	6.92	7.87	8.50
b18	3.73	4.93	5.50	5.62	12.98	8.11	21.23	131.33	6.90	6.33	6.69	7.43
b19	4.88	4.52	4.21	6.23	11.48	12.18	10.04	17.07	18.60	22.50	38.61	49.54
b20	14.55	11.93	13.39	15.27	20.36	19.29	17.93	16.05	26.60	25.87	31.37	23.52
b21	5.98	7.01	4.98	6.07	6.53	7.91	9.25	13.95	14.36	8.42	8.86	11.45
b22	28.55	31.94	28.45	28.66	33.60	37.56	40.33	39.56	41.81	38.78	37.33	35.74
b23	22.39	24.06	21.68	37.88	40.90	26.09	29.00	28.71	24.93	24.94	42.89	45.50
b24	4.58	5.52	12.01	9.03	17.86	16.97	19.43	21.49	34.57	23.23	32.36	16.31
b25	424.33	394.41	327.36	430.12	498.30	513.43	544.61	522.92	397.82	354.90	399.99	536.61
b26	135.19	169.55	162.40	106.62	117.58	149.59	133.82	140.31	86.95	108.84	139.75	101.93
b27	41.26	46.15	38.42	34.65	44.40	70.82	65.18	71.53	48.72	50.23	57.49	61.37
b28	1.29	1.54	1.43	1.64	1.83	2.56	3.67	12.53	11.61	7.74	7.18	4.82
c1	0.05	0.07	0.45	0.50	0.74	0.67	0.67	0.63	0.68	0.70	0.64	0.75
c2	0.01	0.15	0.24	0.43	0.14	1.06	1.08	1.07	0.56	0.98	1.38	1.27

注：表中行业代码内容同表 A6。

193

单位：万美元

表 A9　中国与东亚分行业进口贸易现状（2007—2018）

行业	2007 年	2008 年	2009 年	2010 年	2011 年	2012 年	2013 年	2014 年	2015 年	2016 年	2017 年	2018 年
a1	10007.82	24428.41	31741.74	101525.08	159732.16	170174.94	119000.92	94683.10	53663.57	99425.01	221227.30	282953.97
a2	5568.89	10417.84	11575.09	16254.69	22577.48	41176.72	47367.82	71814.57	36861.08	27973.32	36186.74	37533.60
a3	1771.95	14596.07	8522.55	22218.15	55397.31	61402.87	62179.68	46812.59	26129.31	20300.99	27432.14	36077.97
a4	111702.50	96218.72	72327.26	101979.96	118647.87	105437.38	106337.35	276624.17	235174.00	179467.45	186733.36	228001.61
a5	358.56	533.80	855.37	647.49	1133.16	1747.14	1948.76	1533.15	1467.94	949.80	2001.95	5516.41
a6	13.78	14.99	3.74	3.40	0.41	2.07	0.00	0.00	654.83	661.53	815.93	0.00
b1	47.43	17.29	21.54	454.37	621.35	127.90	503.03	691.80	674.57	2149.92	6194.45	12959.80
b2	0.00	0.00	0.00	0.00	0.00	0.00	0.05	0.00	0.08	1.00	1.19	0.66
b3	0.00	0.00	0.00	0.00	0.00	0.00	0.00	0.00	0.00	0.00	0.00	0.00
b4	86.51	66.19	69.55	128.56	129.74	137.92	37.56	52.01	190.20	188.22	22.43	34.00
b5	159.81	129.91	78.57	124.97	205.58	296.74	126.06	36.35	69.00	45.28	65.50	142.48
b6	556.38	396.65	460.61	754.23	1166.11	1225.49	1371.84	1312.10	1111.08	600.32	368.43	444.86
b7	171.34	46.73	37.62	22.55	31.18	33.40	19.31	40.42	36.48	38.94	122.69	93.39
b8	0.19	0.03	0.06	0.01	0.16	0.00	0.02	1.27	0.18	2.31	0.71	0.49
b9	19.89	28.69	1.40	22.98	26.46	4.98	7.40	0.00	0.01	0.37	0.26	0.08
b10	0.11	0.13	0.00	0.03	0.94	0.03	0.00	0.55	2.65	2.03	0.02	0.52
b11	0.00	0.00	0.00	0.00	0.00	0.06	0.00	0.14	0.13	0.22	0.05	0.00
b12	0.00	0.00	885.25	1740.53	1856.02	1179.52	14.48	0.00	0.09	0.01	4.08	514.37
b13	70.04	92.36	156.68	373.77	504.24	501.59	603.51	573.98	608.06	579.80	532.29	106.22

续表

行业	2007年	2008年	2009年	2010年	2011年	2012年	2013年	2014年	2015年	2016年	2017年	2018年
b14	0.00	0.00	0.00	0.17	0.00	0.00	0.00	0.00	0.06	0.01	0.00	0.00
b15	0.00	0.00	0.00	0.00	0.00	0.00	0.00	0.00	0.00	0.00	0.00	0.00
b16	1.05	0.90	0.00	0.00	0.00	0.01	0.00	4.88	0.90	77.48	1.15	86.02
b17	0.11	0.00	0.00	0.17	0.00	0.31	0.54	0.03	0.19	0.57	0.31	10.80
b18	13.35	22.35	24.78	40.06	70.80	85.11	46.73	4.53	10.80	4.91	35.10	22.80
b19	153.26	0.00	323.80	0.00	0.00	19.09	1.96	7.57	0.07	0.41	66.20	98.26
b20	1758.66	2062.08	1260.48	2073.13	287.31	421.57	204.89	3377.96	1545.10	4715.64	5970.92	5400.84
b21	1.08	0.84	1.61	1.95	9.38	1.48	6.18	6.73	29.62	29.71	29.26	12.34
b22	7.54	38.16	0.00	0.01	15.63	1.30	0.00	4.54	16.49	31.07	40.52	0.13
b23	3.33	0.29	0.15	1.00	0.00	0.18	0.23	0.00	171.66	148.83	32.77	0.00
b24	0.00	0.00	0.00	0.01	0.00	0.00	0.00	0.22	13.00	14.76	85.62	0.16
b25	0.05	0.04	1.98	0.91	0.53	0.38	0.00	6.15	2.22	6.68	42.90	0.04
b26	0.43	67.43	0.70	0.02	0.80	0.06	0.68	0.00	1.32	5.77	2.26	11.06
b27	0.00	0.05	0.00	2.06	0.12	0.33	1.18	0.43	10.59	5.32	3.17	1.55
b28	0.39	0.24	0.26	0.13	0.52	0.21	1.82	0.25	0.02	1.29	1.46	4.02
c1	0.00	0.00	0.00	0.00	0.00	0.00	0.00	0.00	0.00	0.00	0.00	0.00
c2	0.00	0.00	0.00	0.00	0.00	0.00	0.00	0.00	0.00	0.00	0.00	1.14

注:表中行业代码内容同表 A6。

附录 A

单位:万美元

表 A10 中国与东亚分行业进出口贸易现状(2007—2018)

行业	2007年	2008年	2009年	2010年	2011年	2012年	2013年	2014年	2015年	2016年	2017年	2018年
a1	10007.82	24428.41	31741.74	101525.08	159732.16	170174.94	119000.92	94683.10	53663.57	99425.01	221227.30	282953.97
a2	5568.89	10417.84	11575.09	16254.69	22577.48	41176.72	47367.82	71814.57	36861.08	27973.32	36186.74	37533.60
a3	1771.95	14596.07	8522.55	22218.15	55397.31	61402.87	62179.68	46812.59	26129.31	20300.99	27432.14	36077.97
a4	111702.50	96218.72	72327.26	101979.96	118647.87	105437.38	106337.35	276624.17	235174.00	179467.45	186733.36	228001.61
a5	358.56	533.80	855.37	647.49	1133.16	1747.14	1948.76	1533.15	1467.94	949.80	2001.95	5516.41
a6	13.78	14.99	3.74	3.40	0.41	2.07	0.00	0.00	654.83	661.53	815.93	0.00
b1	47.43	17.29	21.54	454.37	621.35	127.90	503.03	691.80	674.57	2149.92	6194.45	12959.80
b2	0.00	0.00	0.00	0.00	0.00	0.00	0.05	0.00	0.08	1.00	1.19	0.66
b3	0.00	0.00	0.00	0.00	0.00	0.00	0.00	0.00	0.00	0.00	0.00	0.00
b4	86.51	66.19	69.55	128.56	129.74	137.92	37.56	52.01	190.20	188.22	22.43	34.00
b5	159.81	129.91	78.57	124.97	205.58	296.74	126.06	36.35	69.00	45.28	65.50	142.48
b6	556.38	396.65	460.61	754.23	1166.11	1225.49	1371.84	1312.10	1111.08	600.32	368.43	444.86
b7	171.34	46.73	37.62	22.55	31.18	33.40	19.31	40.42	36.48	38.94	122.69	93.39
b8	0.19	0.03	0.06	0.01	0.16	0.00	0.02	1.27	0.18	2.31	0.71	0.49
b9	19.89	28.69	1.40	22.98	26.46	4.98	7.40	0.00	0.01	0.37	0.26	0.08
b10	0.11	0.13	0.00	0.03	0.94	0.03	0.00	0.55	2.65	2.03	0.02	0.52
b11	0.00	0.00	0.00	0.00	0.00	0.06	0.00	0.14	0.13	0.22	0.05	0.00
b12	0.00	0.00	885.25	1740.53	1856.02	1179.52	14.48	0.00	0.09	0.01	4.08	514.37
b13	70.04	92.36	156.68	373.77	504.24	501.59	603.51	573.98	608.06	579.80	532.29	106.22

续表

行业	2007 年	2008 年	2009 年	2010 年	2011 年	2012 年	2013 年	2014 年	2015 年	2016 年	2017 年	2018 年
b14	0.00	0.00	0.00	0.17	0.00	0.00	0.00	0.00	0.06	0.01	0.00	0.00
b15	0.00	0.00	0.00	0.00	0.00	0.00	0.00	0.00	0.00	0.00	0.00	0.00
b16	1.05	0.90	0.00	0.00	0.00	0.01	0.00	4.88	0.90	77.48	1.15	86.02
b17	0.11	0.00	0.00	0.17	0.00	0.31	0.54	0.03	0.19	0.57	0.31	10.80
b18	13.35	22.35	24.78	40.06	70.80	85.11	46.73	4.53	10.80	4.91	35.10	22.80
b19	153.26	0.00	323.80	0.00	0.00	19.09	1.96	7.57	0.07	0.41	66.20	98.26
b20	1758.66	2062.08	1260.48	2073.13	287.31	421.57	204.89	3377.96	1545.10	4715.64	5970.92	5400.84
b21	1.08	0.84	1.61	1.95	9.38	1.48	6.18	6.73	29.62	29.71	29.26	12.34
b22	7.54	38.16	0.00	0.01	15.63	1.30	0.00	4.54	16.49	31.07	40.52	0.13
b23	3.33	0.29	0.15	1.00	0.00	0.18	0.23	0.00	171.66	148.83	32.77	0.00
b24	0.00	0.00	0.00	0.01	0.00	0.00	0.00	0.22	13.00	14.76	85.62	0.16
b25	0.05	0.04	1.98	0.91	0.53	0.38	0.00	6.15	2.22	6.68	42.90	0.04
b26	0.43	67.43	0.70	0.02	0.80	0.06	0.68	0.00	1.32	5.77	2.26	11.06
b27	0.00	0.05	0.00	2.06	0.12	0.33	1.18	0.43	10.59	5.32	3.17	1.55
b28	0.39	0.24	0.26	0.13	0.52	0.21	1.82	0.25	0.02	1.29	1.46	4.02
c1	0.00	0.00	0.00	0.00	0.00	0.00	0.00	0.00	0.00	0.00	0.00	0.00
c2	0.00	0.00	0.00	0.00	0.00	0.00	0.00	0.00	0.00	0.00	0.00	1.14

注:表中行业代码内容同表 A6。

单位：百万美元

表 A11 中国与独联体分行业进口贸易现状（2007—2018）

行业	2007年	2008年	2009年	2010年	2011年	2012年	2013年	2014年	2015年	2016年	2017年	2018年
a1	20.71	154.19	1029.04	1504.08	1586.34	2399.31	2790.89	2198.36	1011.08	1084.83	2252.31	2564.30
a2	7219.55	8698.16	6769.38	9153.08	16633.44	20996.61	19900.76	25233.31	16780.35	15942.67	21482.57	38633.36
a3	584.64	982.07	804.16	892.54	2846.88	1804.55	1440.16	692.06	434.98	347.30	391.39	264.46
a4	255.41	239.61	303.39	390.83	585.03	719.13	774.27	690.98	675.85	838.13	1225.61	1636.53
a5	165.34	240.31	71.91	132.32	259.71	268.46	171.22	209.58	92.21	140.28	100.15	111.06
a6	2969.60	2961.10	2345.22	2730.66	3449.75	2859.42	2792.66	3122.07	3047.13	3579.44	4351.08	4588.98
b1	1351.89	1274.34	1227.17	1348.34	1614.89	1383.54	1422.79	1333.77	984.72	1116.44	1228.59	2307.95
b2	0.00	0.00	0.00	0.00	0.01	0.17	0.03	0.07	0.02	0.02	0.10	0.09
b3	0.00	0.00	0.00	0.00	0.00	0.00	0.00	0.00	0.00	0.00	0.00	0.07
b4	9.54	7.22	4.13	8.49	5.26	4.59	3.23	5.48	38.35	35.46	40.42	6.16
b5	0.71	1.93	2.65	4.91	9.95	13.07	15.51	21.55	2.20	3.69	0.31	44.02
b6	9.24	15.50	8.23	12.47	14.95	8.63	16.44	18.75	5.77	4.67	5.18	23.79
b7	15.95	14.13	18.00	27.46	38.43	52.81	48.21	58.65	54.92	75.52	89.07	121.76
b8	3.44	7.01	3.65	2.59	4.33	4.71	4.75	5.81	6.04	4.20	8.11	11.05
b9	770.80	881.95	577.68	746.38	1035.60	820.71	694.55	887.15	894.92	851.45	975.33	1368.69
b10	3.47	4.10	5.11	25.89	13.37	13.09	15.91	7.93	3.77	3.25	7.40	7.16
b11	18.55	22.00	21.53	4.66	3.45	7.19	13.52	5.59	2.01	2.98	2.54	7.14
b12	2137.83	3206.03	1681.82	2242.06	4766.15	6165.39	4159.98	2318.42	1479.60	704.80	700.71	1115.79
b13	3045.28	3538.42	2575.65	3799.30	4242.21	4177.75	3165.08	2824.20	2131.98	1539.11	1564.72	1982.14

续表

行业	2007年	2008年	2009年	2010年	2011年	2012年	2013年	2014年	2015年	2016年	2017年	2018年
b14	0.00	0.02	0.12	0.21	0.50	0.65	2.55	2.89	15.05	11.60	8.03	2.16
b15	17.79	11.47	8.97	13.11	7.35	14.78	8.08	9.99	0.24	3.21	0.13	3.33
b16	1.20	0.47	2.91	2.41	7.76	8.03	9.90	7.50	5.47	5.02	14.93	8.36
b17	1.30	1.40	1.05	2.22	2.37	10.78	2.14	2.94	2.54	0.89	3.77	2.03
b18	28.97	18.02	13.86	36.30	33.06	73.64	132.74	173.38	56.81	49.53	73.72	113.79
b19	350.44	418.85	1637.20	339.35	201.70	90.56	123.53	50.51	314.75	402.74	532.62	28.15
b20	951.58	1261.56	2256.49	2635.20	3337.52	2482.39	2157.06	1987.12	790.45	1005.07	936.87	3229.19
b21	12.12	26.08	26.85	11.65	20.10	16.47	34.95	28.23	70.85	66.46	43.99	56.73
b22	157.17	221.13	155.31	201.54	123.40	134.81	99.92	217.53	375.34	390.01	374.69	240.04
b23	5.85	13.39	118.85	23.27	53.24	30.28	34.26	17.04	21.42	61.47	18.36	16.93
b24	77.31	101.02	143.94	93.12	68.79	77.67	75.21	111.02	173.05	441.82	371.87	121.46
b25	40.06	58.07	46.36	51.29	41.44	40.34	37.14	36.66	27.15	85.87	43.86	66.32
b26	1.07	2.02	1.69	1.48	3.18	3.13	8.07	4.44	13.82	7.60	7.98	5.16
b27	15.33	22.41	25.24	39.22	64.76	88.93	85.80	110.84	119.94	187.70	160.10	176.95
b28	0.57	0.34	0.46	0.16	3.52	1.95	7.74	1.24	1.28	0.76	1.04	7.42
c1	2.70	0.06	29.09	44.10	51.30	123.12	186.58	164.42	175.46	155.83	139.38	138.73
c2	0.00	0.00	0.00	0.00	0.00	0.00	0.00	0.00	0.25	0.30	0.94	0.88

注:表中行业代码内容同表 A6。

表 A12 中国与独联体分行业出口贸易现状（2007—2018）

单位：百万美元

行业	2007 年	2008 年	2009 年	2010 年	2011 年	2012 年	2013 年	2014 年	2015 年	2016 年	2017 年	2018 年
a1	0.00	0.00	0.00	0.00	0.00	0.00	0.00	0.00	0.00	0.00	0.00	0.00
a2	0.00	0.00	0.00	0.00	0.00	0.00	0.00	0.00	0.00	0.00	0.00	0.02
a3	0.00	0.00	0.00	0.00	0.00	0.00	0.00	0.00	0.00	0.00	0.00	0.00
a4	2.13	0.00	0.00	0.00	0.00	0.00	0.00	0.00	0.00	0.00	0.00	0.00
a5	0.18	0.21	0.11	0.11	0.20	0.19	0.17	0.26	0.28	0.25	0.27	0.31
a6	0.97	1.13	1.01	0.46	0.60	0.47	0.39	0.21	0.25	1.12	0.19	0.43
b1	31.67	36.98	29.76	32.72	33.91	33.37	40.31	39.98	38.85	34.84	33.92	38.39
b2	0.04	0.19	0.19	0.68	0.89	0.72	0.74	0.21	0.12	0.22	0.36	0.40
b3	0.00	0.00	0.02	0.00	0.00	0.00	0.00	0.00	0.04	0.00	0.10	0.00
b4	48.65	52.86	17.69	17.94	46.99	59.28	46.17	44.53	29.06	32.62	129.79	117.34
b5	275.98	404.21	203.09	492.31	433.37	273.65	231.20	129.66	94.63	79.82	88.92	77.19
b6	39.59	55.31	38.90	58.85	79.89	87.20	109.48	116.36	72.27	55.49	58.57	61.30
b7	8.62	14.93	13.20	3.67	6.37	9.78	14.68	12.36	7.95	4.25	4.39	3.97
b8	14.01	17.02	4.06	4.13	13.23	25.19	28.50	29.04	17.59	8.14	11.23	14.99
b9	2.47	4.34	4.76	1.77	3.46	5.60	5.68	8.06	6.14	6.32	9.31	14.31
b10	0.21	0.53	0.46	0.22	0.32	0.42	0.44	0.31	0.25	0.48	0.84	1.26
b11	9.28	12.19	5.55	8.67	9.27	12.31	16.04	17.08	13.24	10.28	24.97	26.25
b12	0.56	9.38	4.68	0.16	0.58	0.35	0.73	3.49	1.39	7.13	17.65	22.19
b13	46.43	51.61	37.34	38.02	40.78	59.59	76.00	74.53	60.87	60.34	71.14	102.41

续表

行业	2007年	2008年	2009年	2010年	2011年	2012年	2013年	2014年	2015年	2016年	2017年	2018年
b14	7.63	10.11	18.05	20.02	16.65	17.94	20.53	20.58	17.31	22.69	29.46	37.38
b15	1.12	1.64	1.97	0.83	0.75	0.52	0.08	0.27	0.11	0.13	0.67	0.55
b16	7.52	14.52	9.36	14.16	27.17	45.14	49.04	32.63	17.29	13.99	26.09	34.60
b17	12.52	17.33	13.38	10.05	17.43	29.32	32.63	40.45	23.55	20.58	30.17	35.36
b18	23.46	42.73	34.67	24.10	35.08	31.28	40.23	44.57	27.07	24.76	24.60	32.79
b19	10.52	25.28	15.91	18.16	28.27	20.07	19.74	36.09	10.90	11.20	9.44	12.63
b20	8.31	9.15	5.05	4.01	5.55	5.08	7.20	8.79	5.55	5.11	6.85	6.24
b21	24.89	52.67	28.73	52.92	53.27	133.23	85.86	95.02	96.99	74.71	87.02	78.12
b22	50.39	121.31	201.76	452.41	221.47	384.30	170.85	289.99	161.22	183.10	152.26	215.19
b23	72.77	78.18	29.62	71.58	109.07	144.05	150.71	112.56	128.94	75.41	108.22	154.63
b24	31.70	84.05	23.56	31.94	111.25	241.59	216.88	240.91	64.78	415.46	213.96	140.76
b25	50.97	79.05	103.11	125.73	152.50	147.97	161.94	200.13	152.36	137.06	142.58	185.60
b26	115.74	155.15	133.99	228.53	215.37	258.20	259.09	207.32	151.67	143.03	161.40	354.82
b27	12.12	26.67	22.12	26.44	35.42	27.50	40.85	43.28	37.37	26.06	39.62	40.62
b28	1.57	4.57	2.50	4.46	5.52	10.25	7.81	7.21	8.90	5.84	9.97	16.30
c1	0.00	0.00	0.00	0.00	0.00	0.00	0.00	0.00	0.00	0.00	0.00	0.00
c2	0.00	0.00	0.01	0.00	0.00	0.00	0.00	0.00	0.00	0.00	0.00	0.00

注：表中行业代码内容同表 A6。

表 A13　中国与独联体分行业进出口贸易现状（2007—2018）

单位：百万美元

行业	2007 年	2008 年	2009 年	2010 年	2011 年	2012 年	2013 年	2014 年	2015 年	2016 年	2017 年	2018 年
a1	20.71	154.19	1029.04	1504.08	1586.34	2399.31	2790.89	2198.36	1011.08	1084.83	2252.31	2564.30
a2	7219.55	8698.16	6769.38	9153.08	16633.44	20996.61	19900.76	25233.31	16780.35	15942.67	21482.57	38633.38
a3	584.64	982.07	804.16	892.54	2846.88	1804.55	1440.16	692.06	434.98	347.30	391.39	264.46
a4	257.53	239.61	303.39	390.83	585.03	719.13	774.27	690.98	675.85	838.13	1225.61	1636.53
a5	165.51	240.52	72.02	132.42	259.91	268.65	171.39	209.84	92.49	140.53	100.42	111.37
a6	2970.57	2962.23	2346.23	2731.12	3450.35	2859.89	2793.05	3122.28	3047.37	3580.57	4351.27	4589.41
b1	1383.56	1311.32	1256.93	1381.07	1648.80	1416.91	1463.10	1373.75	1023.57	1151.28	1262.51	2346.34
b2	0.04	0.19	0.19	0.68	0.89	0.89	0.77	0.28	0.14	0.23	0.46	0.49
b3	0.00	0.00	0.02	0.00	0.00	0.00	0.00	0.00	0.04	0.00	0.10	0.07
b4	58.19	60.08	21.82	26.44	52.26	63.86	49.40	50.01	67.40	68.08	170.21	123.50
b5	276.69	406.14	205.74	497.22	443.32	286.72	246.71	151.22	96.83	83.51	89.23	121.21
b6	48.82	70.82	47.13	71.33	94.84	95.83	125.92	135.11	78.04	60.15	63.75	85.09
b7	24.58	29.06	31.20	31.13	44.81	62.59	62.89	71.02	62.87	79.77	93.46	125.72
b8	17.45	24.02	7.71	6.72	17.57	29.91	33.25	34.85	23.63	12.33	19.34	26.04
b9	773.27	886.29	582.44	748.15	1039.06	826.31	700.23	895.21	901.07	857.77	984.64	1383.01
b10	3.68	4.63	5.57	26.12	13.69	13.52	16.35	8.24	4.02	3.72	8.24	8.43
b11	27.83	34.20	27.08	13.33	12.71	19.49	29.56	22.67	15.25	13.26	27.51	33.39
b12	2138.38	3215.41	1686.50	2242.22	4766.73	6165.74	4160.71	2321.91	1481.00	711.93	718.37	1137.98
b13	3091.71	3590.04	2612.98	3837.32	4282.98	4237.34	3241.08	2898.73	2192.85	1599.45	1635.86	2084.55

续表

行业	2007 年	2008 年	2009 年	2010 年	2011 年	2012 年	2013 年	2014 年	2015 年	2016 年	2017 年	2018 年
b14	7.64	10.13	18.17	20.24	17.15	18.59	23.09	23.47	32.36	34.29	37.49	39.54
b15	18.91	13.11	10.94	13.95	8.09	15.30	8.15	10.26	0.34	3.34	0.80	3.88
b16	8.73	14.99	12.27	16.57	34.93	53.18	58.94	40.13	22.75	19.00	41.02	42.96
b17	13.82	18.72	14.43	12.26	19.80	40.09	34.77	43.38	26.09	21.47	33.94	37.40
b18	52.43	60.75	48.54	60.40	68.14	104.92	172.98	217.95	83.88	74.29	98.31	146.58
b19	360.96	444.13	1653.12	357.51	229.97	110.62	143.27	86.61	325.65	413.93	542.06	40.77
b20	959.89	1270.72	2261.55	2639.21	3343.08	2487.47	2164.26	1995.90	796.00	1010.18	943.72	3235.43
b21	37.01	78.75	55.57	64.57	73.38	149.70	120.80	123.25	167.84	141.17	131.02	134.85
b22	207.57	342.45	357.07	653.94	344.86	519.10	270.78	507.52	536.56	573.11	526.95	455.23
b23	78.62	91.57	148.47	94.85	162.32	174.34	184.97	129.60	150.36	136.87	126.58	171.56
b24	109.01	185.07	167.50	125.06	180.05	319.26	292.09	351.93	237.83	857.29	585.83	262.21
b25	91.03	137.12	149.47	177.02	193.94	188.31	199.09	236.78	179.52	222.93	186.44	251.92
b26	116.81	157.17	135.69	230.02	218.55	261.33	267.15	211.76	165.49	150.63	169.38	359.99
b27	27.44	49.09	47.35	65.65	100.18	116.43	126.65	154.12	157.32	213.76	199.72	217.57
b28	2.13	4.91	2.96	4.62	9.04	12.21	15.55	8.45	10.18	6.60	11.01	23.71
c1	2.70	0.06	29.09	44.10	51.30	123.12	186.58	164.42	175.46	155.83	139.38	138.73
c2	0.00	0.00	0.01	0.00	0.00	0.00	0.00	0.00	0.25	0.30	0.94	0.88

注：表中行业代码内容同表 A6。

单位：百万美元

表 A14 中国与南亚分行业进口贸易现状（2007—2018）

行业	2007年	2008年	2009年	2010年	2011年	2012年	2013年	2014年	2015年	2016年	2017年	2018年
a1	0.00	0.00	0.01	0.02	0.01	0.02	0.00	0.01	0.03	0.00	0.00	0.01
a2	0.00	0.00	0.00	0.00	0.00	0.00	0.00	10.38	0.00	0.00	0.00	28.93
a3	7835.75	13392.30	7626.76	11252.69	9677.99	3677.74	1468.98	838.63	104.68	855.73	1761.50	1216.54
a4	816.55	794.28	369.23	507.57	692.70	498.58	435.50	242.78	207.89	269.14	381.16	357.78
a5	315.93	519.88	358.13	658.54	887.99	877.33	1011.69	1164.30	930.04	784.21	1022.44	1091.92
a6	11.22	4.04	1.25	1.16	1.78	2.67	3.10	5.84	65.11	21.85	54.01	74.31
b1	276.18	419.16	282.56	437.24	569.93	778.86	622.51	508.89	407.45	389.64	372.32	654.32
b2	5.13	6.92	6.58	20.71	30.15	41.62	42.39	50.53	47.30	50.19	71.39	87.69
b3	0.16	0.13	0.26	0.15	0.15	0.18	0.53	0.95	0.51	0.22	1.13	1.22
b4	924.35	831.95	1204.20	1578.19	2017.16	3182.24	4403.47	3628.91	3201.09	2060.07	2047.11	2523.66
b5	28.38	45.81	64.94	110.75	252.52	328.23	422.69	565.16	504.29	582.84	585.50	952.32
b6	302.75	324.43	268.74	401.14	478.67	611.12	647.88	721.66	248.86	229.68	234.98	505.12
b7	0.97	0.84	1.09	5.09	2.37	2.75	3.31	6.18	4.63	6.02	3.81	4.35
b8	0.75	1.32	4.38	6.16	16.44	16.20	16.57	17.57	17.98	21.66	21.90	26.21
b9	10.51	1.66	4.47	3.02	4.06	2.82	3.21	3.70	3.99	2.58	19.65	117.77
b10	0.96	1.07	1.13	2.60	1.84	3.03	2.25	2.38	3.00	2.64	2.46	2.32
b11	5.72	8.39	7.29	6.86	10.35	13.64	13.30	13.88	16.15	23.61	24.14	21.03
b12	31.66	218.02	93.59	341.39	109.06	436.65	159.05	256.04	393.32	179.35	348.61	1121.77
b13	1286.36	1165.19	1098.63	1358.65	2051.11	2222.78	2149.60	1979.18	1756.04	1455.99	2533.19	4703.06

续表

行业	2007 年	2008 年	2009 年	2010 年	2011 年	2012 年	2013 年	2014 年	2015 年	2016 年	2017 年	2018 年
b14	69.78	78.79	63.49	85.53	89.09	77.88	61.75	73.71	70.94	64.72	60.43	79.66
b15	21.33	11.82	10.89	23.98	44.93	43.12	36.44	48.67	36.90	43.55	57.22	52.35
b16	13.17	15.09	10.43	18.92	28.56	27.53	29.87	37.33	22.98	27.05	39.58	48.91
b17	21.85	23.10	25.12	31.88	46.99	47.12	47.20	51.15	54.14	55.08	63.08	78.49
b18	421.83	474.97	547.12	917.90	1282.89	1380.25	1867.21	2603.33	170.00	167.81	255.73	2978.15
b19	368.43	247.67	449.68	380.24	361.59	284.56	362.54	244.74	168.25	174.32	471.64	326.86
b20	746.42	289.01	811.08	1090.90	2384.08	2514.80	2079.52	2545.59	1642.50	781.01	1757.14	2040.34
b21	23.91	32.02	32.63	43.17	56.52	50.02	54.18	66.20	43.38	37.91	44.49	76.34
b22	257.74	233.34	395.71	310.48	407.22	406.02	506.00	587.22	467.67	403.69	479.70	624.71
b23	78.51	82.02	75.69	91.46	135.33	128.40	132.99	159.51	139.86	145.97	169.84	244.31
b24	15.00	16.04	16.41	23.58	70.03	74.62	82.88	78.32	61.89	64.30	77.35	115.38
b25	158.56	180.80	175.88	277.35	267.10	266.25	297.07	322.47	189.53	260.19	294.43	521.54
b26	16.75	14.63	42.90	163.95	143.03	89.02	73.95	99.33	56.71	80.81	137.15	73.27
b27	75.24	54.04	83.50	91.28	126.57	147.85	146.66	104.30	81.47	113.75	101.47	126.49
b28	123.35	117.87	109.03	146.73	229.22	246.95	265.53	252.30	182.74	142.80	137.95	151.16
c1	0.00	0.00	0.00	0.00	0.00	0.00	0.00	0.00	0.00	0.00	0.00	0.00
c2	0.00	0.00	0.00	0.00	0.00	0.00	0.00	0.00	0.00	0.00	0.00	0.00

注：表中行业代码内容同表 A6。

表 A15　中国与南亚分行业出口贸易现状（2007—2018）

单位：百万美元

行业	2007年	2008年	2009年	2010年	2011年	2012年	2013年	2014年	2015年	2016年	2017年	2018年
a1	0.00	0.02	0.01	0.01	0.01	0.02	0.02	0.02	0.01	0.09	0.01	1.21
a2	0.00	2.83	2.94	0.00	2.33	8.61	5.09	22.05	4.22	3.19	2.48	1.77
a3	0.00	0.00	0.00	0.02	0.00	0.00	0.01	0.00	0.00	0.00	4.12	0.00
a4	0.01	0.15	0.00	0.01	0.16	0.04	1.13	0.68	0.15	0.08	0.20	1.10
a5	3.03	12.35	4.57	11.53	25.46	12.08	17.00	24.94	11.08	23.95	30.42	32.04
a6	0.29	0.45	0.05	0.48	0.11	0.18	0.72	0.36	1.21	1.16	5.61	4.05
b1	97.67	87.11	154.97	200.01	186.65	163.06	191.02	230.51	340.31	350.29	313.79	267.17
b2	13.19	11.22	5.83	7.84	9.67	10.59	12.25	16.31	12.18	10.20	14.30	13.67
b3	0.84	0.19	0.37	0.78	0.90	0.56	0.62	0.62	0.77	2.44	3.59	1.99
b4	1956.91	2488.75	2284.92	3277.80	4391.31	4366.92	5067.26	5387.07	5909.34	6085.54	6508.63	7862.68
b5	73.19	62.05	60.78	142.39	259.62	252.67	390.01	389.42	406.71	317.01	298.08	342.02
b6	34.75	47.50	44.70	65.75	91.27	103.20	168.54	274.00	377.65	287.89	321.23	324.82
b7	14.07	12.50	10.24	15.29	19.69	20.77	22.22	23.21	30.88	39.67	48.41	40.63
b8	7.28	13.68	11.05	29.73	57.54	78.92	103.02	215.10	261.39	134.14	115.86	97.09
b9	33.62	37.26	40.32	64.47	88.99	105.70	175.38	234.87	262.40	275.45	276.85	285.07
b10	10.06	16.32	23.01	15.39	20.07	19.89	30.02	36.12	33.54	30.44	27.35	33.40
b11	26.66	35.49	42.43	56.21	71.39	81.47	102.26	137.13	159.99	135.93	157.58	182.22
b12	9.01	14.40	54.66	104.78	55.64	33.07	277.03	534.85	476.83	943.74	1019.63	1290.88
b13	528.29	772.47	681.84	870.31	843.17	808.81	890.23	1143.21	1253.24	1093.42	1081.80	1441.99

续表

行业	2007年	2008年	2009年	2010年	2011年	2012年	2013年	2014年	2015年	2016年	2017年	2018年
b14	30.25	45.95	56.08	80.98	81.19	80.64	88.60	103.42	106.37	116.83	140.26	163.99
b15	6.24	12.58	4.47	13.86	23.38	32.32	36.60	53.68	47.34	50.89	54.22	85.61
b16	48.88	55.57	73.95	81.96	107.38	118.19	143.85	160.22	148.47	147.04	146.38	188.02
b17	56.04	66.39	64.03	108.24	152.61	195.12	260.20	333.63	390.86	378.01	396.11	431.85
b18	94.70	120.87	150.20	202.85	206.88	261.56	308.24	409.79	573.39	491.94	396.34	386.59
b19	129.46	145.06	160.91	253.38	286.28	295.18	325.56	513.82	1020.47	892.07	800.56	1203.58
b20	34.23	40.67	32.94	51.98	71.03	76.90	93.99	106.44	126.68	122.63	136.00	165.02
b21	118.58	170.94	170.40	244.61	259.90	337.87	475.85	504.52	600.38	614.90	671.70	814.29
b22	251.16	351.89	492.03	669.18	897.56	864.75	990.05	1170.72	1136.72	1337.78	1430.84	1727.13
b23	297.06	410.02	353.68	514.98	702.33	635.98	626.88	897.80	1046.05	1059.70	1098.65	1131.13
b24	170.64	253.12	199.34	383.37	412.01	432.91	507.63	526.00	595.88	610.73	614.43	591.83
b25	235.66	301.57	340.15	524.08	621.51	674.83	779.69	1015.01	1275.22	1327.68	1396.87	1410.15
b26	421.98	524.64	450.01	597.94	643.77	710.49	734.64	772.11	889.00	967.52	912.77	1155.98
b27	33.88	59.03	60.25	76.73	98.82	276.85	223.82	175.51	216.38	258.82	285.63	245.93
b28	47.46	62.86	69.63	104.93	122.87	144.93	179.01	252.37	322.22	293.08	294.16	312.53
c1	0.00	0.00	0.00	0.00	0.00	0.00	0.00	0.00	0.00	0.00	0.00	0.00
c2	0.00	0.00	0.00	0.00	0.00	0.00	0.00	0.00	0.00	0.00	0.00	0.00

注:表中行业代码内容同表 A6。

表 A16　中国与南亚分行业进出口贸易现状（2007—2018）

单位：百万美元

行业	2007年	2008年	2009年	2010年	2011年	2012年	2013年	2014年	2015年	2016年	2017年	2018年
a1	0.00	0.02	0.02	0.03	0.02	0.04	0.02	0.03	0.04	0.09	0.01	1.22
a2	0.00	2.83	2.94	0.00	2.33	8.61	5.09	32.43	4.22	3.19	2.48	30.71
a3	7835.75	13392.30	7626.76	11252.71	9677.99	3677.74	1468.99	838.63	104.68	855.74	1765.62	1216.54
a4	816.56	794.43	369.23	507.58	692.87	498.62	436.64	243.46	208.04	269.23	381.37	358.88
a5	318.96	532.23	362.70	670.08	913.46	889.41	1028.69	1189.24	941.11	808.16	1052.85	1123.96
a6	11.51	4.48	1.30	1.64	1.90	2.85	3.81	6.19	66.32	23.01	59.63	78.36
b1	373.85	506.27	437.54	637.25	756.58	941.92	813.53	739.40	747.76	739.93	686.11	921.49
b2	18.31	18.14	12.41	28.55	39.83	52.21	54.64	66.84	59.48	60.39	85.69	101.36
b3	1.00	0.32	0.63	0.92	1.05	0.74	1.15	1.57	1.28	2.67	4.73	3.21
b4	2881.26	3320.70	3489.12	4855.99	6408.48	7549.15	9470.73	9015.98	9110.43	8145.60	8555.74	10386.35
b5	101.57	107.86	125.72	253.14	512.14	580.90	812.70	954.57	910.99	899.85	883.59	1294.34
b6	337.50	371.92	313.43	466.89	569.95	714.31	816.42	995.66	626.51	517.57	556.21	829.95
b7	15.04	13.34	11.32	20.37	22.06	23.52	25.53	29.40	35.51	45.69	52.22	44.98
b8	8.03	14.99	15.44	35.89	73.97	95.12	119.59	232.67	279.37	155.80	137.76	123.29
b9	44.13	38.92	44.79	67.49	93.05	108.52	178.58	238.57	266.39	278.03	296.50	402.84
b10	11.02	17.40	24.14	17.99	21.91	22.92	32.27	38.50	36.54	33.09	29.80	35.72
b11	32.38	43.87	49.71	63.07	81.74	95.11	115.56	151.01	176.13	159.54	181.72	203.26
b12	40.67	232.42	148.25	446.16	164.70	469.72	436.08	790.89	870.16	1123.09	1368.24	2412.65
b13	1814.64	1937.66	1780.46	2228.95	2894.28	3031.59	3039.83	3122.39	3009.28	2549.40	3614.98	6145.05

行业	2007年	2008年	2009年	2010年	2011年	2012年	2013年	2014年	2015年	2016年	2017年	2018年
b14	100.02	124.74	119.58	166.51	170.28	158.52	150.35	177.13	177.31	181.56	200.70	243.65
b15	27.57	24.40	15.36	37.84	68.31	75.44	73.03	102.35	84.25	94.44	111.43	137.97
b16	62.05	70.66	84.38	100.88	135.94	145.71	173.72	197.55	171.45	174.08	185.96	236.93
b17	77.89	89.49	89.15	140.12	199.60	242.24	307.40	384.78	445.00	433.09	459.19	510.34
b18	516.53	595.84	697.32	1120.75	1489.77	1641.81	2175.46	3013.12	743.39	659.75	652.07	3364.74
b19	497.90	392.73	610.60	633.63	647.87	579.73	688.10	758.57	1188.72	1066.39	1272.20	1530.44
b20	780.66	329.68	844.02	1142.87	2455.11	2591.70	2173.52	2652.03	1769.18	903.64	1893.14	2205.36
b21	142.49	202.96	203.03	287.78	316.41	387.89	530.04	570.73	643.76	652.81	716.19	890.63
b22	508.90	585.23	887.74	979.66	1304.79	1270.78	1496.04	1757.94	1604.39	1741.47	1910.54	2351.84
b23	375.56	492.04	429.38	606.45	837.66	764.39	759.88	1057.31	1185.91	1205.66	1268.49	1375.44
b24	185.65	269.16	215.75	406.95	482.03	507.53	590.51	604.32	657.78	675.03	691.78	707.21
b25	394.22	482.37	516.02	801.43	888.61	941.09	1076.76	1337.48	1464.75	1587.87	1691.30	1931.69
b26	438.73	539.27	492.91	761.89	786.80	799.51	808.59	871.44	945.71	1048.33	1049.92	1229.26
b27	109.12	113.07	143.76	168.01	225.39	424.70	370.49	279.81	297.86	372.57	387.10	372.41
b28	170.80	180.73	178.66	251.66	352.09	391.88	444.54	504.67	504.97	435.87	432.11	463.69
c1	0.00	0.00	0.00	0.00	0.00	0.00	0.00	0.00	0.00	0.00	0.00	0.00
c2	0.00	0.00	0.00	0.00	0.00	0.00	0.00	0.00	0.00	0.00	0.00	0.00

注：表中行业代码内容同表 A6。

表 A17 中国与西亚分行业进口贸易现状（2007—2018）

单位：百万美元

行业行业	2007	2008	2009	2010	2011	2012	2013	2014	2015	2016	2017	2018
a1	0.00	0.00	0.00	1.63	18.96	18.09	14.46	3.38	1.54	2.65	4.56	5.38
a2	34036.52	60349.64	41734.09	61177.63	97209.64	106291.42	112758.35	116741.31	67726.20	54692.59	70932.71	106780.88
a3	536.72	954.11	554.67	1867.27	2568.70	1966.49	2553.25	1913.95	555.71	685.87	1230.61	1237.94
a4	1026.17	606.04	1137.63	732.52	881.76	849.17	729.84	564.46	621.57	635.32	1054.56	1205.93
a5	774.31	1641.22	785.04	703.93	1071.36	1038.94	707.96	821.02	899.94	617.86	726.61	870.06
a6	0.02	0.02	0.02	0.01	0.03	0.00	0.00	0.00	0.00	0.00	0.05	0.02
b1	49.33	14.98	36.52	34.87	41.84	42.94	62.20	44.70	51.85	46.38	82.80	83.76
b2	0.03	0.07	0.00	0.00	0.01	0.04	0.11	0.13	0.03	0.08	0.36	0.00
b3	0.00	0.00	0.00	0.00	0.00	0.00	0.00	0.00	0.00	0.00	0.32	0.34
b4	75.65	34.98	27.41	42.09	53.86	49.35	41.72	59.78	47.98	46.74	55.42	74.10
b5	42.07	2.56	0.68	1.17	0.92	0.86	2.72	17.46	5.54	11.98	15.93	19.65
b6	32.97	9.56	7.79	16.21	24.17	11.38	15.51	11.88	7.57	6.66	6.48	15.03
b7	0.71	0.28	0.07	0.13	0.05	0.08	0.02	0.05	0.13	0.07	0.11	0.02
b8	0.18	0.24	0.13	0.85	1.01	0.99	1.24	1.29	0.97	1.13	1.51	1.80
b9	3.88	1.99	1.84	5.39	5.18	2.59	6.74	4.35	4.83	6.66	24.54	26.19
b10	0.61	1.72	1.29	3.52	4.09	5.60	4.07	4.68	1.34	1.79	2.36	11.89
b11	18.20	12.98	15.73	17.82	23.45	22.91	27.86	39.37	12.06	13.90	22.41	38.33
b12	1009.08	974.47	423.52	571.95	967.28	846.31	1831.74	1496.02	636.49	730.97	911.29	882.60
b13	5064.72	5896.33	7019.09	11878.60	17388.90	17096.01	18127.72	18292.39	11556.07	9371.99	12410.90	22269.78

续表

行业	2007	2008	2009	2010	2011	2012	2013	2014	2015	2016	2017	2018
b14	10.27	13.97	22.63	19.86	31.22	44.65	56.19	67.26	59.40	51.79	49.29	51.13
b15	27.71	0.01	0.09	0.15	0.05	0.20	0.03	0.00	0.01	0.02	0.09	0.00
b16	7.90	0.67	4.54	1.76	1.66	1.35	1.37	1.70	1.61	2.93	3.07	2.85
b17	19.28	12.94	25.20	22.04	26.41	37.34	28.65	36.07	29.09	31.71	43.81	53.42
b18	322.59	370.61	364.86	584.82	862.65	752.98	713.15	523.55	63.67	61.71	38.00	379.93
b19	2.93	4.95	76.70	23.30	134.87	41.83	35.30	40.57	59.02	34.08	84.94	50.10
b20	73.69	65.12	403.33	138.70	120.13	285.61	218.69	179.10	204.41	186.16	254.71	264.67
b21	55.76	66.42	74.83	110.14	127.50	123.55	116.86	107.69	60.14	60.59	72.94	146.80
b22	28.35	41.33	49.11	45.27	59.19	70.24	65.02	94.21	116.45	180.04	202.08	199.90
b23	113.05	111.49	127.21	152.47	176.08	180.11	249.64	244.24	357.63	327.13	358.70	470.44
b24	9.91	5.63	3.83	6.00	7.16	3.92	5.13	6.58	1380.55	1355.36	1745.55	25.63
b25	442.18	409.10	370.09	722.42	394.78	566.93	815.35	788.88	1870.90	3136.42	4901.09	1596.13
b26	124.17	159.42	141.05	148.02	147.64	231.90	189.12	174.03	111.22	109.62	112.94	172.66
b27	176.73	202.83	108.87	202.49	234.96	151.50	200.07	243.03	262.29	410.04	358.36	742.37
b28	4.07	2.60	1.36	1.18	0.83	0.81	2.17	2.97	3.15	4.02	6.74	15.89
c1	0.00	0.00	0.00	0.00	0.00	0.00	0.00	0.00	0.00	0.00	0.00	0.00
c2	0.00	0.00	0.00	0.00	0.00	10.81	0.00	0.00	0.00	0.00	0.00	43.07

注：表中行业代码内容同表 A6。

表 A18　中国与西亚分行业出口贸易现状（2007—2018）

单位：百万美元

行业	2007年	2008年	2009年	2010年	2011年	2012年	2013年	2014年	2015年	2016年	2017年	2018年
a1	0.00	0.00	0.01	0.00	0.01	0.15	0.00	0.00	0.00	0.00	0.00	0.00
a2	0.00	0.04	0.00	0.00	0.00	0.00	0.00	0.00	0.00	0.00	0.00	0.00
a3	0.00	0.00	0.00	0.00	0.00	0.00	0.00	0.00	0.00	0.00	0.00	0.00
a4	0.00	0.00	0.00	0.00	0.00	0.00	0.00	0.00	0.00	0.00	0.00	0.00
a5	0.20	0.22	0.19	0.31	0.41	0.31	1.34	0.51	0.21	1.95	5.10	5.02
a6	0.17	0.37	0.25	0.14	0.19	0.13	0.19	0.20	0.26	0.56	0.27	0.59
b1	18.91	22.21	17.11	25.57	29.33	27.91	33.21	35.46	35.95	30.86	42.91	34.96
b2	0.00	0.02	0.00	0.00	0.02	0.00	0.00	0.00	0.21	0.31	0.10	0.09
b3	0.90	0.64	3.68	4.10	4.29	3.84	3.50	3.07	2.68	6.62	2.18	3.40
b4	36.92	45.05	37.70	51.85	58.87	66.57	91.35	81.20	74.18	49.85	37.33	69.56
b5	18.24	29.94	28.53	35.64	42.77	103.59	154.18	137.22	68.01	55.79	71.33	65.69
b6	12.35	16.74	15.33	21.67	25.35	76.27	70.12	75.82	34.68	25.35	22.05	26.24
b7	12.13	15.90	11.51	11.77	13.95	16.17	15.16	20.62	22.73	23.45	23.96	22.40
b8	34.32	48.09	43.61	61.95	58.05	123.79	85.42	90.33	69.06	62.71	58.69	73.89
b9	11.11	7.10	7.02	11.40	11.04	16.60	22.34	32.62	21.37	16.78	14.22	17.60
b10	0.52	0.94	0.67	0.75	1.96	3.10	2.40	2.41	1.20	1.39	1.35	2.03
b11	13.20	15.33	13.79	16.05	12.97	25.20	20.22	23.81	16.36	15.18	20.81	22.62
b12	72.62	175.19	80.89	131.35	222.51	199.19	154.84	141.07	91.58	73.49	120.39	239.19
b13	22.54	33.20	28.01	62.75	73.85	74.88	90.40	96.55	73.10	66.94	79.87	111.04

续表

行业	2007年	2008年	2009年	2010年	2011年	2012年	2013年	2014年	2015年	2016年	2017年	2018年
b14	8.52	13.69	12.06	14.73	14.89	16.02	19.54	24.21	21.03	16.69	14.28	17.75
b15	0.20	1.36	0.04	0.02	1.79	0.57	1.39	0.19	0.25	0.03	0.02	0.06
b16	13.43	15.87	12.00	15.38	23.09	26.85	36.46	32.39	29.97	30.11	34.21	31.96
b17	16.95	17.58	16.13	24.56	24.32	92.72	54.66	57.79	38.91	31.80	31.74	37.34
b18	40.38	55.61	49.74	63.55	52.62	103.48	91.23	86.83	62.75	55.83	43.65	49.53
b19	75.06	117.04	23.32	149.00	145.36	61.33	60.42	67.29	45.03	33.89	58.29	51.54
b20	26.52	40.40	25.23	55.62	96.77	50.12	79.53	63.05	67.64	27.10	45.22	57.20
b21	65.44	94.82	77.77	75.82	68.14	85.69	98.60	112.22	122.12	62.77	64.79	76.81
b22	72.14	141.80	125.76	121.96	122.42	101.46	113.68	97.70	109.16	110.19	145.37	132.87
b23	21.24	25.00	12.76	16.77	15.10	13.98	24.22	30.90	18.79	21.31	22.67	53.33
b24	359.49	684.63	841.03	946.45	658.21	670.96	500.61	609.97	257.40	169.56	190.13	287.88
b25	62.67	73.87	56.84	97.97	91.27	127.66	114.60	121.59	92.99	80.78	80.57	120.95
b26	48.94	60.42	88.41	76.92	73.36	77.63	125.14	136.38	119.97	74.26	78.50	161.16
b27	5.97	5.86	5.47	8.77	9.12	56.87	84.39	16.69	14.22	8.67	9.35	13.66
b28	6.45	7.61	5.75	8.00	9.58	15.89	15.44	15.14	9.63	8.77	10.26	9.24
c1	0.00	0.00	0.00	0.00	0.00	0.00	0.00	0.00	0.00	0.00	0.00	0.00
c2	0.00	0.00	0.00	0.00	0.00	0.00	0.00	0.00	0.00	0.00	0.00	0.00

注:表中行业代码内容同表 A6。

表A19 中国与西亚分行业进出口贸易现状（2007—2018）

单位：百万美元

行业	2007年	2008年	2009年	2010年	2011年	2012年	2013年	2014年	2015年	2016年	2017年	2018年
a1	0.00	0.00	0.01	1.63	18.97	18.24	14.46	3.38	1.54	2.65	4.56	5.38
a2	34036.52	60349.68	41734.09	61177.63	97209.64	106291.42	112758.35	116741.31	67726.20	54692.59	70932.71	106780.88
a3	536.72	954.11	554.67	1867.27	2568.70	1966.49	2553.25	1913.95	555.71	685.87	1230.61	1237.94
a4	1026.17	606.04	1137.63	732.52	881.76	849.17	729.84	564.46	621.57	635.32	1054.56	1205.93
a5	774.52	1641.44	785.23	704.23	1071.77	1039.25	709.31	821.53	900.15	619.80	731.70	875.08
a6	0.20	0.39	0.27	0.14	0.22	0.13	0.19	0.20	0.26	0.56	0.32	0.60
b1	68.23	37.19	53.62	60.44	71.16	70.85	95.41	80.16	87.80	77.23	125.70	118.72
b2	0.04	0.08	0.00	0.00	0.04	0.04	0.11	0.13	0.24	0.39	0.46	0.09
b3	0.90	0.64	3.68	4.10	4.29	3.84	3.50	3.07	2.68	6.62	2.50	3.74
b4	112.57	80.03	65.12	93.95	112.72	115.92	133.07	140.98	122.15	96.59	92.75	143.65
b5	60.31	32.50	29.21	36.80	43.69	104.45	156.90	154.68	73.55	67.77	87.26	85.34
b6	45.32	26.31	23.13	37.87	49.52	87.64	85.63	87.70	42.25	32.01	28.53	41.27
b7	12.85	16.18	11.58	11.90	13.99	16.25	15.18	20.67	22.86	23.52	24.08	22.43
b8	34.50	48.33	43.74	62.80	59.07	124.78	86.66	91.62	70.02	63.84	60.20	75.69
b9	14.99	9.09	8.86	16.78	16.22	19.18	29.08	36.97	26.21	23.44	38.76	43.79
b10	1.13	2.66	1.96	4.26	6.05	8.70	6.46	7.09	2.54	3.19	3.71	13.92
b11	31.40	28.30	29.51	33.87	36.42	48.10	48.09	63.19	28.43	29.08	43.22	60.95
b12	1081.69	1149.66	504.40	703.31	1189.79	1045.50	1986.58	1637.09	728.07	804.47	1031.68	1121.78
b13	5087.26	5929.53	7047.11	11941.35	17462.75	17170.89	18218.11	18388.95	11629.17	9438.93	12490.77	22380.83

续表

行业	2007年	2008年	2009年	2010年	2011年	2012年	2013年	2014年	2015年	2016年	2017年	2018年
b14	18.78	27.66	34.69	34.59	46.11	60.67	75.73	91.47	80.43	68.48	63.57	68.87
b15	27.91	1.37	0.13	0.17	1.84	0.77	1.42	0.19	0.26	0.05	0.11	0.06
b16	21.33	16.54	16.53	17.14	24.75	28.21	37.83	34.09	31.58	33.04	37.28	34.81
b17	36.23	30.53	41.33	46.60	50.73	130.06	83.31	93.85	68.00	63.51	75.55	90.76
b18	362.97	426.22	414.60	648.37	915.26	856.46	804.38	610.37	126.42	117.55	81.65	429.46
b19	77.99	121.99	100.02	172.30	280.23	103.16	95.73	107.87	104.05	67.96	143.23	101.64
b20	100.22	105.52	428.56	194.32	216.91	335.73	298.21	242.15	272.05	213.25	299.92	321.87
b21	121.20	161.24	152.60	185.96	195.65	209.23	215.46	219.90	182.26	123.36	137.73	223.62
b22	100.49	183.13	174.87	167.23	181.60	171.71	178.70	191.90	225.61	290.22	347.45	332.77
b23	134.29	136.49	139.97	169.23	191.17	194.10	273.86	275.14	376.42	348.44	381.38	523.78
b24	369.40	690.27	844.85	952.45	665.38	674.88	505.74	616.55	1637.95	1524.92	1935.68	313.51
b25	504.85	482.97	426.93	820.39	486.05	694.59	929.95	910.47	1963.89	3217.20	4981.66	1717.09
b26	173.11	219.84	229.46	224.94	221.00	309.53	314.26	310.42	231.20	183.88	191.44	333.82
b27	182.69	208.69	114.34	211.26	244.08	208.37	284.46	259.71	276.51	418.71	367.72	756.03
b28	10.52	10.21	7.11	9.18	10.42	16.70	17.61	18.10	12.78	12.79	17.00	25.13
c1	0.00	0.00	0.00	0.00	0.00	0.00	0.00	0.00	0.00	0.00	0.00	0.00
c2	0.00	0.00	0.00	0.00	0.00	10.81	0.00	0.00	0.00	0.00	0.00	43.07

注：表中行业代码内容同表 A6。

表 A20　中国与中亚分行业进口贸易现状（2007—2018）

单位：百万美元

行业	2007年	2008年	2009年	2010年	2011年	2012年	2013年	2014年	2015年	2016年	2017年	2018年
a1	65.91	53.76	3.32	12.76	25.37	65.77	3414.15	514.86	42.94	245.55	223.98	254.85
a2	295406.20	417274.62	254353.86	555339.93	886333.28	871923.88	939512.36	427386.52	185847.76	88879.51	100766.48	232715.41
a3	32642.53	57720.75	50393.43	82472.96	80680.60	77390.92	82358.99	35473.51	2262.76	4701.86	5746.47	23768.04
a4	36425.22	43531.03	55698.66	74968.60	64008.61	47408.46	47929.73	81083.02	24943.52	49850.65	120034.33	138179.25
a5	4794.09	12912.76	5988.05	13988.99	26042.30	23809.14	18993.09	18618.50	5061.48	1134.61	903.75	1016.42
a6	0.00	3.58	0.00	0.00	0.00	0.75	0.00	0.00	0.00	7.88	72.09	0.00
b1	54.26	241.55	153.27	232.90	121.23	204.87	513.94	682.77	369.09	766.07	1118.37	2295.60
b2	0.00	0.00	1.60	0.00	0.00	0.00	0.57	0.00	0.00	3.74	4.79	2.42
b3	0.00	0.00	0.00	0.00	0.05	0.01	0.00	0.00	0.00	0.00	0.00	0.00
b4	36.69	12.94	169.14	213.85	29.78	96.64	52.22	239.72	47.01	103.30	1.74	383.73
b5	0.05	0.29	82.47	0.18	14.94	1.70	0.03	0.02	0.88	1.68	1.31	3.95
b6	3652.30	5039.50	1978.70	2109.29	2221.99	2323.85	2663.26	2654.24	3361.27	3166.16	3132.10	2356.80
b7	1.28	0.00	1.68	0.02	0.00	0.01	0.00	0.00	0.00	1.26	1.86	0.00
b8	0.00	0.00	49.55	0.02	0.05	0.01	0.00	0.02	0.20	0.01	0.48	0.01
b9	0.00	16.85	0.02	0.37	0.33	0.71	0.45	0.61	31.24	1.23	1.38	0.47
b10	0.12	0.31	0.11	141.24	0.06	0.24	0.16	1.43	0.88	0.94	1.31	0.82
b11	0.00	0.08	0.07	0.00	0.00	0.90	4.76	1.96	3.17	0.01	0.87	0.21
b12	27719.68	15825.31	27178.74	26008.80	80485.10	61233.17	64691.38	20983.15	681.07	1507.40	3026.59	4400.43
b13	12691.40	14050.76	46067.86	104018.15	145136.75	128327.08	187217.82	167661.23	145854.24	113538.01	127039.17	107590.14

续表

行业	2007年	2008年	2009年	2010年	2011年	2012年	2013年	2014年	2015年	2016年	2017年	2018年
b14	0.00	0.00	0.01	0.00	0.00	0.00	80.48	40.00	0.00	206.96	117.61	48.77
b15	0.00	0.00	0.00	0.00	0.00	0.00	0.00	0.00	0.00	0.00	0.00	0.00
b16	13.59	2.62	3.39	0.72	0.02	0.27	0.01	0.03	17.54	531.97	65.72	0.00
b17	0.12	0.11	0.32	0.17	1.75	1.07	0.84	0.49	4.17	5.69	1.47	0.66
b18	0.60	0.03	0.60	12.25	14.50	195.08	267.57	350.81	746.04	945.00	367.41	408.48
b19	80637.86	79445.27	88925.82	79148.25	64044.01	74039.08	70768.59	41133.15	31336.85	41434.45	33399.73	92772.19
b20	153986.73	133433.90	114505.74	174542.68	191026.34	179133.56	180797.01	153516.76	116864.88	116892.63	158092.87	215362.08
b21	24.39	15.29	12.62	135.99	17.70	53.99	3.29	30.30	9.77	139.80	22.35	37.17
b22	12.40	0.73	8.80	1.33	21.83	43.31	4.97	0.12	4.80	98.11	530.91	1.47
b23	0.00	5.97	0.00	2.56	0.10	39.42	0.43	0.03	713.95	2300.35	60.95	2.94
b24	105.56	113.59	86.52	1.59	9.29	18.46	2.44	0.46	15.19	510.46	976.85	148.25
b25	0.57	28.13	15.19	19.96	14.65	69.48	17.13	3.21	4.56	6.55	38.99	30.77
b26	0.00	20.66	0.03	0.18	251.12	0.00	0.00	1.99	10.91	0.93	10.24	0.35
b27	2.87	9.69	29.13	31.03	0.10	27.89	0.14	21.56	6.85	18.04	9.96	88.48
b28	52.45	94.65	52.26	11.96	14.89	30.04	0.86	0.40	0.00	2.83	0.19	4.30
c1	0.00	0.00	0.00	16.88	6.70	3.58	3.44	1.68	0.00	2.83	0.00	0.00
c2	0.00	0.03	0.00	0.00	0.00	501.83	1669.35	8577.38	4364.40	6873.40	7520.18	9101.83

注:表中行业代码内容同表 A6。

表 A21　中国与中亚分行业进出口贸易现状（2007—2018）

单位：百万美元

行业	2007年	2008年	2009年	2010年	2011年	2012年	2013年	2014年	2015年	2016年	2017年	2018年
a1	65.91	53.76	3.32	12.76	25.37	65.77	3414.15	514.86	42.94	245.55	223.98	254.85
a2	295406.20	417274.62	254353.86	555339.93	886333.28	871923.88	939512.36	427386.52	185847.76	88879.51	100766.48	232715.41
a3	32642.53	57720.75	50393.43	82472.96	80680.60	77390.92	82358.99	35473.51	2262.76	4701.86	5746.47	23768.04
a4	36425.22	43531.03	55698.66	74968.60	64008.61	47408.46	47929.73	81083.02	24943.52	49850.65	120034.33	138179.25
a5	4794.09	12912.76	5988.05	13988.99	26042.30	23809.14	18893.09	18618.50	5061.48	1134.61	903.75	1016.42
a6	0.00	3.58	0.00	0.00	0.00	0.75	0.00	0.00	0.00	7.88	72.09	0.00
b1	54.26	241.55	153.27	232.90	121.23	204.87	513.94	682.77	369.09	766.07	1118.37	2295.60
b2	0.00	0.00	1.60	0.00	0.00	0.00	0.57	0.00	0.00	3.74	4.79	2.42
b3	0.00	0.00	0.00	0.00	0.00	0.00	0.00	0.00	0.00	0.00	0.00	0.00
b4	36.69	12.94	169.14	213.85	29.78	96.64	52.22	239.72	47.01	103.30	1.74	383.73
b5	0.05	0.29	82.47	0.18	14.94	1.70	0.03	0.02	0.00	1.68	1.31	3.95
b6	3652.30	5039.50	1978.70	2109.29	2221.99	2323.85	2663.26	2654.24	3361.27	3166.16	3132.10	2356.80
b7	1.28	0.00	1.68	0.02	0.00	0.01	0.00	0.00	0.00	1.26	1.86	0.00
b8	0.00	0.00	49.55	0.02	0.05	0.01	0.00	0.02	0.20	0.01	0.48	0.01
b9	0.00	16.85	0.02	0.37	0.33	0.71	0.45	0.61	31.24	1.23	1.38	0.47
b10	0.12	0.31	0.11	141.24	0.06	0.24	0.16	1.43	0.88	0.94	1.31	0.82
b11	0.00	0.08	0.07	0.00	0.00	0.90	4.76	1.96	3.17	0.01	0.87	0.21
b12	27719.68	15825.31	27178.74	26008.80	80485.10	61233.17	64691.38	20983.15	681.07	1507.40	3026.59	4400.43
b13	12691.40	14050.76	46067.86	104018.15	145136.75	128327.08	187217.82	167661.23	145854.24	113538.01	127039.17	107590.14

续表

行业	2007年	2008年	2009年	2010年	2011年	2012年	2013年	2014年	2015年	2016年	2017年	2018年
b14	0.00	0.00	0.01	0.00	0.00	0.00	80.48	40.00	0.00	206.96	117.61	48.77
b15	0.00	0.00	0.00	0.00	0.00	0.00	0.00	0.00	0.00	0.00	0.00	0.00
b16	13.59	2.62	3.39	0.72	0.02	0.27	0.01	0.03	17.54	531.97	65.72	0.00
b17	0.12	0.11	0.32	0.17	1.75	1.07	0.84	0.49	4.17	5.69	1.47	0.66
b18	0.60	0.03	0.60	12.25	14.50	195.08	267.57	350.81	746.04	945.00	367.41	408.48
b19	80637.86	79445.27	88925.82	79148.25	64044.01	74039.08	70768.59	41133.15	31336.85	41434.45	33399.73	92772.19
b20	153986.73	133433.90	114505.74	174542.68	191026.34	179133.56	180797.01	153516.76	116864.88	116892.63	158092.87	215362.08
b21	24.39	15.29	12.62	135.99	17.70	53.99	3.29	30.30	9.77	139.80	22.35	37.17
b22	12.40	0.73	8.80	1.33	21.83	43.31	4.97	0.12	4.80	98.11	530.91	1.47
b23	0.00	5.97	0.00	2.56	0.10	39.42	0.43	0.03	713.95	2300.35	60.95	2.94
b24	105.56	113.59	86.52	1.59	9.29	18.46	2.44	0.46	15.19	510.46	976.85	148.25
b25	0.57	28.13	15.19	19.96	14.65	69.48	17.13	3.21	4.56	6.55	38.99	30.77
b26	0.00	20.66	0.03	0.18	251.12	0.00	0.00	1.99	10.91	0.93	10.24	0.35
b27	2.87	9.69	29.13	31.03	0.10	27.89	0.14	21.56	6.85	18.04	9.96	88.48
b28	52.45	94.65	52.26	11.96	14.89	30.04	0.86	0.40	0.00	2.83	0.19	4.30
c1	0.00	0.00	0.00	16.88	6.70	3.58	3.44	1.68	0.00	0.00	0.00	0.00
c2	0.00	0.03	0.00	0.00	0.00	501.83	1669.35	8577.38	4364.40	6873.40	7520.18	9101.83

注：表中行业代码内容同表 A6。

附录 A

219

表A22　中国与中东欧分行业进口贸易现状（2007—2018）

单位：百万美元

行业	2007年	2008年	2009年	2010年	2011年	2012年	2013年	2014年	2015年	2016年	2017年	2018年
a1	0.00	0.00	0.00	0.00	0.00	0.00	0.01	0.01	0.02	0.00	45.01	0.00
a2	0.00	0.00	0.00	0.00	0.00	0.00	0.00	0.00	0.00	8.17	16.06	0.00
a3	5.44	6.53	7.08	6.02	6.17	59.07	196.69	59.46	3.63	4.93	0.74	0.50
a4	347.83	297.90	316.88	679.58	712.29	797.09	946.77	850.94	481.31	447.68	529.21	566.90
a5	35.64	67.70	52.07	89.53	101.46	107.27	149.21	177.08	113.67	132.17	180.29	226.82
a6	45.50	59.97	47.81	81.10	208.11	159.78	284.57	381.58	305.14	288.04	457.05	526.67
b1	29.10	28.44	26.83	44.61	68.20	109.15	250.39	284.55	214.70	243.23	267.72	269.77
b2	0.04	0.01	0.00	0.01	0.34	1.26	2.01	2.23	1.76	2.36	2.83	3.56
b3	0.00	0.00	0.41	0.00	0.00	0.49	0.60	52.31	0.32	0.60	0.78	31.84
b4	25.89	29.12	25.87	26.69	34.52	32.57	38.65	55.77	27.57	35.37	42.56	83.26
b5	47.30	86.46	85.15	111.02	201.66	212.42	244.36	282.55	12.74	13.42	18.69	351.96
b6	25.93	28.79	28.53	40.58	70.79	83.60	88.15	101.26	22.70	24.02	24.40	153.76
b7	5.19	9.30	13.27	17.15	23.81	33.68	43.97	52.64	61.16	88.59	135.50	133.25
b8	59.62	103.96	114.73	133.45	210.63	230.22	253.64	348.94	290.64	279.02	328.06	422.70
b9	49.83	43.20	61.54	55.13	84.88	84.32	109.17	167.22	183.24	212.49	356.80	278.91
b10	1.18	2.06	2.17	5.70	8.85	4.80	4.26	4.68	5.13	9.07	7.20	12.97
b11	9.22	16.46	13.43	24.03	35.21	53.23	60.56	45.81	34.24	41.79	80.77	191.80
b12	27.01	2.20	6.66	216.56	51.47	10.22	13.67	2.85	14.00	23.92	47.03	20.31
b13	352.99	361.59	423.58	576.15	494.48	506.19	467.19	467.13	1077.95	715.51	900.27	538.72

续表

行业	2007年	2008年	2009年	2010年	2011年	2012年	2013年	2014年	2015年	2016年	2017年	2018年
b14	22.51	27.07	25.69	42.50	63.53	104.26	134.66	153.66	156.69	116.53	191.89	377.47
b15	0.74	0.99	0.39	0.82	1.38	6.61	2.31	2.53	165.10	121.00	109.65	0.68
b16	27.14	38.57	67.98	110.91	147.87	180.47	220.17	281.61	95.71	122.48	140.82	347.74
b17	44.04	47.15	51.17	72.36	86.55	84.89	116.91	148.46	108.55	109.04	125.30	234.92
b18	61.43	100.46	82.45	55.69	82.81	89.40	114.09	115.87	65.01	71.80	79.70	204.33
b19	22.66	40.47	68.96	44.65	96.72	92.02	66.02	66.47	198.01	99.20	143.86	81.87
b20	483.04	682.26	679.01	794.93	1080.73	1255.91	1251.76	1397.16	1054.80	709.48	1158.32	1371.68
b21	51.84	78.60	105.46	163.79	189.53	189.02	221.08	294.95	150.23	143.87	196.80	376.34
b22	1054.45	1403.39	1447.17	1947.13	2246.75	2151.37	2164.49	2477.34	649.14	805.89	1086.47	2791.97
b23	194.23	190.06	144.35	210.76	187.54	198.96	238.61	262.46	217.83	197.52	328.52	431.60
b24	767.31	1038.62	1069.71	2034.45	3815.56	3958.50	3938.64	4215.11	698.87	3746.00	3593.01	6955.30
b25	523.08	638.53	668.00	1071.60	1321.63	1397.00	1700.21	2179.86	504.11	672.73	922.40	3763.14
b26	411.75	289.09	330.23	508.40	621.57	579.71	650.15	709.02	186.78	260.92	274.43	790.26
b27	125.10	193.44	230.61	336.16	511.78	543.53	729.10	940.72	409.47	500.23	518.00	1174.65
b28	6.62	7.93	4.08	3.94	7.10	8.02	13.00	12.40	6.45	14.57	15.48	20.77
c1	0.00	0.00	0.00	0.00	0.00	0.00	0.00	0.00	0.00	0.00	0.00	0.00
c2	0.00	0.00	0.00	0.00	0.00	0.00	0.00	0.02	0.01	0.00	0.00	0.00

注：表中行业代码内容同表 A6。

表 A23　中国与中东欧分行业出口贸易现状（2007—2018）

单位：百万美元

行业	2007年	2008年	2009年	2010年	2011年	2012年	2013年	2014年	2015年	2016年	2017年	2018年
a1	0.00	62.50	42.50	58.38	76.31	73.83	73.07	67.45	75.20	78.26	73.64	81.42
a2	0.00	0.05	0.00	0.00	0.00	0.00	0.00	0.00	0.00	0.00	0.00	0.00
a3	0.00	0.00	0.00	0.00	0.00	0.00	0.00	0.00	0.00	0.00	0.00	0.00
a4	0.00	0.00	0.00	0.00	0.00	0.08	0.00	0.02	0.00	0.18	0.05	0.00
a5	4.15	4.09	2.75	6.30	2.81	5.34	1.20	3.51	3.67	4.22	3.36	3.40
a6	6.04	9.29	5.48	3.91	2.45	2.74	2.19	1.63	1.38	1.39	1.29	1.42
b1	93.88	97.02	77.36	97.43	119.34	102.72	117.39	90.39	76.32	75.79	75.42	87.14
b2	0.03	0.13	0.42	0.21	0.32	0.68	0.88	0.09	0.73	1.69	3.48	3.09
b3	0.00	0.00	0.00	0.00	0.00	0.00	0.00	0.40	0.48	0.47	0.00	0.00
b4	203.98	257.91	174.47	228.73	307.14	300.51	318.64	247.96	219.81	237.38	256.14	285.43
b5	891.54	743.82	479.77	499.60	578.42	506.08	488.72	520.85	341.29	342.53	366.69	441.14
b6	356.40	424.84	387.08	513.79	676.22	570.75	474.92	341.10	280.61	263.08	269.55	297.41
b7	54.86	66.83	29.82	26.80	37.59	33.09	30.90	32.78	34.30	27.99	31.77	41.94
b8	71.15	112.24	81.81	98.26	119.58	216.79	120.39	112.34	115.02	117.87	132.33	178.69
b9	14.84	20.08	30.48	38.68	49.93	59.68	59.92	67.33	49.16	52.60	50.60	51.85
b10	4.01	6.23	4.45	4.80	6.86	9.56	10.28	6.24	5.86	4.87	5.54	6.67
b11	336.51	558.87	393.15	240.43	196.09	206.47	175.16	206.94	192.21	243.06	290.09	337.63
b12	4.16	4.73	3.54	2.04	4.60	2.26	1.97	5.58	11.05	5.52	2.85	7.77
b13	180.82	226.60	141.78	181.24	272.13	288.34	309.84	259.79	240.72	227.33	257.63	325.94

续表

行业	2007 年	2008 年	2009 年	2010 年	2011 年	2012 年	2013 年	2014 年	2015 年	2016 年	2017 年	2018 年
b14	11.74	19.45	21.03	27.19	36.42	45.96	39.36	41.14	40.17	56.45	59.55	71.11
b15	10.16	3.31	0.85	0.80	3.43	4.44	8.14	5.95	4.63	4.49	7.01	5.00
b16	28.47	39.52	28.56	37.08	59.81	71.82	73.99	78.20	65.50	77.37	88.71	87.81
b17	58.28	74.19	67.97	88.75	125.17	160.62	165.07	166.37	155.30	167.31	161.52	200.44
b18	101.64	127.81	100.46	120.15	140.79	182.48	151.62	135.42	135.86	146.76	140.06	165.58
b19	184.63	168.01	65.38	93.75	161.75	124.57	154.37	135.80	125.64	109.65	123.36	124.05
b20	67.23	54.66	25.72	42.12	66.42	55.74	62.26	62.30	55.31	59.78	77.66	107.20
b21	226.20	314.73	178.64	234.63	295.69	292.11	303.79	306.75	256.34	276.00	310.16	403.19
b22	317.14	486.00	290.80	402.61	578.65	600.92	586.42	739.39	625.73	730.50	830.44	1065.62
b23	101.71	164.58	102.32	114.24	156.02	156.43	133.35	185.50	173.54	201.07	230.22	295.66
b24	122.06	275.60	162.08	255.18	236.27	257.17	228.83	266.54	266.92	300.62	325.01	447.07
b25	587.01	842.39	841.72	1486.94	1245.49	1184.82	1050.06	1033.99	945.08	1014.71	1177.53	1588.87
b26	1521.47	2131.50	2098.07	3177.45	4020.52	3212.47	3428.85	3995.94	4249.25	3801.10	4132.57	6703.84
b27	1458.27	1672.12	1418.86	1829.35	1840.78	1352.55	1351.05	1572.01	1407.94	1430.04	1390.05	1673.49
b28	45.55	62.49	42.50	58.36	76.31	73.83	73.07	67.45	75.20	78.26	73.64	81.42
c1	0.00	0.00	0.00	0.00	0.00	0.00	0.00	0.00	0.00	0.00	0.00	0.00
c2	0.00	0.00	0.00	0.00	0.00	0.00	0.00	0.00	0.00	0.00	0.00	0.00

注:表中行业代码内容同表 A6。

表 A24　中国与中东欧分行业进出口贸易现状(2007—2018)

单位:百万美元

行业	2007年	2008年	2009年	2010年	2011年	2012年	2013年	2014年	2015年	2016年	2017年	2018年
a1	0.00	62.50	42.50	58.38	76.31	73.83	73.08	67.46	75.21	78.27	118.65	81.42
a2	0.00	0.05	0.00	0.00	0.00	0.00	0.00	0.00	0.00	8.17	16.06	0.00
a3	5.44	6.53	7.08	6.02	6.18	59.07	196.69	59.46	3.63	4.93	0.74	0.50
a4	347.83	297.91	316.88	679.58	712.30	797.17	946.77	850.95	481.31	447.86	529.26	566.90
a5	39.79	71.79	54.82	95.83	104.27	112.62	150.42	180.58	117.34	136.39	183.65	230.22
a6	51.54	69.26	53.29	85.01	210.56	162.52	286.75	383.21	306.52	289.43	458.34	528.09
b1	122.99	125.45	104.19	142.04	187.54	211.87	367.78	374.94	291.02	319.01	343.14	356.91
b2	0.07	0.14	0.42	0.22	0.66	1.94	2.89	2.32	2.49	4.05	6.31	6.65
b3	0.00	0.00	0.41	0.00	0.00	0.49	0.60	52.72	0.80	1.07	0.78	31.84
b4	229.88	287.03	200.34	255.42	341.65	333.08	357.29	303.73	247.38	272.75	298.70	368.70
b5	938.83	830.28	564.92	610.63	780.08	718.51	733.08	803.40	354.03	355.95	385.38	793.10
b6	382.33	453.63	415.61	554.37	747.01	654.35	563.07	442.37	303.31	287.10	293.95	451.17
b7	60.05	76.12	43.10	43.95	61.40	66.78	74.87	85.43	95.46	116.58	167.27	175.19
b8	130.78	216.21	196.54	231.71	330.21	447.01	374.03	461.29	405.65	396.89	460.39	601.39
b9	64.66	63.28	92.02	93.81	134.81	144.01	169.09	234.55	232.40	265.10	407.40	330.76
b10	5.19	8.29	6.62	10.49	15.71	14.37	14.54	10.91	11.00	13.94	12.74	19.63
b11	345.73	575.33	406.58	264.46	231.30	259.71	235.71	252.74	226.46	284.86	370.86	529.43
b12	31.18	6.93	10.20	218.59	56.07	12.48	15.64	8.43	25.05	29.44	49.87	28.08
b13	533.81	588.19	565.36	757.39	766.61	794.53	777.03	726.92	1318.67	942.84	1157.89	864.66

续表

行业	2007 年	2008 年	2009 年	2010 年	2011 年	2012 年	2013 年	2014 年	2015 年	2016 年	2017 年	2018 年
b14	34.25	46.52	46.71	69.69	99.95	150.22	174.02	194.80	196.86	172.98	251.43	448.59
b15	10.91	4.31	1.23	1.62	4.81	11.05	10.45	8.48	169.72	125.49	116.66	5.68
b16	55.62	78.09	96.53	147.99	207.68	252.28	294.16	359.81	161.21	199.85	229.54	435.55
b17	102.32	121.34	119.14	161.11	211.72	245.52	281.99	314.83	263.85	276.35	286.82	435.36
b18	163.08	228.26	182.91	175.84	223.60	271.88	265.71	251.29	200.87	218.57	219.76	369.92
b19	207.28	208.48	134.34	138.40	258.47	216.59	220.39	202.27	323.65	208.85	267.23	205.92
b20	550.27	736.92	704.73	837.04	1147.15	1311.64	1314.02	1459.47	1110.10	769.26	1235.97	1478.88
b21	278.04	393.33	284.10	398.41	485.23	481.13	524.87	601.70	406.57	419.87	506.97	779.53
b22	1371.60	1889.39	1737.97	2349.74	2825.40	2752.29	2750.91	3216.73	1274.87	1536.39	1916.92	3857.59
b23	295.94	354.65	246.67	325.00	343.57	355.40	371.97	447.96	391.36	398.59	558.73	727.25
b24	889.37	1314.22	1231.79	2289.63	4051.84	4215.67	4167.48	4481.65	965.79	4046.63	3918.01	7402.37
b25	1110.09	1480.92	1509.71	2558.54	2567.11	2581.82	2750.27	3213.85	1449.19	1687.44	2099.93	5352.01
b26	1933.22	2420.60	2428.30	3685.85	4642.09	3792.18	4079.00	4704.96	4436.02	4062.02	4407.00	7494.10
b27	1583.36	1865.56	1649.47	2165.52	2352.56	1896.08	2080.15	2512.73	1817.40	1930.27	1908.06	2848.14
b28	52.17	70.42	46.58	62.30	83.41	81.85	86.07	79.85	81.65	92.84	89.12	102.19
c1	0.00	0.00	0.00	0.00	0.00	0.00	0.00	0.00	0.00	0.00	0.00	0.00
c2	0.00	0.00	0.00	0.00	0.00	0.00	0.00	0.02	0.01	0.00	0.00	0.00

注：表中行业代码内容同表 A6。

表A25 中国与"一带一路"沿线国家分行业进口贸易现状（2007—2018）

单位：亿美元

行业	2007年	2008年	2009年	2010年	2011年	2012年	2013年	2014年	2015年	2016年	2017年	2018年
a1	18.36	27.39	49.91	94.79	143.76	150.54	133.32	102.02	51.24	67.89	109.56	130.67
a2	470.42	766.44	551.48	799.81	1273.52	1402.57	1460.81	1523.54	932.94	813.64	1071.03	1596.40
a3	101.26	173.14	102.67	162.27	186.91	108.36	99.25	56.32	27.15	33.36	53.40	35.85
a4	69.62	56.04	61.71	88.03	130.00	121.03	125.73	130.09	86.58	85.76	113.87	140.45
a5	14.19	27.26	14.16	18.21	27.40	26.77	24.33	26.98	21.98	17.92	21.78	24.64
a6	42.06	40.97	34.86	41.15	57.84	50.60	59.34	72.45	56.62	60.13	69.03	60.31
b1	33.27	32.40	35.83	31.81	42.33	50.72	50.79	50.93	47.94	49.97	60.28	76.28
b2	0.07	0.09	0.09	0.32	0.38	0.55	0.58	0.70	0.61	0.60	0.83	1.02
b3	0.29	0.38	0.47	0.43	0.42	0.29	0.47	1.44	0.04	0.11	0.29	1.59
b4	17.47	16.99	21.59	26.19	33.02	46.89	63.46	60.59	55.87	47.23	53.54	36.04
b5	2.24	3.07	3.26	4.33	8.94	11.39	15.54	19.60	16.82	19.41	23.63	24.69
b6	8.72	10.85	8.37	9.63	12.94	15.85	17.74	22.63	21.57	24.59	30.52	19.48
b7	3.25	2.97	2.10	1.91	2.20	3.51	6.06	8.57	8.39	8.66	8.80	7.19
b8	1.24	1.90	2.25	2.64	3.68	3.98	5.05	6.74	5.70	5.98	6.95	6.25
b9	20.44	22.52	15.76	19.72	25.99	22.55	22.82	25.03	26.41	24.63	39.73	50.23
b10	0.33	0.43	0.56	0.90	1.02	1.96	5.02	5.22	2.26	2.49	2.52	3.58
b11	17.00	15.44	14.88	18.46	23.14	21.48	14.12	16.76	12.63	11.65	12.07	14.29
b12	74.90	113.55	79.03	118.69	160.71	185.24	176.96	145.05	121.92	87.87	132.25	132.60
b13	201.82	210.24	217.30	285.45	380.23	371.65	394.75	405.73	322.36	290.88	383.67	483.09

续表

行业	2007年	2008年	2009年	2010年	2011年	2012年	2013年	2014年	2015年	2016年	2017年	2018年
b14	1.16	1.68	2.00	2.59	2.96	3.55	3.61	4.08	6.38	4.72	6.02	6.77
b15	1.85	1.09	1.03	1.09	1.77	1.54	1.23	1.19	2.76	2.09	2.25	1.03
b16	12.46	16.30	21.34	19.44	24.68	27.28	25.35	21.23	13.90	4.90	5.36	6.78
b17	4.57	4.84	4.87	5.36	6.69	6.59	7.45	7.53	6.91	6.41	7.44	8.96
b18	11.35	13.66	14.63	20.17	33.96	28.67	41.26	155.21	5.75	5.69	7.14	39.61
b19	17.84	17.20	33.27	18.69	18.28	14.84	14.80	13.05	17.95	23.76	42.60	48.04
b20	52.55	48.34	66.31	79.29	108.38	102.24	92.58	92.17	74.44	63.64	87.69	113.25
b21	6.04	7.28	5.78	6.51	7.60	8.31	9.12	13.52	9.57	6.71	7.05	9.09
b22	41.00	47.48	44.24	47.35	55.35	56.77	58.83	64.22	48.05	46.93	48.98	59.93
b23	25.04	25.79	24.40	39.58	41.59	26.76	30.03	29.89	26.64	27.47	45.93	49.69
b24	11.08	13.92	21.27	24.46	46.64	46.27	45.87	53.44	34.10	68.71	79.31	78.66
b25	434.95	405.66	338.31	449.19	515.59	531.82	566.70	549.22	415.29	389.66	454.75	587.62
b26	139.30	172.81	165.59	112.51	121.83	153.24	134.57	136.87	79.41	102.32	131.96	97.08
b27	45.01	50.59	42.66	40.97	53.30	77.94	74.95	84.56	56.59	61.77	68.19	82.53
b28	2.44	2.56	2.34	2.78	3.57	4.22	5.43	9.40	9.38	7.36	7.16	4.60
c1	0.03	0.00	0.68	0.89	1.21	1.86	2.47	2.12	2.26	1.99	1.80	1.77
c2	0.01	0.15	0.24	0.42	0.13	1.22	1.24	1.90	0.97	1.66	2.13	2.62

注：表中行业代码内容同表 A6。

表 A26 中国与"一带一路"沿线国家分行业出口贸易现状(2007—2018)

单位:亿美元

行业	2007年	2008年	2009年	2010年	2011年	2012年	2013年	2014年	2015年	2016年	2017年	2018年
a1	0.00	0.63	0.43	0.59	0.78	0.78	0.77	0.75	0.76	0.79	0.75	0.85
a2	0.01	0.09	0.08	0.04	0.12	0.14	0.13	0.42	0.20	0.05	0.04	1.35
a3	0.00	0.00	0.00	0.00	0.00	0.00	0.00	0.00	0.00	0.00	0.04	0.00
a4	0.02	0.00	0.00	0.00	0.00	0.00	0.01	0.01	0.00	0.00	0.00	0.01
a5	0.10	0.21	0.13	0.23	0.35	0.24	0.23	0.35	0.22	0.34	0.43	0.47
a6	0.08	0.11	0.07	0.05	0.05	0.09	0.04	0.03	0.03	0.05	0.10	0.08
b1	2.88	2.88	3.15	4.12	4.49	4.07	5.20	5.33	6.41	6.22	6.55	6.57
b2	0.15	0.14	0.11	0.16	0.19	0.24	0.27	0.38	0.42	0.51	0.56	0.61
b3	0.14	0.09	0.14	0.18	0.25	0.24	0.25	0.28	0.31	0.33	0.18	0.28
b4	29.91	36.54	33.00	47.74	65.58	67.35	82.18	86.29	91.09	95.71	108.23	133.59
b5	13.01	13.04	8.16	12.30	14.36	13.68	16.41	15.49	11.18	9.99	10.91	12.58
b6	4.65	5.73	5.11	7.05	9.92	10.59	12.00	11.35	9.80	7.79	8.28	9.19
b7	0.93	1.14	0.67	0.62	0.96	1.06	1.01	1.19	1.52	1.67	2.39	2.77
b8	1.33	2.01	1.72	4.28	7.56	10.87	8.23	9.83	7.17	4.27	4.27	5.10
b9	0.79	0.90	0.98	1.41	1.91	2.44	3.62	4.53	4.98	5.02	4.84	5.33
b10	0.25	0.28	0.34	0.27	0.39	0.49	0.68	0.73	0.75	0.80	0.92	1.15
b11	4.04	6.47	4.82	3.58	3.64	3.88	3.95	4.70	4.69	4.62	5.56	6.36
b12	1.85	2.87	2.26	3.95	4.36	4.29	6.51	9.56	7.67	11.40	13.10	17.69
b13	9.17	12.14	10.37	13.47	14.75	14.86	16.81	19.73	20.20	19.69	20.71	27.64

续表

行业	2007年	2008年	2009年	2010年	2011年	2012年	2013年	2014年	2015年	2016年	2017年	2018年
b14	0.85	1.20	1.38	1.77	1.86	2.01	2.21	2.54	2.41	2.72	3.16	4.10
b15	0.18	0.20	0.09	0.18	0.32	0.42	0.50	0.65	0.58	0.62	0.84	1.18
b16	1.49	1.82	1.93	2.34	3.32	3.97	4.50	4.44	3.99	4.08	4.44	5.16
b17	1.79	2.13	1.97	2.99	4.07	6.24	7.51	8.60	8.73	8.45	8.99	10.28
b18	3.33	4.39	4.31	5.50	5.99	8.22	14.20	17.08	12.77	11.43	10.11	10.97
b19	6.56	6.95	4.85	8.48	13.77	14.85	13.80	19.69	23.20	20.45	21.60	29.58
b20	1.48	1.57	1.05	1.78	2.73	2.28	2.95	3.06	3.48	3.36	3.81	4.76
b21	5.73	8.09	6.15	8.95	9.64	11.88	14.04	15.58	18.80	15.10	16.74	22.64
b22	9.44	14.47	15.79	22.82	24.82	27.94	28.46	32.08	30.17	33.28	35.43	45.78
b23	6.20	9.01	6.93	10.26	14.66	14.21	14.88	17.93	19.42	18.61	20.33	23.79
b24	9.05	16.20	15.35	22.32	25.02	27.88	29.12	28.59	35.47	25.60	24.46	24.52
b25	10.38	14.59	15.07	24.51	24.07	25.68	27.47	30.69	33.10	32.40	34.84	41.53
b26	22.51	30.11	29.67	43.14	54.46	47.98	53.94	64.43	65.32	60.96	65.97	99.02
b27	15.28	17.92	15.32	19.79	20.32	19.34	18.84	19.03	17.62	17.81	17.93	20.79
b28	1.21	1.65	1.45	2.13	2.82	3.37	3.88	9.24	8.33	5.86	5.52	6.37
c1	0.05	0.06	0.06	0.05	0.05	0.05	0.06	0.16	0.17	0.26	0.23	0.38
c2	0.00	0.00	0.00	0.00	0.00	0.00	0.00	0.02	0.02	0.01	0.01	0.00

注：表中行业代码内容同表 A6。

表A27 中国与"一带一路"沿线国家分行业进出口贸易现状（2007—2018）

单位：亿美元

行业	2007 年	2008 年	2009 年	2010 年	2011 年	2012 年	2013 年	2014 年	2015 年	2016 年	2017 年	2018 年
a1	18.36	28.02	50.34	95.38	144.54	151.31	134.10	102.77	52.00	68.68	110.31	131.52
a2	470.42	766.54	551.55	799.85	1273.64	1402.71	1460.94	1523.96	933.15	813.69	1071.07	1597.75
a3	101.26	173.14	102.67	162.27	186.91	108.36	99.25	56.32	27.15	33.36	53.44	35.85
a4	69.64	56.04	61.71	88.03	130.00	121.03	125.74	130.09	86.58	85.76	113.88	140.46
a5	14.29	27.47	14.30	18.44	27.75	27.01	24.56	27.33	22.20	18.26	22.20	25.11
a6	42.14	41.08	34.93	41.20	57.88	50.69	59.38	72.48	56.65	60.17	69.13	60.39
b1	36.14	35.28	38.98	35.94	46.82	54.78	55.98	56.26	54.35	56.19	66.83	82.85
b2	0.22	0.23	0.20	0.48	0.57	0.79	0.85	1.08	1.03	1.11	1.39	1.63
b3	0.43	0.47	0.62	0.61	0.68	0.54	0.72	1.71	0.34	0.43	0.47	1.87
b4	47.38	53.54	54.59	73.94	98.60	114.24	145.64	146.88	146.96	142.93	161.77	169.63
b5	15.25	16.10	11.42	16.62	23.30	25.06	31.95	35.09	28.01	29.40	34.55	37.28
b6	13.37	16.58	13.49	16.68	22.86	26.44	29.74	33.98	31.37	32.38	38.80	28.67
b7	4.17	4.10	2.77	2.54	3.16	4.57	7.07	9.76	9.91	10.33	11.19	9.95
b8	2.57	3.91	3.97	6.92	11.24	14.85	13.27	16.57	12.87	10.25	11.23	11.35
b9	21.23	23.42	16.74	21.13	27.90	24.99	26.44	29.56	31.40	29.65	44.58	55.57
b10	0.58	0.71	0.90	1.17	1.40	2.45	5.70	5.95	3.02	3.29	3.44	4.73
b11	21.05	21.91	19.70	22.04	26.79	25.35	18.07	21.46	17.32	16.27	17.62	20.66
b12	76.75	116.43	81.29	122.64	165.06	189.53	183.47	154.60	129.58	99.27	145.35	150.28
b13	210.99	222.38	227.67	298.92	394.98	386.51	411.56	425.46	342.57	310.57	404.38	510.73

续表

行业	2007 年	2008 年	2009 年	2010 年	2011 年	2012 年	2013 年	2014 年	2015 年	2016 年	2017 年	2018 年
b14	2.02	2.88	3.37	4.36	4.82	5.57	5.82	6.62	8.79	7.43	9.18	10.88
b15	2.03	1.30	1.12	1.27	2.09	1.96	1.73	1.84	3.34	2.71	3.10	2.21
b16	13.95	18.12	23.27	21.79	28.00	31.25	29.85	25.67	17.89	8.98	9.80	11.93
b17	6.36	6.97	6.85	8.34	10.76	12.83	14.96	16.13	15.64	14.86	16.43	19.24
b18	14.68	18.05	18.94	25.68	39.95	36.89	55.45	172.29	18.52	17.13	17.24	50.58
b19	24.40	24.14	38.12	27.17	32.05	29.69	28.60	32.74	41.15	44.21	64.20	77.62
b20	54.03	49.91	67.35	81.07	111.11	104.51	95.53	95.23	77.92	67.00	91.50	118.01
b21	11.77	15.37	11.93	15.46	17.24	20.19	23.16	29.11	28.37	21.81	23.79	31.74
b22	50.43	61.95	60.03	70.17	80.17	84.71	87.29	96.30	78.23	80.21	84.41	105.71
b23	31.24	34.81	31.33	49.84	56.25	40.97	44.91	47.81	46.06	46.08	66.25	73.48
b24	20.13	30.12	36.62	46.77	71.66	74.15	74.99	82.03	69.57	94.32	103.78	103.18
b25	445.33	420.25	353.38	473.70	539.66	557.49	594.17	579.91	448.39	422.06	489.60	629.14
b26	161.81	202.92	195.26	155.64	176.29	201.22	188.51	201.30	144.74	163.29	197.93	196.10
b27	60.29	68.51	57.97	60.76	73.62	97.27	93.80	103.60	74.21	79.58	86.12	103.32
b28	3.65	4.21	3.79	4.92	6.39	7.59	9.31	18.64	17.70	13.22	12.68	10.97
c1	0.08	0.07	0.74	0.94	1.26	1.91	2.54	2.28	2.43	2.25	2.03	2.14
c2	0.01	0.15	0.24	0.43	0.14	1.22	1.25	1.93	1.00	1.67	2.14	2.62

注：表中行业代码内容同表 A6。

附录 B

表 B1　全国就业人员构成情况

年份	2000年	2001年	2002年	2003年	2004年	2005年	2006年	2007年	2008年	2009年	2010年	2011年	2012年	2013年	2014年	2015年	2016年	2017年	2018年
全国就业人员（百万人）	720.85	727.97	732.80	737.36	742.64	746.47	749.78	753.21	755.64	758.28	761.05	764.20	767.04	769.77	772.53	774.51	776.03	776.41	775.86
就业人员占人口比重（%）	56.90	57.04	57.05	57.06	57.13	57.09	57.04	57.01	56.90	56.82	56.76	56.72	56.60	56.60	56.50	56.30	56.10	55.90	55.60
城镇就业人员（百万人）	231.51	241.23	251.59	262.30	272.93	283.89	296.30	309.53	321.03	333.22	346.87	359.14	371.02	382.40	393.10	404.10	414.28	424.62	434.19
乡村就业人员（百万人）	489.34	486.74	481.21	475.06	469.71	462.58	453.48	443.68	434.61	425.06	414.18	405.06	396.02	387.37	379.43	370.41	361.75	351.78	341.67
第一产业就业人员（百万人）	360.43	363.99	366.40	362.04	348.30	334.42	319.41	307.31	299.23	288.90	279.31	265.94	257.73	241.71	227.90	219.19	214.96	209.44	202.58
第二产业就业人员（百万人）	162.19	162.34	156.82	159.27	167.09	177.66	188.94	201.86	205.53	210.80	218.42	225.44	232.41	231.70	230.99	226.93	223.50	218.24	213.90
第三产业就业人员（百万人）	198.23	201.65	209.58	216.05	227.25	234.39	241.43	244.04	250.87	258.57	263.32	272.82	276.90	296.36	313.64	328.39	337.57	348.72	359.38
第一产业占总就业人员比重（%）	50.00	50.00	50.00	49.10	46.90	44.80	42.60	40.80	39.60	38.10	36.70	34.80	33.60	31.40	29.50	28.30	27.70	27.00	26.10
第二产业占总就业人员比重（%）	22.50	22.30	21.40	21.60	22.50	23.80	25.20	26.80	27.20	27.80	28.70	29.50	30.30	30.10	29.90	29.30	28.80	28.10	27.60
第三产业占总就业人员比重（%）	27.50	27.70	28.60	29.30	30.60	31.40	32.20	32.40	33.20	34.10	34.60	35.70	36.10	38.50	40.60	42.40	43.50	44.90	46.30

表 B2 城镇失业人员构成情况

年份	2001年	2002年	2003年	2004年	2005年	2006年	2007年	2008年	2009年	2010年	2011年	2012年	2013年	2014年	2015年	2016年	2017年	2018年
未上过学失业人员占比(%)	0.40	0.70	0.52	0.40	0.91	0.80	0.45	0.45	0.72	0.56	0.42	0.60	0.47	0.40	0.71	0.65	0.67	0.64
小学文化程度失业人员占比(%)	7.10	7.80	7.41	7.00	8.43	7.71	5.91	6.34	6.83	7.22	6.35	6.77	6.31	7.20	7.22	6.41	6.37	6.93
初中文化程度失业人员占比(%)	50.00	50.30	49.43	49.30	48.37	45.27	44.18	43.08	41.37	40.64	39.73	41.28	38.00	38.90	35.88	37.25	35.04	34.83
高中文化程度失业人员占比(%)	36.40	35.20	36.05	34.80	32.22	33.68	34.45	33.33	32.33	31.26	32.49	30.55	31.09	30.10	18.69	18.68	19.67	18.92
大学专科文化程度失业人员占比(%)	5.00	5.00	5.56	6.80	7.63	9.48	10.89	12.21	12.79	13.73	14.87	13.74	15.55	15.20	15.22	15.50	15.29	15.10
大学本科文化程度失业人员占比(%)	1.10	0.90	1.01	1.60	2.35	2.95	3.93	4.37	5.71	6.24	5.94	6.69	8.20	7.80	9.89	9.78	11.01	11.27
研究生文化程度失业人员占比(%)				0.10	0.08	0.12	0.20	0.21	0.25	0.36	0.21	0.36	0.38	0.40	0.47	0.62	0.77	0.96

表 B3　城镇男性失业人员构成情况

年份	2001年	2002年	2003年	2004年	2005年	2006年	2007年	2008年	2009年	2010年	2011年	2012年	2013年	2014年	2015年	2016年	2017年	2018年
未上过学失业人员占比(%)	0.30	0.60	0.38	0.30	0.38	0.51	0.41	0.40	0.54	0.33	0.37	0.47	0.35	0.30	0.48	0.43	0.41	0.34
小学文化程度失业人员占比(%)	8.20	8.60	8.42	8.10	7.41	7.57	5.58	5.85	6.54	6.45	5.45	6.12	5.09	5.90	7.63	6.34	5.82	6.55
初中文化程度失业人员占比(%)	50.20	49.90	49.07	46.90	47.54	43.95	42.08	41.77	41.00	39.66	37.72	37.86	34.89	34.80	35.74	36.68	34.20	33.34
高中文化程度失业人员占比(%)	34.70	34.30	34.73	35.00	33.65	34.96	36.16	33.75	32.13	32.85	34.21	32.68	33.41	33.60	19.76	19.53	20.86	19.47
大学专科文化程度失业人员占比(%)	5.30	5.50	6.07	7.60	8.13	9.54	11.22	13.01	13.13	13.89	15.64	14.76	16.66	16.10	14.68	15.23	15.94	15.13
大学本科文化程度失业人员占比(%)	1.20	1.10	1.30	2.00	2.78	3.34	4.32	4.89	6.31	6.47	6.40	7.72	9.35	9.00	9.50	9.98	10.75	12.68
研究生文化程度失业人员占比(%)	0.10			0.10	0.11	0.13	0.21	0.32	0.35	0.35	0.21	0.38	0.25	0.40	0.47	0.58	0.67	0.89

表 B4 城镇女性失业人员构成情况

年份	2001 年	2002 年	2003 年	2004 年	2005 年	2006 年	2007 年	2008 年	2009 年	2010 年	2011 年	2012 年	2013 年	2014 年	2015 年	2016 年	2017 年	2018 年
未上过学失业人员占比(%)	0.50	0.90	0.65	0.50	1.40	1.07	0.48	0.52	0.89	0.79	0.46	0.71	0.56	0.40	0.95	0.85	0.89	0.87
小学文化程度失业人员占比(%)	5.90	7.00	6.46	5.80	9.36	7.86	6.23	6.79	7.09	8.01	7.13	7.30	7.20	8.20	6.79	6.47	6.81	7.22
初中文化程度失业人员占比(%)	49.70	50.70	49.77	51.60	49.14	46.55	46.23	44.29	41.72	41.65	41.48	44.01	40.25	41.70	36.02	37.75	35.72	35.95
高中文化程度失业人员占比(%)	38.20	36.10	37.27	34.70	30.92	32.44	32.78	32.95	32.50	29.62	30.99	28.85	29.40	27.80	17.55	17.93	18.70	18.51
大学专科文化程度失业人员占比(%)	4.70	4.60	5.08	6.00	7.17	9.42	10.57	11.47	12.46	13.56	14.20	12.92	14.74	14.50	15.80	15.74	14.76	15.09
大学本科文化程度失业人员占比(%)	0.90	0.70	0.73	1.30	1.95	2.58	3.56	3.89	5.17	6.00	5.53	5.87	7.36	7.00	10.31	9.59	11.21	10.21
研究生文化程度失业人员占比(%)				0.10	0.06	0.10	0.18	0.10	0.16	0.37	0.21	0.34	0.47	0.40	0.47	0.66	0.85	1.02

表 B5 东中西部地区就业人员中未上过学就业人员平均占比

单位：%

年份	2001年	2002年	2003年	2004年	2005年	2006年	2007年	2008年	2009年	2010年	2011年	2012年	2013年	2014年	2015年	2016年	2017年	2018年
全国总计	7.80	7.80	7.10	6.20	7.76	6.73	5.98	5.29	4.77	3.41	1.97	1.97	1.91	1.80	2.82	2.60	2.29	2.30
东部	5.00	4.65	4.49	4.09	4.37	3.89	3.54	3.27	2.66	1.79	1.13	1.22	1.21	1.08	1.55	1.39	1.20	1.19
中部	5.38	5.85	4.85	4.26	6.08	5.46	4.92	4.40	3.92	2.84	1.80	1.69	1.87	1.76	2.67	2.42	2.20	2.12
西部	16.92	16.02	16.26	13.13	16.32	14.67	12.56	11.21	10.95	9.09	3.84	3.95	3.64	4.90	6.92	6.13	5.59	5.50

表 B6 东中西部地区就业人员中小学文化程度就业人员平均占比

单位：%

年份	2001年	2002年	2003年	2004年	2005年	2006年	2007年	2008年	2009年	2010年	2011年	2012年	2013年	2014年	2015年	2016年	2017年	2018年
全国总计	30.90	30.00	28.71	27.40	29.22	29.94	28.32	27.41	26.30	23.86	19.63	18.98	18.47	18.20	17.75	17.52	16.92	16.40
东部	24.80	22.96	21.12	19.93	21.97	22.37	21.40	20.53	19.57	17.27	14.08	13.52	13.18	12.55	12.13	11.83	11.20	11.01
中部	28.85	29.86	26.76	25.65	28.23	28.73	26.42	25.45	23.77	22.12	18.13	17.79	17.34	16.84	17.21	16.92	16.25	15.60
西部	36.06	34.98	33.76	34.23	34.20	35.31	35.46	35.12	34.51	32.15	26.88	28.13	27.71	27.04	25.03	25.17	24.36	23.33

表 B7 东中西部地区就业人员中初中文化程度就业人员平均占比

单位：%

年份	2001年	2002年	2003年	2004年	2005年	2006年	2007年	2008年	2009年	2010年	2011年	2012年	2013年	2014年	2015年	2016年	2017年	2018年
全国总计	42.30	43.20	43.74	45.80	44.11	44.86	46.86	47.73	48.67	48.80	48.71	48.31	47.95	46.70	43.29	43.27	43.37	43.14
东部	44.07	44.72	43.80	45.44	45.66	44.73	46.20	46.42	46.86	48.41	45.56	44.85	44.29	42.76	40.41	40.29	40.00	39.47
中部	45.53	45.73	47.80	49.98	46.87	47.57	49.35	50.34	51.94	52.21	52.71	52.16	50.84	50.54	46.01	46.45	47.00	46.48
西部	31.53	33.29	33.19	34.67	33.01	35.13	37.04	38.55	39.31	38.53	42.65	42.07	42.38	40.84	38.33	38.28	38.57	39.01

表 B8　东中西部地区就业人员中高中文化程度就业人员平均占比

单位：%

年份	2001年	2002年	2003年	2004年	2005年	2006年	2007年	2008年	2009年	2010年	2011年	2012年	2013年	2014年	2015年	2016年	2017年	2018年
全国总计	13.50	13.10	13.62	13.40	12.14	11.85	12.19	12.72	12.78	13.87	16.73	17.09	17.08	17.20	12.51	12.32	12.76	12.75
东部	18.05	18.25	19.43	18.52	16.77	16.55	16.69	17.13	17.04	16.88	19.50	19.54	19.27	19.17	13.04	12.62	13.01	12.54
中部	14.43	13.08	14.18	13.73	12.37	12.13	12.84	13.64	13.69	14.04	16.26	16.60	17.50	17.19	13.18	13.14	13.56	13.69
西部	18.05	18.25	19.43	18.52	16.77	16.55	16.69	17.13	17.04	16.88	19.50	19.54	19.27	19.17	13.04	12.62	13.01	12.54

表 B9　东中西部地区就业人员中大学专科文化程度就业人员平均占比

单位：%

年份	2001年	2002年	2003年	2004年	2005年	2006年	2007年	2008年	2009年	2010年	2011年	2012年	2013年	2014年	2015年	2016年	2017年	2018年
全国总计	4.10	4.30	4.82	5.00	4.46	4.25	4.32	4.38	4.70	5.96	7.62	8.02	8.54	9.30	9.20	9.59	9.44	9.71
东部	5.36	6.01	7.06	7.19	6.44	6.88	6.69	6.96	7.67	7.91	10.01	10.56	11.26	12.19	11.78	12.10	11.85	12.11
中部	4.31	4.05	4.83	4.69	4.46	4.00	4.44	4.23	4.41	5.54	6.85	7.27	7.71	8.30	8.37	8.56	8.32	8.79
西部	3.71	3.98	4.38	5.11	4.81	4.06	4.16	4.16	4.20	6.07	8.15	7.82	8.04	8.42	8.56	8.88	8.96	9.03

表 B10　东中西部就业人员中大学本科文化程度就业人员平均占比

单位：%

年份	2001年	2002年	2003年	2004年	2005年	2006年	2007年	2008年	2009年	2010年	2011年	2012年	2013年	2014年	2015年	2016年	2017年	2018年
全国总计	1.40	1.60	1.91	2.10	2.14	2.14	2.13	2.27	2.54	3.71	4.90	5.16	5.55	6.20	7.52	7.72	8.00	8.47
东部	2.53	3.12	3.77	4.39	4.24	4.88	4.83	5.02	5.50	6.71	8.57	9.12	9.55	10.86	11.83	12.24	13.05	13.87
中部	1.45	1.38	1.54	1.59	1.89	1.90	1.88	1.83	2.13	3.01	4.00	4.18	4.41	5.03	6.67	6.58	6.60	7.06
西部	1.16	1.21	1.77	1.92	1.98	1.70	1.71	1.85	2.04	3.47	4.89	4.55	4.89	5.25	6.52	7.07	7.40	7.87

表 B11　东中西部地区就业人员中研究生文化程度就业人员平均占比

单位:%

年份	2001年	2002年	2003年	2004年	2005年	2006年	2007年	2008年	2009年	2010年	2011年	2012年	2013年	2014年	2015年	2016年	2017年	2018年
全国总计	0.10	0.10	0.09	0.13	0.18	0.23	0.20	0.21	0.23	0.39	0.44	0.48	0.51	0.55	0.75	0.78	0.78	0.86
东部	0.19	0.34	0.34	0.46	0.55	0.70	0.65	0.66	0.70	1.03	1.14	1.18	1.24	1.38	1.67	1.72	1.78	1.95
中部	0.06	0.08	0.04	0.09	0.11	0.20	0.14	0.11	0.15	0.24	0.26	0.30	0.31	0.35	0.51	0.58	0.59	0.61
西部	0.02	0.04	0.07	0.08	0.11	0.09	0.07	0.10	0.08	0.23	0.30	0.30	0.31	0.35	0.43	0.48	0.45	0.49

表 B12　东中西部地区男性就业人员中未上过学就业人员平均占比

单位:%

年份	2001年	2002年	2003年	2004年	2005年	2006年	2007年	2008年	2009年	2010年	2011年	2012年	2013年	2014年	2015年	2016年	2017年	2018年
全国总计	4.70	4.70	4.36	3.90	4.39	3.75	3.37	2.99	2.77	1.95	1.00	1.02	1.01	1.00	1.51	1.36	1.13	1.13
东部	2.98	2.66	2.67	2.41	2.31	1.99	1.90	1.66	1.44	0.97	0.57	0.70	0.58	0.52	0.78	0.70	0.56	0.55
中部	3.33	3.69	3.06	2.80	3.68	3.18	2.87	2.63	2.44	1.70	1.03	0.89	1.16	1.18	1.43	1.27	1.14	1.07
西部	11.47	10.50	11.46	9.05	10.62	9.36	7.96	7.15	7.28	6.12	2.16	2.15	2.27	3.25	4.11	3.89	3.51	3.26

表 B13　东中西部地区男性就业人员中小学文化程度就业人员平均占比

单位:%

年份	2001年	2002年	2003年	2004年	2005年	2006年	2007年	2008年	2009年	2010年	2011年	2012年	2013年	2014年	2015年	2016年	2017年	2018年
全国总计	27.90	27.10	25.80	24.70	26.41	26.69	24.96	24.05	23.02	20.88	16.85	16.13	15.61	15.50	15.30	15.14	14.64	14.18
东部	21.90	20.25	18.80	17.93	19.45	19.52	18.41	17.67	16.86	14.83	11.92	11.38	11.07	10.85	10.45	10.16	9.51	9.27
中部	25.23	26.41	23.40	22.60	24.93	25.06	22.77	21.88	20.10	19.08	15.35	15.08	14.35	13.95	14.87	14.52	14.06	13.52
西部	35.72	34.78	32.69	32.97	33.56	34.16	33.77	33.03	32.36	29.97	24.52	25.54	24.69	25.02	23.47	23.60	22.87	21.87

表 B14　东中西部地区男性就业人员中初中文化程度就业人员平均占比

单位：%

年份	2001年	2002年	2003年	2004年	2005年	2006年	2007年	2008年	2009年	2010年	2011年	2012年	2013年	2014年	2015年	2016年	2017年	2018年
全国总计	46.00	47.10	47.22	48.90	47.84	48.57	50.25	50.87	51.56	51.22	50.31	49.85	49.47	47.90	45.67	45.65	45.65	45.41
东部	47.35	48.12	46.76	48.00	48.61	47.83	48.95	48.98	49.26	50.59	46.76	46.06	45.67	43.76	42.15	42.07	41.88	41.42
中部	49.11	49.51	51.00	52.78	50.58	51.16	52.76	53.34	54.77	54.44	54.33	53.40	51.97	51.75	48.51	48.88	49.05	48.62
西部	35.73	37.55	37.41	38.50	37.58	39.80	41.47	42.92	43.44	42.17	45.83	45.11	45.62	43.30	41.92	41.37	41.56	42.26

表 B15　东中西部地区男性就业人员中高中文化程度就业人员平均占比

单位：%

年份	2001年	2002年	2003年	2004年	2005年	2006年	2007年	2008年	2009年	2010年	2011年	2012年	2013年	2014年	2015年	2016年	2017年	2018年
全国总计	15.00	14.60	15.17	14.80	14.05	13.81	14.28	14.73	14.74	15.64	18.65	19.23	19.03	19.30	14.15	14.00	14.39	14.35
东部	19.07	19.17	20.31	19.52	18.28	18.16	18.57	18.99	18.77	18.49	21.50	21.67	21.38	21.18	14.84	14.39	14.57	14.06
中部	15.84	14.54	15.58	15.05	14.08	14.03	14.72	15.54	15.60	15.78	17.95	18.73	19.61	19.38	14.79	14.85	15.31	15.27
西部	11.67	11.62	11.78	11.93	10.97	10.44	10.48	10.37	10.32	11.75	14.52	14.53	14.23	14.51	10.68	10.52	11.04	11.18

表 B16　东中西部地区男性就业人员中大学专科文化程度就业人员占比

单位：%

年份	2001年	2002年	2003年	2004年	2005年	2006年	2007年	2008年	2009年	2010年	2011年	2012年	2013年	2014年	2015年	2016年	2017年	2018年
全国总计	4.50	4.50	5.10	5.20	4.70	4.49	4.57	4.62	4.91	6.05	7.66	7.97	8.65	9.40	9.01	9.33	9.20	9.50
东部	5.61	6.08	7.05	7.05	6.37	6.73	6.55	6.91	7.54	7.64	9.72	10.20	10.92	11.93	11.24	11.57	11.38	11.70
中部	4.69	4.24	5.13	4.88	4.57	4.20	4.66	4.46	4.63	5.63	7.01	7.25	7.98	8.34	8.10	8.37	8.10	8.60
西部	3.94	4.12	4.53	5.34	4.97	4.28	4.35	4.37	4.33	6.17	7.80	7.76	7.99	8.28	8.50	8.67	8.82	8.80

表 B17　东中西部地区男性就业人员中大学本科文化程度就业人员占比

单位：%

年份	2001 年	2002 年	2003 年	2004 年	2005 年	2006 年	2007 年	2008 年	2009 年	2010 年	2011 年	2012 年	2013 年	2014 年	2015 年	2016 年	2017 年	2018 年
全国总计	1.70	1.80	2.23	2.30	2.39	2.40	2.33	2.50	2.74	3.83	5.06	5.31	5.69	6.30	7.24	7.38	7.65	8.04
东部	2.83	3.37	4.03	4.58	4.35	4.96	4.85	5.07	5.41	6.43	8.31	8.78	9.13	10.39	10.99	11.32	12.12	12.81
中部	1.75	1.56	1.77	1.78	2.03	2.11	2.02	2.02	2.28	3.10	4.07	4.34	4.61	5.09	6.39	6.13	6.24	6.72
西部	1.40	1.39	2.02	2.15	2.17	1.85	1.87	2.02	2.18	3.56	4.84	4.60	4.88	5.29	6.23	6.81	7.04	7.33

表 B18　东中西部地区男性就业人员中研究生文化程度就业人员平均占比

单位：%

年份	2001 年	2002 年	2003 年	2004 年	2005 年	2006 年	2007 年	2008 年	2009 年	2010 年	2011 年	2012 年	2013 年	2014 年	2015 年	2016 年	2017 年	2018 年
全国总计	0.10	0.10	0.12	0.16	0.22	0.29	0.25	0.24	0.27	0.42	0.47	0.50	0.53	0.58	0.76	0.78	0.78	0.83
东部	0.25	0.40	0.38	0.52	0.63	0.80	0.76	0.72	0.74	1.05	1.22	1.21	1.25	1.41	1.66	1.65	1.75	1.89
中部	0.08	0.10	0.06	0.10	0.13	0.25	0.19	0.12	0.17	0.26	0.26	0.32	0.32	0.35	0.45	0.56	0.56	0.55
西部	0.05	0.05	0.09	0.11	0.13	0.12	0.10	0.13	0.10	0.25	0.32	0.31	0.32	0.37	0.45	0.48	0.45	0.48

表 B19　东中西部地区女性就业人员中未上过学就业人员占比

单位：%

年份	2001 年	2002 年	2003 年	2004 年	2005 年	2006 年	2007 年	2008 年	2009 年	2010 年	2011 年	2012 年	2013 年	2014 年	2015 年	2016 年	2017 年	2018 年
全国总计	11.30	11.50	10.42	9.00	11.81	10.17	9.00	7.94	7.12	5.23	3.18	3.13	3.00	2.80	4.57	4.24	3.81	3.80
东部	7.44	7.06	6.71	6.21	6.90	6.15	5.50	5.19	4.13	2.84	1.87	1.87	1.98	1.75	2.60	2.32	2.07	2.02
中部	7.85	8.45	6.99	6.11	8.95	8.05	7.28	6.42	5.66	4.22	2.69	2.64	2.71	2.49	4.36	3.95	3.56	3.45
西部	23.21	22.43	21.77	17.94	22.93	20.56	17.66	15.72	15.08	12.66	5.93	6.15	5.33	6.90	10.47	9.04	8.35	8.41

表 B20　东中西部地区女性就业人员中小学文化程度就业人员平均占比

单位:%

年份	2001年	2002年	2003年	2004年	2005年	2006年	2007年	2008年	2009年	2010年	2011年	2012年	2013年	2014年	2015年	2016年	2017年	2018年
全国总计	34.40	33.50	32.24	30.80	32.60	33.69	32.21	31.30	30.16	27.55	23.06	22.49	21.96	21.40	21.00	20.65	19.88	19.27
东部	28.32	26.24	23.95	22.35	25.04	25.74	24.94	23.92	22.82	20.38	16.83	16.18	15.79	14.71	14.41	14.07	13.43	13.29
中部	33.29	34.13	30.98	29.56	32.41	33.07	30.78	29.63	28.20	25.93	21.47	21.09	20.93	20.41	20.35	20.11	19.10	18.29
西部	36.56	35.26	35.14	35.77	35.01	36.68	37.43	37.57	37.05	34.84	29.79	31.34	31.35	29.59	27.12	27.08	26.16	25.14

表 B21　东中西部地区女性就业人员中初中文化程度就业人员平均占比

单位:%

年份	2001年	2002年	2003年	2004年	2005年	2006年	2007年	2008年	2009年	2010年	2011年	2012年	2013年	2014年	2015年	2016年	2017年	2018年
全国总计	37.90	38.60	39.52	42.00	39.62	40.57	42.94	44.10	45.28	45.80	46.73	46.41	46.08	45.20	40.13	40.13	40.41	40.23
东部	39.95	40.33	39.94	42.09	41.90	40.94	42.80	43.30	43.88	45.47	43.89	43.26	42.46	41.38	37.99	37.82	37.46	36.85
中部	41.11	41.08	43.77	46.38	42.14	43.37	45.27	46.82	48.48	49.38	50.70	50.65	49.41	48.99	42.53	43.14	44.23	43.64
西部	26.65	28.26	28.23	30.12	27.64	29.87	32.04	33.61	34.54	34.07	38.62	38.29	38.46	37.79	33.67	34.31	34.71	34.80

表 B22　东中西部地区女性就业人员中高中文化程度就业人员平均占比

单位:%

年份	2001年	2002年	2003年	2004年	2005年	2006年	2007年	2008年	2009年	2010年	2011年	2012年	2013年	2014年	2015年	2016年	2017年	2018年
全国总计	11.70	11.20	11.74	11.60	9.85	9.59	9.78	10.39	10.49	11.68	14.35	14.45	14.70	14.70	10.33	10.11	10.65	10.70
东部	16.92	17.35	18.51	17.36	14.99	14.70	14.48	14.93	14.96	14.84	16.95	16.82	16.60	16.62	10.57	10.23	10.94	10.54
中部	12.75	11.30	12.50	12.06	10.27	9.91	10.63	11.42	11.41	11.87	14.22	14.01	14.97	14.48	10.99	10.87	11.27	11.64
西部	9.23	9.15	9.13	9.63	7.95	7.47	7.30	7.43	7.33	8.88	11.75	11.49	11.54	11.52	8.10	8.00	8.34	8.50

表 B23　东中西部地区女性就业人员中大学专科文化程度就业人员平均占比

单位：%

年份	2001年	2002年	2003年	2004年	2005年	2006年	2007年	2008年	2009年	2010年	2011年	2012年	2013年	2014年	2015年	2016年	2017年	2018年
全国总计	3.60	3.90	4.48	4.80	4.16	3.97	4.04	4.09	4.45	5.84	7.57	8.09	8.40	9.30	9.45	9.94	9.76	9.99
东部	5.05	5.97	7.16	7.43	6.59	7.12	6.92	7.08	7.89	8.32	10.43	11.07	11.76	12.59	12.57	12.86	12.50	12.66
中部	3.86	3.90	4.49	4.45	4.40	3.80	4.23	3.98	4.16	5.46	6.71	7.33	7.44	8.31	8.77	8.83	8.64	9.10
西部	3.46	3.85	4.20	4.85	4.64	3.82	3.98	3.91	4.06	5.97	8.65	7.94	8.11	8.65	8.66	9.17	9.15	9.34

表 B24　东中西部地区女性就业人员中大学本科文化程度就业人员平均占比

单位：%

年份	2001年	2002年	2003年	2004年	2005年	2006年	2007年	2008年	2009年	2010年	2011年	2012年	2013年	2014年	2015年	2016年	2017年	2018年
全国总计	1.00	1.20	1.53	1.70	1.84	1.84	1.89	2.01	2.31	3.56	4.72	4.98	5.37	6.10	7.89	8.17	8.46	9.03
东部	2.16	2.83	3.45	4.18	4.12	4.80	4.85	4.99	5.66	7.14	8.99	9.67	10.18	11.61	13.02	13.52	14.32	15.30
中部	1.10	1.15	1.26	1.40	1.76	1.67	1.71	1.63	1.98	2.92	3.96	4.00	4.22	4.96	7.10	7.22	7.12	7.56
西部	0.90	1.03	1.49	1.66	1.75	1.54	1.54	1.67	1.88	3.37	4.99	4.49	4.91	5.23	6.91	7.44	7.90	8.61

表 B25　东中西部地区女性就业人员中研究生文化程度就业人员平均占比

单位：%

年份	2001年	2002年	2003年	2004年	2005年	2006年	2007年	2008年	2009年	2010年	2011年	2012年	2013年	2014年	2015年	2016年	2017年	2018年
全国总计	0.15	0.10	0.06	0.09	0.12	0.16	0.14	0.17	0.19	0.34	0.39	0.45	0.48	0.51	0.73	0.79	0.78	0.89
东部		0.26	0.27	0.37	0.45	0.56	0.51	0.59	0.65	1.01	1.03	1.14	1.23	1.34	1.69	1.82	1.81	2.04
中部	0.01	0.00	0.01	0.07	0.09	0.14	0.10	0.10	0.12	0.22	0.25	0.27	0.31	0.35	0.59	0.61	0.63	0.71
西部	0.01	0.01	0.04	0.06	0.07	0.07	0.05	0.09	0.06	0.20	0.27	0.31	0.30	0.32	0.42	0.49	0.46	0.51

表 B26　"一带一路"沿线国家分区域农业女性就业人员（占区域女性就业平均占比）

单位：%

年份	2000年	2001年	2002年	2003年	2004年	2005年	2006年	2007年	2008年	2009年	2010年	2011年	2012年	2013年	2014年	2015年	2016年	2017年	2018年
东盟	42.24	40.64	39.85	39.11	37.76	36.57	35.65	34.79	34.00	33.11	32.41	31.82	31.28	30.49	29.60	28.76	27.62	26.74	26.50
东亚	46.38	46.33	42.18	44.92	37.24	36.49	35.23	40.14	39.10	38.65	32.15	32.48	34.10	28.30	26.20	26.94	27.93	26.09	25.97
独联体	34.33	32.78	32.27	31.66	30.68	30.66	30.25	29.46	28.96	29.04	29.03	28.60	28.05	28.24	26.59	26.72	26.18	25.27	25.13
南亚	64.86	64.48	63.27	62.62	62.17	61.58	61.03	60.62	60.35	58.85	57.99	56.98	55.28	54.99	54.43	54.01	53.77	52.97	52.66
西亚	20.81	19.04	18.35	18.52	17.96	17.34	16.48	16.48	15.40	14.53	14.10	14.15	13.69	13.72	12.31	12.17	11.99	11.86	11.79
中亚	46.44	46.28	45.05	43.68	42.24	41.57	40.63	39.89	39.36	38.66	38.20	37.71	37.13	37.33	37.10	35.74	34.48	34.15	34.02
中东欧	17.89	17.18	16.87	16.37	15.64	15.24	14.42	13.78	13.59	13.47	13.14	12.90	12.73	12.38	11.94	11.42	10.47	10.11	10.00

表 B27　"一带一路"沿线国家分区域农业男性就业人员（占区域男性就业平均占比）

单位：%

年份	2000年	2001年	2002年	2003年	2004年	2005年	2006年	2007年	2008年	2009年	2010年	2011年	2012年	2013年	2014年	2015年	2016年	2017年	2018年
东盟	43.88	42.77	41.94	41.02	39.81	39.24	38.20	37.17	36.44	35.58	35.02	34.26	33.78	33.22	32.10	31.40	30.77	30.40	30.17
东亚	50.52	50.04	47.26	48.19	42.64	42.77	41.77	42.81	41.88	41.17	34.70	33.50	35.81	31.08	29.48	29.72	32.43	31.06	31.04
独联体	32.11	32.52	32.54	30.70	30.58	30.53	29.01	28.22	28.44	27.57	26.86	26.96	26.23	25.94	25.61	26.37	26.09	25.50	25.34
南亚	50.20	49.69	48.00	47.07	46.18	45.17	44.21	43.68	43.45	42.21	41.09	39.92	38.15	37.22	36.76	36.45	36.18	35.49	35.12
西亚	13.70	13.28	12.99	12.71	12.48	12.11	11.86	11.52	11.25	10.71	10.35	10.45	10.26	10.19	9.68	9.58	9.65	9.56	9.51
中亚	39.23	38.94	38.26	36.92	35.47	35.23	34.58	34.00	33.46	32.86	32.53	31.79	31.30	31.01	30.22	28.88	28.12	27.74	27.58
中东欧	18.01	17.70	17.42	16.99	16.05	15.38	14.66	13.95	13.36	13.51	13.52	13.72	13.51	13.41	13.34	13.06	12.44	12.10	12.03

表 B28 "一带一路"沿线国家分区域工业女性就业人员（占区域女性就业平均占比）

单位：%

年份	2000年	2001年	2002年	2003年	2004年	2005年	2006年	2007年	2008年	2009年	2010年	2011年	2012年	2013年	2014年	2015年	2016年	2017年	2018年
东盟	14.39	14.78	14.68	14.91	14.79	15.15	15.11	15.08	15.13	14.94	15.07	15.00	15.21	15.27	15.28	15.39	15.56	15.65	15.52
东亚	11.16	10.72	13.12	9.73	13.60	14.65	15.12	10.62	11.53	10.82	11.61	11.94	11.43	13.68	13.63	12.90	12.59	11.96	11.79
独联体	12.91	13.24	12.94	12.84	12.98	12.95	12.27	12.09	12.26	11.79	11.78	11.75	11.96	11.59	11.85	11.49	11.57	11.58	11.51
南亚	14.21	14.40	14.73	14.85	14.87	15.02	14.96	14.76	14.73	15.03	15.07	15.64	16.01	15.91	15.93	16.17	16.10	16.23	16.18
西亚	10.75	10.81	10.59	10.28	10.28	10.21	10.45	10.35	10.24	9.90	9.66	9.43	9.42	9.48	8.93	8.90	9.08	9.15	9.09
中亚	14.23	14.16	14.20	14.76	14.97	14.91	15.11	15.24	15.14	15.07	15.10	15.08	15.09	15.11	15.11	14.85	14.97	14.94	14.89
中东欧	20.08	20.29	19.81	19.56	19.43	18.89	18.56	18.61	18.45	17.13	16.24	16.47	16.24	15.95	15.45	15.61	15.71	15.79	15.63

表 B29 "一带一路"沿线国家分区域工业男性就业人员（占区域男性就业平均占比）

单位：%

年份	2000年	2001年	2002年	2003年	2004年	2005年	2006年	2007年	2008年	2009年	2010年	2011年	2012年	2013年	2014年	2015年	2016年	2017年	2018年
东盟	19.24	19.57	19.85	20.27	20.49	20.47	21.16	21.35	21.67	21.70	21.89	22.23	22.53	22.67	22.93	23.17	23.40	23.50	23.60
东亚	16.63	16.11	15.32	13.77	18.29	18.65	19.23	16.29	18.43	18.43	20.17	21.89	23.96	26.05	26.70	26.49	24.43	25.35	25.20
独联体	26.15	26.00	26.41	27.47	27.15	27.33	28.65	29.44	29.17	28.81	29.12	29.08	29.57	29.08	29.18	28.74	28.57	28.42	28.44
南亚	15.52	15.70	16.22	16.50	16.85	17.28	17.59	17.85	17.89	18.39	18.67	19.48	20.12	20.48	20.73	20.77	20.88	21.10	21.23
西亚	28.33	28.03	27.76	28.21	28.53	28.99	29.17	30.37	31.45	31.46	32.13	32.09	31.74	31.62	29.78	29.61	29.63	29.60	29.55
中亚	26.33	26.47	27.04	28.02	29.02	29.02	29.50	29.82	29.96	29.88	29.87	30.06	30.37	30.06	30.34	30.94	31.41	31.57	31.67
中东欧	37.30	37.05	37.04	37.06	37.47	37.75	38.33	39.12	39.44	37.94	37.24	37.06	36.46	36.21	35.86	36.07	36.43	36.66	36.58

表 B30 "一带一路"沿线国家分区服务业女性就业人员（占区域女性就业平均占比）

单位：%

年份	2000年	2001年	2002年	2003年	2004年	2005年	2006年	2007年	2008年	2009年	2010年	2011年	2012年	2013年	2014年	2015年	2016年	2017年	2018年
东盟	43.37	44.58	45.46	45.98	47.44	48.28	49.24	50.14	50.88	51.94	52.53	53.17	53.51	54.23	55.12	55.85	56.82	57.60	57.98
东亚	42.46	42.95	44.71	45.35	49.15	48.86	49.64	49.24	49.37	50.54	56.23	55.58	54.48	58.02	60.18	60.16	59.48	61.96	62.24
独联体	52.76	53.99	54.79	55.50	56.34	56.39	57.49	58.44	58.78	59.17	59.18	59.65	59.99	60.17	61.56	61.79	62.25	63.15	63.35
南亚	20.93	21.12	22.00	22.53	22.96	23.40	24.01	24.62	24.92	26.12	26.93	27.38	28.72	29.10	29.65	29.82	30.13	30.79	31.16
西亚	68.44	70.15	71.05	71.19	71.76	72.45	73.07	73.18	74.36	75.57	76.24	76.42	76.89	76.80	72.88	73.04	73.05	73.11	73.24
中亚	39.34	39.55	40.75	41.56	42.79	43.52	44.25	44.87	45.50	46.27	46.69	47.21	47.78	47.56	47.79	49.41	50.55	50.91	51.09
中东欧	60.94	61.39	62.07	62.73	63.65	64.61	65.81	66.49	67.00	68.35	69.55	69.66	70.11	70.76	71.07	71.54	72.35	72.64	72.93

表 B31 "一带一路"沿线国家分区服务业男性就业人员（占区域男性就业平均占比）

单位：%

年份	2000年	2001年	2002年	2003年	2004年	2005年	2006年	2007年	2008年	2009年	2010年	2011年	2012年	2013年	2014年	2015年	2016年	2017年	2018年
东盟	36.88	37.65	38.20	38.71	39.70	40.29	40.65	41.48	41.89	42.71	43.09	43.51	43.69	44.11	44.97	45.42	45.83	46.11	46.23
东亚	32.85	33.85	37.42	38.03	39.07	38.58	39.00	40.90	39.70	40.39	45.13	44.62	40.23	42.87	43.83	43.79	43.14	43.60	43.76
独联体	41.74	41.48	41.05	41.83	42.27	42.14	42.33	42.34	42.39	43.62	44.02	43.96	44.21	44.99	45.22	44.89	45.34	46.08	46.21
南亚	34.28	34.61	35.78	36.43	36.98	37.54	38.20	38.47	38.65	39.40	40.24	40.60	41.73	42.30	42.51	42.78	42.94	43.41	43.65
西亚	57.97	58.68	59.24	59.07	58.98	58.90	58.97	58.11	57.30	57.83	57.52	57.46	58.00	58.19	54.65	54.93	54.83	54.95	55.06
中亚	34.44	34.59	34.70	35.06	35.51	35.75	35.93	36.19	36.59	37.26	37.59	38.15	38.33	38.93	39.44	40.18	40.47	40.68	40.76
中东欧	44.69	45.25	45.54	45.95	46.48	46.86	47.01	46.93	47.20	48.56	49.24	49.21	50.03	50.38	50.80	50.87	51.13	51.23	51.39

表 B32 "一带一路"沿线国家分区农业就业人员（占区域就业总数平均占比）

单位：%

年份	2000年	2001年	2002年	2003年	2004年	2005年	2006年	2007年	2008年	2009年	2010年	2011年	2012年	2013年	2014年	2015年	2016年	2017年	2018年
东盟	43.40	42.03	41.21	40.37	39.11	38.27	37.30	36.34	35.59	34.71	34.09	33.39	32.87	32.21	31.17	30.41	29.57	29.01	28.77
东亚	48.64	48.35	44.95	46.70	40.17	39.88	38.76	41.58	40.59	40.01	33.53	33.03	35.02	29.82	27.98	28.45	30.36	28.78	28.72
独联体	33.03	32.54	32.32	31.06	30.55	30.52	29.52	28.73	28.60	28.18	27.78	27.68	27.03	26.96	26.01	26.47	26.07	25.32	25.18
南亚	54.54	54.08	52.54	51.73	50.98	50.11	49.25	48.68	48.44	47.18	46.18	45.11	43.45	42.67	42.25	41.94	41.72	41.09	40.75
西亚	15.20	14.50	14.12	13.90	13.53	13.09	12.74	12.48	12.04	11.44	11.05	11.13	10.87	10.80	10.08	9.98	9.99	9.90	9.85
中亚	41.88	41.64	40.73	39.36	37.91	37.50	36.72	36.05	35.53	34.91	34.51	33.87	33.31	33.18	32.61	31.25	30.27	29.90	29.74
中东欧	17.83	17.33	17.04	16.60	15.76	15.22	14.47	13.81	13.39	13.38	13.25	13.27	13.08	12.87	12.65	12.26	11.49	11.15	11.06

表 B33 "一带一路"沿线国家分区工业就业人员（占区域就业总数平均占比）

单位：%

年份	2000年	2001年	2002年	2003年	2004年	2005年	2006年	2007年	2008年	2009年	2010年	2011年	2012年	2013年	2014年	2015年	2016年	2017年	2018年
东盟	17.29	17.66	17.80	18.12	18.21	18.34	18.70	18.79	18.98	18.93	19.08	19.23	19.49	19.58	19.71	19.90	20.07	20.16	20.16
东亚	14.14	13.66	14.32	11.92	16.14	16.81	17.34	13.68	15.23	14.94	16.24	17.34	18.17	20.42	20.72	20.29	18.99	19.22	19.08
独联体	19.78	19.83	19.88	20.37	20.25	20.35	20.70	21.02	21.01	20.58	20.76	20.68	21.04	20.62	20.79	20.39	20.32	20.28	20.28
南亚	15.13	15.29	15.73	15.94	16.17	16.49	16.68	16.87	16.88	17.32	17.54	18.26	18.81	19.04	19.13	19.24	19.28	19.44	19.51
西亚	24.59	24.34	24.06	24.34	24.66	25.07	25.24	26.17	27.07	27.06	27.59	27.46	27.20	27.14	25.49	25.28	25.27	25.26	25.21
中亚	21.27	21.33	21.67	22.47	23.15	23.13	23.50	23.75	23.79	23.71	23.75	23.85	24.07	23.94	24.08	24.34	24.70	24.80	24.84
中东欧	30.20	30.20	30.03	29.97	30.12	30.04	30.13	30.52	30.54	29.07	28.26	28.24	27.77	27.48	27.37	27.50	27.74	27.89	27.76

表 B34　"一带一路"沿线国家分区域服务业就业人员（占区域就业总数平均占比）

单位：%

年份	2000年	2001年	2002年	2003年	2004年	2005年	2006年	2007年	2008年	2009年	2010年	2011年	2012年	2013年	2014年	2015年	2016年	2017年	2018年
东盟	39.32	40.31	40.99	41.51	42.68	43.39	44.00	44.87	45.43	46.37	46.83	47.37	47.63	48.21	49.12	49.70	50.36	50.83	51.07
东亚	37.22	37.99	40.74	41.38	43.70	43.30	43.89	44.74	44.18	45.05	50.24	49.63	46.81	49.76	51.30	51.26	50.65	52.00	52.20
独联体	47.19	47.63	47.80	48.57	49.19	49.13	49.79	50.25	50.39	51.24	51.46	51.64	51.93	52.42	53.20	53.14	53.61	54.39	54.54
南亚	30.33	30.63	31.73	32.33	32.86	33.40	34.07	34.45	34.67	35.50	36.29	36.64	37.74	38.29	38.62	38.82	38.99	39.47	39.74
西亚	60.22	61.16	61.81	61.75	61.80	61.84	62.01	61.35	60.89	61.50	61.35	61.42	61.93	62.06	58.54	58.86	58.86	58.96	59.06
中亚	36.85	37.03	37.60	38.16	38.94	39.37	39.78	40.19	40.69	41.38	41.74	42.28	42.62	42.87	43.31	44.41	45.03	45.30	45.42
中东欧	51.97	52.47	52.93	53.43	54.12	54.75	55.40	55.67	56.07	57.55	58.49	58.49	59.15	59.65	59.98	60.24	60.77	60.96	61.17